KB080107

윤리학의 기초

– 철학적 · 신학적 관점 –

Grundlagen der Ethik

Grundlagen der Ethik
Philosophisch-theologische Perspektiven
2., durchgesehene und ergänzte Auflage

윤리학의 기초

– 철학적 · 신학적 관점 –

Grundlagen der Ethik

볼프하르트 판넨베르크 지음
오성현 옮김

증보판

종문화사

1996년 1월 24일
트루츠 렌토르프(Trutz Rendtorff)에게 헌정합니다.

차례

1장 현대 세속문화의 도덕과 윤리

1. 근대 사회의 인간학적 토대 그리고 교의학에 대한 윤리학의 우선성 ┄┄ 15
2. 도덕적 규범의식의 해체 ┄┄┄┄┄┄┄┄┄┄┄┄┄┄┄┄┄┄┄┄┄┄┄┄ 18
   도덕적 정의주의(情意主義) ┄┄┄┄┄┄┄┄┄┄┄┄┄┄┄┄┄┄┄┄┄ 18
   니체의 도덕 비판 ┄┄┄┄┄┄┄┄┄┄┄┄┄┄┄┄┄┄┄┄┄┄┄┄┄┄ 21
   기독교의 윤리적 시대와 그 종결 ┄┄┄┄┄┄┄┄┄┄┄┄┄┄┄┄┄ 22
3. 도덕의 공적인 기능이 상실되었는가? ┄┄┄┄┄┄┄┄┄┄┄┄┄┄┄ 26
   사회의 탈도덕화 현상 ┄┄┄┄┄┄┄┄┄┄┄┄┄┄┄┄┄┄┄┄┄┄┄ 26
   탈도덕적 사회에서도 여전히 요구되는 도덕성 ┄┄┄┄┄┄┄┄┄┄ 29
   법질서와 도덕 ┄┄┄┄┄┄┄┄┄┄┄┄┄┄┄┄┄┄┄┄┄┄┄┄┄┄┄ 32
4. 삶의 영위에 있어서 도덕적 동기화와 윤리적 지향 ┄┄┄┄┄┄┄┄ 35
   삶의 영위와 윤리 ┄┄┄┄┄┄┄┄┄┄┄┄┄┄┄┄┄┄┄┄┄┄┄┄┄┄ 35
   상호 간의 승인 ┄┄┄┄┄┄┄┄┄┄┄┄┄┄┄┄┄┄┄┄┄┄┄┄┄┄┄ 37

2장 윤리의 발생과 윤리적 정당화의 주요 방법들

1. 관습, 법률, 윤리 ┄┄┄┄┄┄┄┄┄┄┄┄┄┄┄┄┄┄┄┄┄┄┄┄┄┄┄ 43
   관습과 법률 ┄┄┄┄┄┄┄┄┄┄┄┄┄┄┄┄┄┄┄┄┄┄┄┄┄┄┄┄┄ 43
   윤리학의 발생 ┄┄┄┄┄┄┄┄┄┄┄┄┄┄┄┄┄┄┄┄┄┄┄┄┄┄┄┄ 45
2. 선론적 윤리학 ┄┄┄┄┄┄┄┄┄┄┄┄┄┄┄┄┄┄┄┄┄┄┄┄┄┄┄┄┄ 49
   소크라테스의 선론 ┄┄┄┄┄┄┄┄┄┄┄┄┄┄┄┄┄┄┄┄┄┄┄┄┄ 49
   자연주의적 오류 ┄┄┄┄┄┄┄┄┄┄┄┄┄┄┄┄┄┄┄┄┄┄┄┄┄┄ 51
   주지주의적 왜곡? ┄┄┄┄┄┄┄┄┄┄┄┄┄┄┄┄┄┄┄┄┄┄┄┄┄┄ 53
   행복주의 ┄┄┄┄┄┄┄┄┄┄┄┄┄┄┄┄┄┄┄┄┄┄┄┄┄┄┄┄┄┄ 56
   쾌락주의 ┄┄┄┄┄┄┄┄┄┄┄┄┄┄┄┄┄┄┄┄┄┄┄┄┄┄┄┄┄┄ 58
   선과 쾌락의 상관성 ┄┄┄┄┄┄┄┄┄┄┄┄┄┄┄┄┄┄┄┄┄┄┄┄ 60
   가치윤리학 ┄┄┄┄┄┄┄┄┄┄┄┄┄┄┄┄┄┄┄┄┄┄┄┄┄┄┄┄┄ 62
   선에 대한 추구의 왜곡과 아리스토텔레스 ┄┄┄┄┄┄┄┄┄┄┄┄┄ 65

3. 선(善)에 대한 플라톤적 물음의 기독교적 변형 ·················· 68
아우구스티누스의 선론 ························· 68
하나님과 최고선 ··························· 70
초월적 지복의 현재적 선취 ····················· 72
아우구스티누스의 윤리 체계와 계명 ················· 75
아퀴나스의 덕론 ··························· 79

4. 의무론적 윤리학 ····························· 83
신학적 계명윤리 ··························· 83
스토아와 키케로의 의무론 ····················· 85
암브로시우스의 의무론 ······················· 88

5. 칸트의 의무론적 윤리학 ························ 91
선의지 ······························· 92
정언명령(定言命令) ························· 93
칸트 의무윤리와 스토아 의무윤리 ················· 95

3장 윤리의 토대 – 주요 시도들에 대한 비판적 평가

공리주의 ······························· 101

1. 칸트 윤리학의 형식주의 ······················· 103
야코비와 슐라이어마허의 비판 ··················· 103
헤겔의 비판 ···························· 104
내용을 담고 있는 도덕적 원칙 ··················· 106

2. 자연법과 기독교의 계명윤리 ···················· 109
자연법에 대한 기독교적 이해 ··················· 109
상호호혜성의 원리 ························· 112
결의론(決疑論)의 문제 ······················ 114
십계명과 공동적 삶 ························ 116
공동적 삶의 규칙과 개인적 삶에서의 수용 ············ 119

3. 선론과 윤리학의 신학적 토대 ··················· 120
개인의 선과 공동체의 선 ····················· 121
슐라이어마허의 선론적 윤리 ··················· 123
칸트와 슐라이어마허에게서 최고선의 이해 ··········· 125
칸트와 슐라이어마허의 하나님 나라 이해 ············ 127

트뢸치의 하나님 나라 이해 ·············· 131
렌토르프의 하나님 나라 이해 ·············· 134
종말론의 윤리적 기능 ·············· 135
하나님 통치의 미래성과 윤리학 ·············· 138

4장 하나님 나라와 윤리

1. 종말론적 메시지의 귀결로서 예수의 율법 해석 ·············· 145
　하나님의 통치의 미래성과 현재성 ·············· 146
　하나님의 사랑과 인간의 행위 ·············· 147
　사랑의 이중계명 – 하나님 사랑과 이웃 사랑 ·············· 149

2. 사랑과 호의 ·············· 151
　라이프니츠의 호의 ·············· 151
　칸트의 비판 ·············· 153
　은혜와 사랑 ·············· 154
　성서적 이웃사랑과 보편적 호의 ·············· 155

3. 인간의 피조성과 사랑의 계명 ·············· 158
　인간의 주어진 삶 ·············· 159
　렌트로프 윤리의 첫 번째 근본 요소 – 삶의 수용성 ·············· 161
　렌토르프 윤리의 두 번째 근본 요소 – 삶의 능동성 ·············· 164
　렌토르프 윤리의 세 번째 근본 요소 – 삶의 반성 ·············· 165
　기독교 윤리적 논증의 인간학적 기초와 종말론적 전망 ·············· 168
　새로운 인간 정체성과 타인에 대한 호의 ·············· 171

4. 사랑과 법률 ·············· 174
　우정에서의 호의 ·············· 174
　지속적인 인간관계에서의 호의 ·············· 175
　계약적, 법률적 관계에서의 호의 ·············· 177
　법률과 사랑의 관계 ·············· 178

5. 하나님의 사랑과 인간 공동체의 구축 ·············· 179
　하나님의 사랑의 대상으로서의 공동체 ·············· 179
　하나님의 계명과 인간 공동체의 형성 ·············· 181
　공동체의 토대로서의 신앙 ·············· 183

5장 기독교 윤리와 인간 보편적 윤리성

1. '특별하게 기독교적인' 윤리가 존재하는가? ⋯⋯⋯⋯⋯⋯⋯⋯ 187
   기독교 윤리와 철학적 윤리의 내용적 일치 ⋯⋯⋯⋯⋯⋯⋯ 187
   종교개혁적 윤리학 ⋯⋯⋯⋯⋯⋯⋯⋯⋯⋯⋯⋯⋯⋯⋯⋯ 188
   슐라이어마허 윤리학 ⋯⋯⋯⋯⋯⋯⋯⋯⋯⋯⋯⋯⋯⋯⋯ 189
   슐라이어마허에 대한 평가 ⋯⋯⋯⋯⋯⋯⋯⋯⋯⋯⋯⋯ 191
   바르트의 그리스도론적 윤리학 ⋯⋯⋯⋯⋯⋯⋯⋯⋯⋯ 193
   트뢸치의 기독교 사회윤리학 ⋯⋯⋯⋯⋯⋯⋯⋯⋯⋯⋯ 195
   사회윤리의 기독교적 뿌리 ⋯⋯⋯⋯⋯⋯⋯⋯⋯⋯⋯⋯ 196
   기독교 윤리의 인도주의적 보편타당성 ⋯⋯⋯⋯⋯⋯ 197

2. 신학적 분과로서 윤리학이 교의학과 가지는 관계성 ⋯⋯ 199
   교의학의 기반 위에 있는 윤리학 ⋯⋯⋯⋯⋯⋯⋯⋯⋯ 199
   인간학적 · 창조신학적 근거 ⋯⋯⋯⋯⋯⋯⋯⋯⋯⋯⋯ 200
   교의학에 대한 윤리학의 상대적 자립성 ⋯⋯⋯⋯⋯ 203

3. 기독교 윤리의 인간학적 전제 ⋯⋯⋯⋯⋯⋯⋯⋯⋯⋯⋯⋯ 205
   하나님과의 공동체성과 인간의 개인적 차원 ⋯⋯⋯ 206
   하나님과의 공동체성과 인간의 사회적 차원 ⋯⋯⋯ 207
   인간의 죄성 ⋯⋯⋯⋯⋯⋯⋯⋯⋯⋯⋯⋯⋯⋯⋯⋯⋯⋯ 210

6장 세속화된 사회적 상황에서의 기독교 윤리의 원칙

기독교 윤리의 대조성 ⋯⋯⋯⋯⋯⋯⋯⋯⋯⋯⋯⋯⋯⋯⋯ 215
그리스도인의 개인적 삶과 공동적 삶의 윤리적 근본 관점들 ⋯ 217

1. 자기실현과 봉사 ⋯⋯⋯⋯⋯⋯⋯⋯⋯⋯⋯⋯⋯⋯⋯⋯⋯ 219
   인격권과 자유권 ⋯⋯⋯⋯⋯⋯⋯⋯⋯⋯⋯⋯⋯⋯⋯⋯ 219
   자유권의 제약 ⋯⋯⋯⋯⋯⋯⋯⋯⋯⋯⋯⋯⋯⋯⋯⋯⋯ 222
   하나님과 이웃에 대한 봉사 ⋯⋯⋯⋯⋯⋯⋯⋯⋯⋯⋯ 224
   보편적 봉사와 특정 직무의 봉사 ⋯⋯⋯⋯⋯⋯⋯⋯ 226
   루터의 소명론 ⋯⋯⋯⋯⋯⋯⋯⋯⋯⋯⋯⋯⋯⋯⋯⋯⋯ 227
   타인에 대한 봉사를 통한 자기실현 ⋯⋯⋯⋯⋯⋯⋯ 229
   봉사의 차별성과 우선성 ⋯⋯⋯⋯⋯⋯⋯⋯⋯⋯⋯⋯ 233

2. 자기 통제 ··· 237
　현대적 인간 이해와 기독교적 인간 이해 ··························· 237
　이기적인 욕구의 제어 ··· 240
　자기 절제와 그 목적 ·· 241
　죄에 대한 지배와 덕론 ·· 244
　공동체적 삶의 형태 ··· 246

3. 부부와 가족 ·· 248
　가족결속과 가족관계 ··· 248
　가족과 사회화 ·· 249
　부부의 우선성과 해체불가성 ······································ 251
　인간의 사회성과 부부 ·· 253
　부부관계에 대한 윤리적 고찰 ····································· 254
　부부와 성(性) ·· 256
　부부관계와 하나님과의 공동체성 ································· 258
　부부와 가족 ··· 259

4. 세속적 국가에서의 기독교적 행위 ···································· 262
　국가 질서와 인간의 본성 ·· 263
　창조질서 혹은 보존질서 ··· 265
　국가와 종교 ··· 267
　국가와 교회 ··· 269
　근대의 세속적 국가와 기독교 ····································· 270
　민주주의와 자유사상 ··· 272
　민주주의와 인간존엄성 ·· 275
　국민 주권 ·· 277
　국민 선거 ·· 279
　민주주의 입헌제에서 기독교의 역할 ······························ 280
　국가 질서의 종교적 기반 혹은 이데올로기적 기반 ·············· 281
　국가에 대한 그리스도인들의 역할 ································ 283

1장

현대 세속문화의 도덕과 윤리

1. 근대 사회의 인간학적 토대 그리고 교의학에 대한 윤리학의 우선성

이미 잘 알려진 대로 16세기 말, 17세기 이후 서양 근대사의 특징 중의 하나는 도덕적 의식이 자립을 이루었다는 점이다. 더 나아가 도덕이 종교의 진리 주장을 판단하는 기준으로 고양되었으며, 종교의 본질적인 내용 규정을 위한 해석학적 구성 요소로 고양되었다는 점이다. 이런 발전의 출발점은 근대 초기에 일어났던 종교적 신조들의 대립, 그리고 그로 인해 발발한 시민전쟁들에 기인한다. 이 사건들은 네덜란드와 프랑스에 이어서 영국과 독일에서 사회적 통합을 해쳤다. 이로 인해서 종교의 일치는 사회적 평화를 위한 필수불가결의 토대라고 당시까지 일반적으로 믿고 있던 신념은 뒤흔들렸을 뿐 아니라 불신의 대상이 되었다. 16세기와 17세기의 종교전쟁의 경험으로 말미암아 사회의 평화는 오로지 종교의 분쟁을 피할 때에 비로소 회복될 수 있을 것이라는 생각에 이르게 되었다. 따라서 이제는 종교적 신조들의 대립으로부터 독립해서 사회적인 공동의 삶의 토대를 새롭게 마련하는 것이 요청되었다. 그리고 이 새로운 토대는 도덕적 규범에 대한 인간의 자연적 지식에 대한 호소에서, 이와 연관되어 있는 자연법에서, 그리고 자연법적으로 새롭게 정당화된 국가론에서 찾아졌다.

빌헬름 딜타이(Wilhelm Dilthey)는 17세기에 정신과학의 "자연적 체계"가 생성되었다고 말한 바 있다.[01] 이제는 종교 대신에 인간의 본성이 공공문화에서 사회질서의 기초가 되었다. 이때 인간의 본성에 토대를 둔 도덕이론의 발전은 중요한 의미를 띠었다. 이런 발전은 1600년 프랑스(Pierre Charron)에서 시작된 후 휴고 그로티우스(Hugo Grotius)를 통해서 네덜란드에서, 이어서 프란시스 베이컨(Francis Bacon)과 챠베리의 허버트(Herbert von Cherbury)를 통해서 영국에서 이어졌다.[02] 이신론(理神論)의 선구자인 챠베리의 허버트에 의해서 이 발전의 두 번째 단계가 이미 마련되었다. 즉, 도덕의식이 자립을 이룬 후에, 이제는 도덕의식 그 자체가 종교론의 척도가 되며, 종교론의 본질적인 내용이 되었다. 종교의 본질적인 내용은 도덕이라고 하는 이런 이해는 18세기에 이신론자들에 의해서, 18세기 말에는 칸트의 『이성의 한계 안에서의 종교』 (*Die Religion innerhalb der Grenzen der bloßen Vernunft*, 1793)에 의해서, 그리고 칸트의 합리주의 추종자들에 의해서 지지되었다. 경건주의에 의해서 실천적 기독교가 강조되는 것과 맞물리면서, 이 입장은 근대 기독교에서 하나의 강력한 흐름으로 남아 오늘날까지도 영향을 끼치고 있다.

---

01) W. Dilthey: *Auffassung und Analyse des Menschen im 15. und 16. Jahrhundert* (*Wilhelm Diltheys Gesammelte Schriften* 11, 1914, lff.). 그 중에서도 특히 다음을 참조하라. Das natürliche System der Geisteswissenschaften im 17. Jahrhundert (90-245), 그 다음 절의 서언(246ff.) 그리고 Die Funktion der Anthropologie in der Kultur des 16. und 17. Jahrhunderts (416-492).

02) 이에 대해서는 또한 다음을 보라. F. Jodl: *Geschichte der Ethik als philosophischer Wissenschaft I*, 4. Aufl. 1930, 181-205.

하지만 이런 입장이 기독교 안에서 전적으로 관철될 수는 없었다. 종교를 도덕으로 환원시키는 것에 반대하면서, 독일에서 슐라이어마허(Schleiermacher)는 종교적 주제는 형이상학의 이론적 지식에 대해서 뿐만 아니라 도덕과 윤리에 대해서도 자립성을 띤다고 주장했다. 그렇지만 슐라이어마허도 계속해서 윤리학을 토대학문으로 인정했으며, 그 토대 위에 역시 신학이 서있다고 주장했다. 왜냐하면 경건한 공동체라는 개념은 윤리학의 사회이론에 토대를 두고 있기 때문이라는 것이다.

1902년 에른스트 트뢸치(Ernst Troeltsch)는 "윤리학의 근본 문제"에 대한 자신의 논문에서, **"윤리학이 상위의 학문이며 가장 원리적인 학문으로서** 이 학문의 틀 안으로 종교학이 편입된다"는 입장이 근대적 발전의 특징적인 결과라고 주장했다.[03] 트뢸치를 이어서 트루츠 렌토르프(Trutz Rendtorff)도 근대를 "기독교의 윤리적 시대"라고 명명했다.[04] 이것은 기독교를 교의학으로부터 파악하려는 입장과 대비되는데, 기독교를 교의학으로부터 파악하는 입장은 오로지 전근대적 역사에서만 타당성을 가진다고 렌토르프는 주장한다. 또한 그는 근대에는 교의학에 대한 본질적인 이해마저도 교의학이 윤리학을 위해서 가지는 기능으로부터 이루어진다고 주장한다.

---

03) E. Troeltsch: *Gesammelte Schriften II*, 1913, 552-672, 여기서는 553.
04) T. Rendtorff: *Theorie des Christentums. Historisch-theologische Studien zu seiner neuzeitlichen Verfassung*, 1972, 152.

이런 시각은 18세기와 19세기의 기독교 전개과정과 확실히 여러모로 들어맞는다. 물론 이에 반대하는 흐름들도 항상 있었다. 예를 들어 20세기에 칼 바르트(Karl Barth)의 신학이 그렇다. 기독교에서 본질적으로 중요한 것은 이웃 사랑이다고 하는 주장은 오늘날에도 여전히 광범위하게 퍼져있으며, 그 속에는 의심의 여지없이 종교를 윤리로 환원시키려는 경향성이 표현되고 있다. 그러나 그동안 이런 경향성은 다른 한 경향성과 마주치면서 제약을 받을 수밖에 없었는데, 그것은 곧 도덕적 규범이 가지는 구속력(拘束力)의 퇴락이었다.

2. 도덕적 규범의식의 해체

도덕적 정의주의(情意主義)

1981년 미국의 철학자 알래스데어 매킨타이어(Alasdair Mac-Intyre)는 도덕적 규범이 가지는 구속력의 퇴락에 대해서 그의『덕의 상실: 도덕이론에 대한 연구』(After Virtue. *A Study in Moral Theory*)에서 서술했다.[05] 그는 도덕적 규범의 구속력과 관련해서 "정의주의"(情意主義)에 대해서 다음과 같이 주장했다. 여전히 도덕적 규범들에 의한 논증이 존속하며, 아울러 그런 논증이 인간적 보

---

05) A. MacIntyre: *After Virtue. A Study in Moral Theory*, 1987년 독일어 역, *Der Verlust der Tugend. Zur moralischen Krise der Gegenwart*.

편타당성을 가진다고 주장된다. 하지만 무엇이 도덕적으로 옳고, 무엇이 비난 받아야 하는지에 대한 견해의 보편타당성은 더 이상 보편타당한 것으로 받아들여지지 않는다. 평화와 전쟁에 대해서, 임신중절에 대해서, 사회적 정의의 요청들에 대해서 일어나는 도덕적 판단들 간의 논쟁은 모든 사람들이 수긍하는 하나의 해결책으로 귀결되지 않는다. 도덕적 문제들에 대한 공적인 논쟁이 끝없이 펼쳐지는 것에는 자신의 도덕적 선택과 관련해서 끊임없이 부각되는 개인적 자의성이 관련 있다.[06] 그리고 그로 인해 도덕적 논쟁에 참여한 자들이 논쟁과정에서 매우 쉽게 날카로워진다.

도덕적 판단의 내용이 최종적으로는 개인적인 입장 표명의 문제라고 하는 정의주의적인 이해는 도덕철학에서 윤리학의 기반을 새롭게 마련한 세기적인 작품으로 오랫동안 칭송되었던 죠지 에드워드 무어(George Edward Moore)의 『윤리학 원리』(principia ethica, 1903)로 소급된다. 무어에 의하면 윤리적 판단들은 선하고 옳은 것에 관여하는 "직관들"에 의존하며, 그 직관들은 반증되지도 입증되지도 않는다. 그 작품의 결론 부분에서 무어는 이렇게 주장했다. 우리가 상상할 수 있는 최고로 선한 것들은 개인적인 성향과 심미적(審美的)인 기쁨 안에 놓여있다.[07] 그의 견해에 따르

---

06) A. MacIntyre a.a.O. 2. ed. 1984, 8: " ... at least the appearance of a disquieting private arbitrariness."

07) G.E. Moore: *Principia Ethica*, 1903, c.6, § 113: " ... that personal affections and aesthetic

면 그것이 바로 도덕철학의 궁극적이며 기초적인 진리이다. 무어의 직관주의(直觀主義)는 그의 제자들에 의해서, 특별히 찰스 스티븐슨(Charles L. Stevenson)[08]에 의해서 정의주의(情意主義)로 발전되었다. 이때 윤리적 가치의 결정은 합리적으로가 아니라 감정적으로 설명된다.

그러나 윤리적 판단들의 토대에 대한 이런 방식의 이해가 결코 영어권이나 미국의 윤리학 문헌들에만 한정되지 않는다. 매킨타이어는 죄렌 키에르케고르(Sören Kierkegaard)를 그 선구자로 여겼다. 왜냐하면 그는 1843년 그의 『선택』(Entweder - Oder)에서 "심미적"인 삶의 영위, 곧 감각적 기쁨을 추구하는 삶의 영위와 윤리적인 삶의 영위 사이에서의 선택을 실존적인 결단의 문제로 간주했기 때문이다.[09] 여기서 결단이 이루어져야 하는 선택들이 물론 동일한 가치를 가진다고 여겨지지는 않았다. 감각적 삶의 즐거움으로부터 윤리적 삶의 형태로 전진할 때 키에르케고르에 따르면 인간은 더욱 큰 실존적 깊이에 이르며, 마찬가지로 다시 한 번 윤리적 자기 이해로부터 종교적 자기 이해로 전진할 때 더욱 큰 실존적 깊이에 도달한다. 이런 점에서 매킨타이어가 키에르케고르를 정의주의의 선구자로 평가한 것은 옳지 않다.(* 키에르케고

---

enjoyments inc1ude alt the greatest, and by far the greatest, goods we can imagine". 바로 여기로부터 본문에 이어서 나오는 인용들도 인용되었다.

08) Ch. L. Stevenson: *Ethics and Language*, 1944.

09) A. MacIntyre a.a.O. 39ff.

르는 심미적인 기쁨보다는 윤리나 종교가 더 큰 가치를 가지는 것으로 여기고
있다는 점에서 그를 진정한 의미의 정의주의의 선구자로 간주할 수 없다는 것
이 판넨베르크의 입장이다)

니체의 도덕 비판

매킨타이어가 프리드리히 니체(Friedrich Nietzsche)에 관해 언급
한 부분은 더 적절해 보인다.[10] 니체는 분명히 선한 것과 옳은
것에 대한 도덕적 판단들을 "충동, 경향, 거부감, 경험 및 비(非)
경험"과 같은 그 전역사(前歷史)로 소급시켰다.[11] 도덕적 판단들
에 대한 보편타당성의 주장을 그는 이기심의 표출이라고 여겼다.
"이기심이라는 것은 말하자면 **자신의** 판단을 보편적인 법칙으로
느끼는 것이다."[12] 5년 후에 『도덕의 계보』(1887)에서 니체는 도
덕에 대한 이런 이해 방식을 폭넓게 설명했다.

니체에 따르면 도덕적인 표상들과 판단들은 다양한 삶의 관
심들의 표현들로서 한편으로 지배자의 표현이며, 다른 한편으로
노예의 표현이다.[13] 서구의 도덕적 표상들의 역사는 니체에 의
하면 수천 년 동안 계속된 "유대에 대한 로마의 싸움, 로마에 대

---

10) A. MacIntyre a.a.O. 113ff.

11) F. Nietzsche: *Die fröhliche Wissenschaft*, 1882, Aphorismus Nr. 335.

12) F. Nietzsche a.a.O.

13) F. Nietzsche: *Zur Genealogie der Moral* (1887), Buch I, 4.

한 유대의 싸움"의 표출이다.[14] 로마의 우월감에 대해서 피지배자의 반감이 대립한다. 이때 고전적인 고대의 지배자의 도덕에 대한 "반감"에 연원을 두고 있는, 정치적 지배자에 맞서는 **"도덕적 노예봉기"**로부터 기독교적 연민의 윤리와 사랑의 윤리가 생겨났다.[15] 도덕적 가치 설정의 심리학적 추론의 영향에 대해서 니체 자신이 말한 바와 같이, 결과적으로 "도덕에 대한 신뢰, 모든 도덕에 대한 신뢰가 흔들린다."[16] 그러나 특별히 그의 비판의 칼날이 겨누고 있던 대상은 죄책과 양심에 대한 기독교적 이해와 기독교적 도덕이었다.

기독교의 윤리적 시대와 그 종결

당시까지 서양에서 타당성을 인정받아 왔던 삶의 규범에 대한 생각들이 해체됨에 있어서 니체의 도덕 비판이 끼친 영향은 매우 크다. 특히 도덕적 규범의식을 심리학적으로 해석한 지그문트 프로이트(Sigmund Freud)의 시도와 결합되면서 니체의 도덕 비판은 전통적인 도덕적 규범들이 자명하게 타당한 것으로 간주되던 시대의 종결을 한층 가속화시켰다. 이전에는 사람들이 도덕의 내용에 대해서 논쟁하기보다는 도덕적 규범들에 대한 확고한 정당화의 방법에 대해서 논쟁했다. 알래스데어 매킨타이어가 올바르게

---

14) F. Nietzsche a.a.O. I, 16.

15) F. Nietzsche a.a.O. I, 7, 10.

16) F. Nietzsche a.a.O. Vorrede 6.

지적했듯이, 계몽기의 사상가들 간에 – 예를 들어 칸트와 흄과 디드로(Diderot) 간에 – 도덕철학적 정당화와 관련해서 많은 대립들이 있기는 했지만, 도덕적 규범들의 내용에 대해서는 놀라울 정도로 일치가 있었다. 이 일치는 그 사상가들에게 "공통된 기독교적 과거"로부터 생겨난 것이었다. "이에 비하면 상호 간의 차이는 상대적으로 중요한 것이 아니다."[17] 그런 점에서 트뢸치와 트루츠 렌토르프의 의견처럼 계몽주의는 참으로 "기독교의 윤리적 시대"라고 부를 수 있다.

여기서 주목할 것은 그때 신적인 법과 고대의 자연법을 결합하여 도덕적 규범을 신학적으로 정당화해오던 것이 종교적인 토대의 권위가 상실됨으로 인해 이미 무너졌다는 점이다. 계몽주의 사상가들은 전통적인 규범들을 새로운 방식으로, 다시 말해 이제는 모든 신학으로부터 벗어나서 순전히 인간학적으로 정당화하려고 시도했다. 그러나 이런 시도는 매킨타이어의 분석에 따르면 실패할 것임에 틀림없으며, 그 실패는 윤리에 대한 순수 인간학적인 정당화의 극단적인 귀결로 이해될 수 있다. 왜냐하면 니체와 프로이트와 같이 윤리적 규범을 심리학적으로 해석하는 것도 인간학적 정당화의 한 형태이며, 결국 모든 규범적 내용들이 보편적 구속력을 상실하게 되고, 마침내 모든 규범적 내용들에 대한 개인적인 선호의 느낌만 남기 때문이다.

---

17) A. MacIntyre a.a.O. 51, deutsche Ausgabe 75f.

트루츠 렌토르프는 이제 근본적인 중요성을 가지는 것은 신앙적 교리들이 아니라 윤리라고 말한 트뢸치의 주장이 여전히 현대에도 타당하다고 판단한다. 이런 판단에는 다음과 같은 사실이 전제되어 있다. 신앙고백들의 대립을 통해서 논란의 대상이 되어버린 신앙 교리들을 대신해서, 기독교의 에토스야말로 인간에게 보편적인 것으로 주장되고 선언될 수 있다는 것이다. 바로 여기에 근대는 "기독교의 윤리적 시대"라는 주장이 근거를 가진다. 하지만 이런 시대의 종말이 적어도 지성적 문화권에서는 니체나 프로이트 그리고 죠지 무어와 더불어 왔다고 말할 수 있다.

에른스트 트뢸치는 예리하게 이미 1902년에 윤리학의 근본문제에 대한 그의 논문에서 니체의 작품은 "일종의 해체의 위기를 의미"할 것이라는 추측을 내놓았다. 따라서 "이념에 대한 부정으로부터 오는 그런 결과들을 고려할 때, 윤리학은 형이상학과 역사철학의 원리적인 고찰들을 더욱 강하게 끌고 들어와야"할 필요성을 가진다고 주장한다.[18] 하지만 트뢸치는 17, 18세기 이후 윤리학이 종교학을 위한 근본적인 기능을 상실하고 말았다는 결론을 이끌어 내지 않았다. 오히려 그는 문화학문들 가운데서 **"윤리학이 가장 최상의 학문, 가장 원리적인 학문"**이라고 굳게 확신했다.[19] 그러나 그는 이로써 니체의 작품에서 거론되어온 문화위

---

18) E. Troeltsch: *Gesammelte Schriften* 11, 552f.

19) E. Troeltsch a.a.O. 553.

기를 과소평가하고 말았다. 니체와 프로이트에 따르면 "윤리적인 것의 명증성"에 대한 호소를 기독교의 토대로 삼으려는 것은 전적으로 시대착오적인 시도이기 때문이다.

이런 의미에서 나는 마인쯔대학교의 1960년 공개강좌에서 「윤리적인 것의 명증성과 신학」이라는 제목으로 발표되었던 게르하르트 에벨링(Gerhard Ebeling)의 논문을 비판적으로 다루었다.[20] 내 강좌의 제목은 「윤리적인 것의 위기와 신학」이었고,[21] 에벨링은 1969년에 다시 동일한 제목으로 상술하면서 나의 비판에 대응했다.[22] 그때 그는 "윤리적 위기라는 사실"에 대한 나의 주장에 동의했지만, 그는 부당하게도 나와 다른 귀결을 제시했다. 먼저 그도 나와 같이 근대에 일어난 "윤리적인 것의 자립"의 원인은 "신앙고백적 분열"에 있다고 주장한다.[23] 윤리적인 것의 자립화에 대한 이런 역사적 원천에 대한 판단에서 우리는 서로 의견을 같이했다. 하지만 이로부터 에벨링은 나와 다른 결론을 도출했다. 그는 기독교 신학의 진리 주장의 근거를 교의학으로부터 새롭게 구축하는 것은 앞으로도 계속해서 잘못된 길이 될 것이라고 주장했다. 나도 근대 이전의 기독교 신학이 가졌던 교리적 불관용성은 더 이상 받아들여질 수 없다고 믿는다. 하지만 나는

---

20) 에벨링의 논문이 처음에는 *Theologie und Kirche* 57, 1960에 실렸다가, 그 후에는 *Wort und Glaube* 11,1969,1-41에서 발표되었다.

21) ThLZ 87, 1962,7-16, 현재 *Ethik und Ekklesiologie*, 1977, 41-54.

22) G. Ebeling: *Wort und Glaube* 11, 1969, 42-55.

23) G. Ebeling a.a.O. 46.

기독교 교리의 진리 주장에 관용의 이념을 수용하면서도 기독교 교리의 보편타당성을 새롭게 주창할 수 있을 것이라고 생각했다.

이에 대해 에벨링은 반대하면서, 그는 현대의 윤리적 위기에도 불구하고 신학의 기반으로서 윤리적 주제의 보편타당성이 변호될 수 있을 것이라고 생각했다. 그래서 그는 논문에서 니체의 도덕 비판이 가지는 세기적인 중요성을 다루지 않았다. 이에 반해 알래스데어 매킨타이어의 작품은 니체의 도덕 비판을 세기적인 단절의 증거로 올바르게 평가하고 있다. 도덕적 의식의 내용들이 이제는 각자에게 호감이 가는 가치 설정의 표현으로 간주되고 있으며, 이런 현상이 현 세기의 영미 윤리학 문헌들에서 무어(Moore)의 직관주의(直觀主義)나 스티븐슨(Stevenson)의 정의주의(精意主義)로 나타나는 결과로 이어졌다.

3. 도덕의 공적인 기능이 상실되었는가?

사회의 탈도덕화 현상

윤리적 규범의 보편타당성 의식이 해체되거나 아니면 적어도 윤리적 규범의 내용에 대한 의견의 일치가 상실된 것은 비판적 학문의 토론에서만 일어난 것이 아니었다. 그것은 사회적 삶에서도 일어났다. 그것은 사회적 관습들의 강제성으로부터의 해방이라는 파토스로 나타났다. 윤리적 규범이 가졌던 보편타당성의 주창이 그 신뢰성을 상실해버린 상태에서, 윤리적 규범은 단지 관행으로만 보일 뿐이다. 공공의 의식은 규범의 상실이라는 이런 과정을 무엇보다도 성(性)의 영역에서 지각했으며, 이는 빌헬름 라이히(Wilhelm Reich)의 작품(*1936년에 출판된 『성 혁명』은 정신분석이론과 마르크스주의적 사회이론을 결합하여 성 혁명의 필연성을 주장하고 있음)과 밀접한 관계가 있다.

변화는 모든 영역의 사회적 삶에 걸쳐서 일어났다. 세대 간의 관계, 직업윤리, 국가 기구에 대한 사람들의 태도에도 변화가 일어났다. 사회학자 니클라스 루만(Niklas Luhmann)의 주장에 따르면 이때 중요한 것은 단지 우연한 역사적 전개가 아니다. 오히려 중요한 것은, 현대 사회들이 발전적인 분화의 과정을 거치면서 사회적 통합의 요소인 도덕이 계속해서 힘을 잃고 있다는 사실이다. 사회의 부분적 체계가 가진 조직적 형식이 부분적 체계들의 상호관계로 받아들여지면서 도덕이 해체되었다는 것이다.[24]

사회의 탈도덕화에 대한 주장 및 사회적 체계가 부분적 체계들 간의 기능적 연관성으로 변화되었다는 주장으로 루만은 다른 사회학자들과 대립되는 입장을 취하고 있다. 위르겐 하버마스(Jürgen Habermas)는 칸트적인 윤리의 형식이 인간의 공동적 삶에 필수불가결하다고 여기며, 더구나 보편화시킬 수 있는 행동의 준칙들의 내용이 한 사회의 구성원 간에 지배가 배제된 상태에

---

24) N. Luhmann: *Paradigm Lost. Die ethische Reflexion der Moral*, 1988.

서 이루어지는 담화 속에서 규정되고 계속 전개되어야 한다고 여긴다. 법철학자 오트프리드 회페(Ottofried Höffe)도 루만의 의견에 반대했다.[25] 회페는 다음과 같은 점을 지적한다. 사회의 모든 하부 체계의 조직을 통제하는 법은 그 자체가 도덕적 토대를 필요로 하며, 사회 체계 전반의 합법성에 대한 물음의 관점에서도 마찬가지 상황이다.[26] 회페의 이런 논증은 매우 중요하다. 이 논증은 오로지 다음과 같은 사실을 전제하고 있는데, 그것은 모든 사람들에게 구속력을 가지는 유일한 도덕 혹은 윤리가 존재한다는 것이다.

하지만 도덕적 입장들이 상호 대립하여 해결책에 대한 보편적인 일치를 얻어낼 수 없는 다원주의적 상황에서, 보편적인 도덕이 존재한다는 이런 전제는 더 이상 적합하지 않다. 게다가 각각의 도덕체계와 각각의 윤리가 보편적인 타당성을 주장하지만, 어떤 도덕체계도 보편적인 동의를 얻지 못한다. 따라서 도덕적인 원칙에 대한 호소만으로 사회체계 및 법질서의 정당화 문제를 해결하기에는 충분하지 않다. 모든 시민에 대한 설득력이 더 갖춰져야 하기 때문이다. 얼핏 보아서는 현대 민주주의에서 기본권이나 인권이 그런 기능을 할 것으로 보인다. 그러나 첫째, 헌법의 모든 개별적인 요소들이 결코 이런 기본권으로부터 도출되지 않

---

25) O. Höffe: *Kategorische Rechtsprinzipien. Ein Kontrapunkt der Moderne*, 1990.
26) O. Höffe a.a.O. 53ff., 61f.

는다. 기본권은 애초에 국가폭력에 맞서서 개인에게 유보된 권리이기 때문이다. 둘째, 기본권 자체의 이해에서 전적인 의견 일치가 없다. 낙태 논쟁은 기본권 해석에서 대립이 점차 심화되고 있는 현상을 단적으로 보여주는 예시이다. 물론 낙태 논쟁에는 특정한 주제를 넘어서는 근본적인 의미가 놓여있다는 점이 고려되어야 할 것이다.

이런 심각한 가치의 충돌들에도 불구하고 사회의 공동적 삶이 계속해서 작동되고 있다면, 사회 체계의 통합은 더 이상 도덕을 통해서 일어나고 있는 것이 아니라고 루만은 판단할 것이다. 아울러 루만은 개인에 대한 사회의 기대와 관련해서 실제로 광범위하게 탈도덕화가 일어났다고 주장한다. 개인들이 행동하는 각각의 자리에서 이제 중요한 것은 개인적인 도덕이 아니라 사회의 하부체계 안에서 기능적으로 올바르게 행동하는 것이다. 그 외에 그들이 무엇을 하는가의 문제는 개인의 자유로운 삶의 문제로 여겨진다.

탈도덕적 사회에서도 여전히 요구되는 도덕성

하지만 비록 그렇게 허용되어있다 해도, 개인들의 도덕적인 동기가 인간의 공동적 삶에서 무의미한 것이라는 결론이 도출되지 않는다. 사회의 부분체계에서 기능이 충족되기 위해서는 개인들의 인격적인 통합성에 기초를 둔 개인적인 신뢰성이 일정 정도 필요하다. 사회적인 삶에서 개인이 차지하는 입지가 책임을 많이

지는 자리일수록 이런 시각은 더욱 중요하다. 그래서 기업체들도 지도부의 임원들을 선택할 때 전문적인 경쟁력 외에도 인격성의 통합에 가치를 부여하여, 지원자의 삶의 환경에서 인격적인 통합성이 어떻게 전반적으로 표출되는지를 살핀다. 따라서 사회적인 공동의 삶에서 도덕은 없어도 상관없다고 여기는 것으로 보이는 루만의 생각은 의심스럽다. 사회적 체계가 기능적으로 작동함에 있어서 오늘날 일반적인 생각에서 의식되고 있는 것보다 훨씬 높은 정도로 도덕적인 영향과 동기가 필수불가결하다. 도덕적인 행동규칙이 어떤 식으로 정당화되든지 간에 그 도덕적인 영향과 동기는 대부분의 개인들이 자신들의 사회화로부터, 특별히 그들의 출신지인 가족의 삶으로부터 물려받는다.

사회적 삶에서의 탈도덕화에 대한 주장은 계속해서 사회의 공적인 조직 형태의 관점에서, 그리고 그와 결부되어 있는 공적인 의식의 관점에서 정당성을 찾는다. 그러나 그것이 곧 개인들이 어떤 도덕적인 태도도 취하지 않는다거나, 옳고 그른 행동에 대한 표상들을 갖지 않는다는 것을 의미하지 않는다. 문제는 바로 다음에 있다. 이런 도덕적 표상들이 한편으로 강하게 그리고 점차 심하게 상호 간에 차이가 나며, 다른 한편으로 자신의 고유한 삶과의 관계에서, 또 자신의 고유한 삶이 가지는 사회적 맥락과의 관계에서 그 도덕적 표상들이 종종 추상적으로 머문다는 점이다. 예를 들어 최근 몇십 년 동안에 자연환경의 보존에 대한 책임 의식이 증가했다. 그리하여 몇몇 사람들에 의해 교통 정책과 관계되는 결론들이 도출되지만, 자가용 자동차의 사용과 관계되는 결론은 드물게 도출된다. 마찬가지로 자신의 협소한 삶의 공동체 속에서 일어나야 할 일들에 대해서 판단할 때보다는, 먼 나라에 있는 다른 사람들의 문제들에 대한 해결에 대해서 판단할 때 더욱 쉽게 접근할 수 있을 것처럼 보인다.

마지막으로 사회적 삶의 탈도덕화에 대한 주장이 다른 사람들의 행동에 대한 사적·공적 판단들에서 나타나는 성향과 관련해서 본다면 결코 타당성을 갖지 않는다. 도덕적 판단이 관여하는 질문은, 사람들이 함께 살아가면서 상호 간에 어떻게 행동해야 하는가 이다. 이에 대해서 매우 큰 생각의 차이가 드러나기는 하지만, 그럼에도 불구하고 우리는 인간으로서 다른 사람들과 함께 살아갈 수밖에 없다. 따라서 그런 공동의 삶의 전제들에 대해서 자연적인 관심이 있기 마련이며, 공동의 삶이 잘 이루어질 수 있기 위해서 행동할 규칙들에 대해서 자연적인 관심이 있기 마련이다. 그러기에 도덕적 판단을 위한 재료가 인간에게는 결코 결핍되지 않을 것이며, 특별히 타인들의 행동에 대한 관점에서 더욱 그럴 것이다. 그런 판단의 극단적인 한 형식이 바로 도덕적 분개인데, 이것은 인간의 공동의 삶에서 사라지지 않을 것이다. 왜냐하면 도덕적 분개는 판단의 주체자에게 자신은 타인들과 달리 인간의 공동적 삶의 요구 조건들과 일치해 있음을 알고 있다는 만족감을 제공해주기 때문이다. 물론 그것을 위해서는 타인들에 대한 판단만으로 충분하지 않다. 물론 도덕적 규칙을 자신의 행

동에 적용하는 것은 훨씬 더 어려운 일이다. 보편적인 규칙의 예
외로 정당화시킬 수 있을 것으로 보이는 특별한 상황들이나 필
요들이 우리 자신들과 관련해서는 매우 자주 불가피하게 생각되
기 때문이다.

법질서와 도덕

공적인 삶에서 - 정당 간의 투쟁에 이르기까지 - 도덕적 판단
들은 사회의 도덕적 상태에 대해서 거의 언급하지 않는다. 모든
사람들에게 구속력을 가지는 도덕적인 규범들에 대한 사회적 지
향성이 인간의 공동적 삶에서 감소할수록 도덕적 판단들은 더욱
성가신 대상이 될 것이다. 그렇게 되면 다른 사람들에 대한 도덕
적인 판단은 삶에서 느끼는 도덕성의 결핍에 대한 대체 기능을
수행하게 된다. 도덕적 규칙의 사회적인 구속력이 사라지면, 개
인적인 행동의 임의성은 오로지 법질서의 규정을 통해서만 제한
된다. 독일 「기본법」 제2조 1항에 개성의 자유로운 전개의 권리
는 타인의 권리와 헌법에 적합한 질서 및 도덕법을 통해서 제한
된다고 말한다. 그때 타인의 권리는 실정법이 규정하고 있는 것
으로 한정되지 않는다. 타인의 권리는 대부분의 경우에 도덕적으
로 정당화된다. "도덕법"의 판단 척도에 대한 내용이 모든 사람
들에게 구속력을 가질 수 있게끔 명확하게 규정될 수 없기에 도
덕법이 개별적인 임의성에 대한 제한의 구실을 하지 못하면, 타인
의 권리에 대한 의식은 점차로 실정법이 규정하는 내용으로 환원

된다. 그러면 각 개인의 개성의 자유로운 전개에 대한 권리에 대해서 독일 「기본법」이 말한 세 가지 울타리 중에서 이제 법질서만 남는다.

더 나아가서 우리는 각자가 '자기' 개성의 자유로운 전개로 간주하는 것에 대해서 최대의 관용을 발휘해줄 것을 종종 서로에게 기대한다. 다행스럽게도 우리 사회에서 공동의 삶은 단지 그런 식으로만 형성되어 있지 않다. 만약 그런 식으로만 형성되어 있었다면 사회적 삶의 상태는 오래전에 견디지 못하고 파산했을 것이다. 실제로 상황은 다음과 같이 완화된다. 한편으로 사람들에게는 타인들을 호의적으로 대하려는 경향도 있지만, 동시에 자기 자신도 타인의 호의를 받으려는 욕구도 있다. 이로써 쌍방 간에 배려를 베풀 용의가 생기며, 또한 타인의 행동에 대해 어느 정도 일방적 관용을 베풀 용의도 생긴다. 그러나 공적으로 구속력을 가진 것으로 승인된 도덕의 온건한 영향력이 사라지고, 오직 법질서의 규범들만이 개별적인 임의성에 대한 제한으로 작동하는 경우에는 관용을 베풀 준비가 된 사람이 타인의 개성의 자유로운 전개를 통해서 심하게 혹사당하는 일이 드물지 않게 일어난다.

게다가 법질서가 시민들의 의식에서 도덕적 기반을 갖지 않는다면 법의 토대는 쉽게 허물어진다. 이런 주장의 주안점은 다음과 같은 사실에서 드러난다. 법의 규범들에 대해서는 외적인 조심만으로 충분하다. 이를 위해서 내적인 반성은 필요하지 않다.

이런 의미에서 칸트는 적법성과 도덕성을 구분했다. 사람들의 상호관계에서 자발적인 호의와 상호 간의 배려가 영향을 끼치고 있다는 사실이 고려되지 않는 사회, 다시 말해 보편적으로 승인되는 도덕이 없는 사회는 오로지 적법성의 속박을 통해서 꾸려질 것이다.

법과의 관계에서 적법성의 관점이 지배적이고, 법규범이 시민들의 도덕적 의식에 뿌리박고 있지 않다면 법질서 자체가 개성의 자유로운 전개를 억압하는 외적인 강압으로 쉽게 나타난다. 그러면 많은 사람들은 법규범을 피해가려는 성향을 가지거나, 자신들이 남들의 눈에 띄지 않는다고 생각하는 경우에는 그 법규범을 따르려고 하지 않는다. 이것이 바로 이른바 무임승차 현상(* 승차권의 구매와 개찰을 승객의 자율에 맡겨 공중교통의 효율성을 높여 놓은 상황에서 승차권을 구매하지 않거나 개찰을 하지 않고 승차하여 개인의 이익을 도모하려는 현상)이다. 이런 식의 규칙 위반에서는 다른 사람들 대다수가 그 규칙을 지키고 있는 경우에, 아니 바로 그런 경우에만 그 개인에게 규칙 위반은 성공적이게 된다. 오늘날의 대중사회에서 불가피하게 일어나는 익명의 사회적 상황에서 그런 행동은 그 개인에게 전적으로 유리하게 나타날 수 있다. 그러나 무임승차자의 숫자가 감당할 수 없을 정도로 늘게 되면 공중 교통 체계는 무너질 것이다.

4. 삶의 영위에 있어서 도덕적 동기화와 윤리적 지향

오늘날의 서구 사회의 조직들이 "탈도덕화"되어서 공적으로 승인된 도덕이 더 이상 사회 체계의 통합 기능을 할 수 없게 되었다는 루만의 주장을 고찰해 본 결과 우리는 다음에 이르렀다. 그런 상황에도 불구하고 인간의 사회적인 공동의 삶은 한편으로 개별 시민들의 행동의 도덕적 동기화에 의존하며, 다른 한편으로 사회적 질서의 정당화를 위한 도덕적 척도에 – 그런 척도의 실질적인 타당성과 효력은 예를 들어 인권이나 민주주의 사상에서 설명될 수 있을 것인데 – 의존한다. 이 양 측 모두 이전이나 지금이나 윤리적 지향과 숙고를 필요로 한다. 또한 바로 도덕적인 가치 부여 및 판단들의 다양성과 관련하여 무엇보다도 개별적인 도덕적 동기화는 지향적인 숙고를 필요로 한다. 이것이 바로 현대적 상황에서 윤리의 과제이다.

삶의 영위와 윤리

트루츠 렌토르프는 그런 윤리적 지향의 대상으로 인간의 "삶의 영위"(Lebensführung, *삶을 일정한 방향으로 이끌고 간다는 의미)를 거론했다.[27] "삶의 영위"라는 개념은 막스 베버에 의해서 받아들

---

27) T. Rendtorff: *Ethik. Grundelemente, Methodologie und Konkretionen einer ethischen Theologie*, Band 1 (1980), 2. Aufl. 1990, 13ff.

여진 언어 사용에 따라서,[28] 행위의 개념을 넘어서 개별적 행위들이 수행되는 연관성을 포착하려고 한다. 그 연관성은 한편으로 개별적인 주체의 총체적 행동의 연관성이다. 만약 우리가 어떤 결정을 내리고 또 그에 따라서 행동한다면 우리 자신이 우리의 삶을 "영위"하는 것이지, 우리가 단지 삶에 끌려가는 것이 아니다. 그런 점에서 개별적 행위는 행위자 자신에게서 하나의 연관성 안에 놓이며, 그 연관의 통일성이 행위자에게는 자신의 행동들에서 드러나는 인격으로서 자신의 정체성에 대한 숙고의 대상이 된다. 그리고 그 연관의 통일성이 다른 사람들에게는 그 사람에 대한 신뢰의 근거가 된다.

그러나 삶의 영위라는 개념이 단지 개별적인 행동에서 행위의 연관성에만 관여하는 것이 아니다. 렌토르프가 올바르게 강조하는 것처럼, 개인은 자신의 삶의 영위에서 항상 다른 사람들과 결부되어 있으며 "공동의 삶 곧 사회와 결부되어 있다."[29] "그 누구도 홀로 자신의 삶을 살아갈 수 없다"는 사실에서, 그리고 이런 사실에 대한 의식에서 사람들은 아울러 "윤리적인 것의 근본요소"를 인식해야 한다.[30] 따라서 윤리는 개인의 행동 그 자체만을 단독적으로 다루는 것이 아니라, 항상 타인과 더불어 살아가는 삶의 연관 속에서 개인의 행동 및 개인의 삶의 영위를 다룬다.

---

28) T. Rendtorff a.a.O. 15.

29) T. Rendtorff a.a.O. 14.

30) T. Rendtorff a.a.O. 14f.

좀 더 정확하게 표현하자면, 이것은 윤리의 원천이 관습(Sitte), 한 사회의 **에토스**(Ethos)에 있다는 것과 부합한다. 한 사회의 에토스로부터 법률뿐 아니라 윤리도 발생한다. 따라서 윤리의 개념에는 항상 주관적인 측면과 객관적인 측면이 함께 결합되어 있다. 다시 말해 개별적 삶의 영위의 통일성과 공동적 삶의 질서가 함께 결합되어 있다.

상호 간의 승인

삶의 관습과 비교해보면 삶의 영위라는 개념은 당연히 형식적인 것으로 남아있다. 그 개념은 공동의 삶의 규칙에 대한 내용적 규정에 대해서 아직 아무것도 말하고 있지 않다. 선한 삶, 옳은 삶이 어디에 존재하는가라는 물음은 삶의 영위라는 개념만으로 대답될 수 없다. 단지 사회적 삶의 형식적인 조건이, 다시 말해 이미 삶의 영위라는 개념 안에 포함되어 있던 개인들의 공동의 삶의 형식적인 조건이 다시금 삶의 영위라는 개념으로부터 도출될 수 있는데, 그것이 바로 사회적 의사소통의 과정에서 일어나야 할 **상호 간의 승인에 대한 요구**다.[31]

승인이라는 이 형식적 개념은 모든 법적 관계에서도 근본적이다. 하지만 그 개념은 사람들이 상호 간에 **무엇을** 승인해야 하는지에 대해서는 아무것도 말하지 않는다. 따라서 그 개념도 역시

---

31) T. Rendtorff a.a.O. 29ff.

각 개인이 바로 자신의 모습 속에서 희망하는 승인에 대한 열쇠를 가지고 있지 않다. 여기서 오히려 타인을 통해서 각 개인이 승인되기를 요구하는 것과 개인들에게 실제적으로 주어진 승인 사이에 충돌의 장이 열린다. 사회적인 삶의 연관 속에서 승인은 일차적으로 각 개인이 타인과의 관계 속에서 수행하는 **역할들**과 관계한다. 예를 들어 부모와 자식, 선생과 학생, 지배자와 피지배자, 판매자과 구매자, 동료와 친구, 정당동지와 정적(政敵)이 바로 그러한 경우이다.[32]

역할 속에 있는 타자에 대한 승인에는 항상 일정한 행동 기대들이 결부되어 있으며, 그 행동 기대에 대한 충족이 사회적 승인의 조건이 된다. 인간에 대한 승인을 인간이 사회적 삶에서 수행하는 역할에 제한하는 것은 물론 당연히 비인간적이다. 아울러 그런 제한은 승인 현상 자체의 의미마저도 축소시킨다. 역할 속에 있는 타자에 대한 승인이 일어날 때, 그 중심부에서는 승인이 항상 타자의 인격에도 관계한다. "인격"(Person)이라는 단어 역시 처음에는 역할, 얼굴에 쓴 마스크를 통해서 특징 지워지는 배우의 역할을 묘사하다가, 그 후에는 한 사람이 수행하는 사회적 역할을 묘사하고 있다. 오늘날 우리는 "인격"이라는 개념을 광의적이고도 심오한 의미에서 사용한다. 그래서 그것은 말하자면 상이한 삶의 연관 속에서 다양한 역할을 충족시켜야 하는 한 개인의

---

32) W. Maihofer: *Recht und Sein. Prolegomena zu einer Rechtsontologie*, 1954.

자기 동일성으로 이해된다.

특별히 현대의 산업사회에서 담당하는 역할들의 이질성으로 인해서 인격의 통일성이 위협당할 수 있다. 바로 이런 상황을 로베르트 무질(Robert Musil)은 그의 소설 『특성 없는 남자』(*Der Mann ohne Eigenschaften*)에서 묘사했다. 개인은 자신의 역할과의 관계 속으로 자신을 이끌어야 하며, 또한 자신의 역할의 다양성을 자신의 인격의 통일성으로 통합시켜야 한다. 무질이 묘사한 것처럼, 한 인격과 그의 역할이 상호대립적으로 전개되어서는 안 된다. 만약에 이 양자가 서로 분리된다면 자기 동일성의 형성은 실패한다.[33]

사회적 승인 과정이 사회적 역할과 관련하여 일어날 때, 승인은 결코 불평등성을 배제하지 않는다는 사실이 추론될 수 있다. 오히려 사회적 승인은 바로 그 자신의 다름 속에 있는 타자, 나로부터 구분되는 타자에게로 향한다. 평등은 승인의 상호성으로부터 생긴다. 그것은 모든 다른 불평등에도 불구하고 이루어진 승인의 특별한 평등이다. 이런 평등 자체가 또한 상호 간의 승인의 대상이 될 수 있다. 예를 들어 국민이라는 한 사회의 구성원의 평등이 그런 경우이다. 그러나 만약 타자의 다름이 승인되지 않거나 또는 역으로 누가 자신에 대한 승인을 기대하고 있는 어떤 사람과의 평등을 주장하면서도 현존하는 지위, 재능, 능력의 상

---

33) 인격 개념에 대한 자세한 설명은 다음 저자의 글을 참고하라. *Anthropologie in theologischer Perspektive*, 1983,217-235, 특히 228ff, 및 513-517.

이성을 무시한다면, 그때 갈등이 발생할 것이다. 그리고 그 갈등으로 인해서 승인의 상호성은 어려움을 겪게 되며, 아울러 상호간 승인과 이에 대한 인지를 통해서 만족되었던 상태는 어려움에 처할 것이다.

이 모든 것으로부터, 아직 사회적 의사소통의 연관성 속에서 개인들의 역할을 어떻게 정의해야 하는지 그리고 그 역할들에 대해 어떤 기대가 결부되어야 하는지에 대해서 대답이 도출되지 않는다. 그리고 살아있는 관습에서는 그런 질문들이 아예 생기지 않는다. 그 질문들은 항상 이미 답변되어 있기 때문이다. 하지만 만약 관습이 단순한 **관행**으로 간주되어 의문시된다면, 그리고 관습이 그 자명한 타당성을 상실해버렸다면 공동의 삶의 규칙들과 규범들에 대한 분명한 정당화와 규명의 필요성이 생길 것이다.

2장

윤리의 발생과 윤리적 정당화의 주요 방법들

1. 관습, 법률, 윤리

관습과 법률

전통 사회에서 개인의 사회적 입지, 신분 그리고 개인의 능력에 따라 요구되는 기대치들은 광범위하게 이미 그의 가족 출생을 통해서 정해졌다. 이 기대들이 충족될 때 - "마땅한 일"이라는 관점에서 - 한 개인이 자신의 사회적 상황에서 받아들여지고, 잘못하면 처벌을 받는다. 이런 상황은 먼저 가족연합체, 씨족의 삶에서부터 펼쳐진다. 그리고 여러 씨족들을 포괄하는 사회들에서는 인간 상호 간의 관계에 대한 법규칙들이 고착화된다. 동시에 소송절차에서 재판의 형태가 생겨나서 서로 대립하는 주장들을 중재하거나, 전체 사회에 타당성을 가지는 규범들이 개별적 범죄자들에게 관철되게 한다. 이런 일은 인류문화사 어디서나 일어나는 일이다. 법규칙의 일정 부분은 소송절차의 경험에, 말하자면 유사한 사례들을 동일한 원리에 따라서 결정하려는 노력에 그 원천을 가진다. 하지만 여러 문화권에서 법규범들이 정식화되는 것은 대부분의 경우에 전체 사회의 권위와 결부되어 있다. 물론 어떤 곳에서도 관습(Sitte)을 통해서 통제되어 오던 인간 상호 간의 관계들 전체가 정식화된 법률로 넘겨진 적은 없다. 명시적으로 정해진 법률 외에도, 좋은 관습의 관습법이 일상적인 행동이나 심지어 재판에서도 척도의 구실을 하면서 남아있었다.[01] 명시적인 입법의 근본 토대는 관습에 있었다. 이미 관습을 통해서 질서 지워지지 않은 관계들이나 소송들을 통제하려는 경우가 아니라면 법률적 규정들의 내용은 대부분 관습으로 소급된다.

고대문화에서 관습과 법률은 모두 신들에 의해 마련된 세계질서로 소급되었다. 주전 2000년경 고대 수메르에서 왕들이 입법을 할 때, 또는 주전 1700년경 바빌론의 함무라비가 입법을 할 때 그들은 신적인 위탁을 내세웠다. "고대 메소포타미아에서는 신들에 의해서 그의 백성과 통치 영역의 '목자'로 세움 받은 왕의 과제에 특별히 법질서의 보존과 회복이 포함되었다. … "[02] 그리스나 국가 성립 이전의 이스라엘과 같이 왕정제도가 마련되지 않은 민족들에게서는 입법가들이 세워졌는데, 이들은 신적 존재로부터 그들의 활동을 위임 받았다. 때로는 신적 위임에 더해서 사회로부터 부름도 받곤 했는데 아테네의 솔론이 그런 경우이다.

입법의 필요성이 생겨난 상황은 다음처럼 추측해 볼 수 있다. 사람들에게 미치는 관습의 힘이 줄어들면서 관습들이 느슨해진 상황을 상상해볼 수 있다. 아울러 전체 주민의 구성요소들이 서로 다른 상황에서 형성된 각각의 법규범들을 통일할 필요성도

---

01) 이 마지막 부분에 대해서는 헤르베르거(M. Herberger)가 쓴 다음의 사전 항목을 참조하라.「Recht I」im *Historischen Wörterbuch der Philosophie* 8, 1972, 221-229, 특히 225.

02) W. Pannenberg/A. Kaufmann: *Gesetz und Evangelium*, 1986, 5. 이집트에서의 유사한 생각에 대해서는 다음을 참조하라. J. Assmann: *Ma'at. Gerechtigkeit und Unsterblichkeit im Alten Ägypten*, 1990, bes. 201 ff.

생겼을 것이다. 이 두 상황에 대한 고려가 이집트 왕의 기능에 대한 생각에서 드러난다. 왕은 옳음(Ma'at)을 만들어 내어야 하는데, 특별히 하부 이집트와 상부 이집트라는 두 영역의 일치가 다시금 새롭게 이루어져야 하는 상황에서는 더욱 그러했다.[03] 고대 동방의 왕들을 유명하게 만든 왕의 과제에는 약자와 가난한 자의 권리를 강자와 부자로부터 보호해주는 것이 속해 있었다. 강자와 부자들은 자신들의 권리라고 생각했던 권리주장들을 관철시키기 위해서 스스로 움직였다. 따라서 가난한 자들과 약자들에 대한 보호는 권리의 평등성의 유지와 일치한다. 아마도 이런 기능의 맥락에서 법규범들이 입법이라는 형태로 공적으로 선포되었으리라고 쉽게 생각해볼 수 있다.

윤리학의 발생

따라서 관습의 영역과 좁은 의미에서의 법 사이의 경계는 유동적이다. 법은 단지 법률적인 법만이 아니며 그 내용이 관습의 내용과 대립하지도 않는다. 그러면 윤리와는 어떤 관계인가? 관습의 힘은 윤리의 표출이 아니라 오히려 전통적인 관례(Brauchtum)에 더욱 가까이 있다. 관습의 타락은 먼저 법률로 귀결되지만, 즉각 윤리의 발생으로 이어지지 않는다. 이미 고대 동방에서 특별히 타락의 시기에 자연스럽게 그러했던 것처럼, 사람들이 정의와

---

03) J. Assmann a.a.O. 204ff., 51ff.

불의에 대한 모든 반성을 윤리라고 부르려고 하지 않았다. 이와 달리 좁은 의미에서 윤리의 발생은 이미 세워진 법률의 권위가 실추하게 되는 것과 연관이 있다. 윤리의 시초적 형성은 유럽문화사에서 소크라테스로 소급된다. **윤리가 발생하게 된 상황**의 역사는 주전 5세기 그리스에서 일어난 법률에 대한 시각의 변화에서 찾아진다.

고대 그리스 사상에서 **노모스**(Nomos)는 각자에게 "할당된 것" 내지 각자에게 자신의 것을 할당해주는 질서를 의미했다.[04] 바로 그것이 발생하는 관계를 헤시오도스(Hesiod)는 **정의**(*dike*)라고 부른다.(Op. 276ff) 노모스에 대한 소크라테스 이전 시기의 이해에서 특별히 흥미로운 것은 헤라클레이토스(Heraklit)의 말이다. "합리적으로 말하려고 하는 사람은 마치 한 폴리스가 법을 통해서 스스로를 강하게 만드는 것처럼, 모든 공통된 것들을 통해서 스스로를 강하게, 아니 더욱 강하게 만들어야 한다. 그런데 인간의 모든 법들은 하나의 신적인 법으로부터 자양분을 공급받아 존속한다. 이 신적인 법은 자신이 원하는 만큼 통치한다. 그것은 모든 사람들에게 충분하다. 아니, 그 이상이다."(fg. 114) 따라서 신적인 법이 모든 각 존재에게 자신의 분량을 할당해 준다. 그 신적인 법의 역량은 물론 그 이상까지 미친다. 헤라클레이토스에 따르면 그 신적인 법으로부터, 다시 말해 코스모스의 질서로부터

---

04) F. Heinimann: *Nomos und Physis: Herkunft und Bedeutung einer Antithese im griechischen Denken des 5. Jahrhunderts*, 1945, 59ff.

시민들 간의 유대의 기초를 놓아주는 인간의 법이 자양분을 공급받는다. 헤라클레이토스에 따르면 인간의 법들, 즉 국가 헌법들이 서로 다르고 그런 점에서 단일한 신적인 법과 동일하지 않지만, 인간의 법들은 신적인 법을 척도로 삼으며 그것과 닮았다.[05]

핀다로스(Pindar)는 헤라클레이토스보다 더욱 강하게 인간적인 법과 신적인 법의 일치성을 강조했고,(fg 169) 더 나아가서 사회에서 척도 구실을 하는 법이 가지는 신적인 권위를 강조했다.[06] 그러나 이런 시각은 그리스 도시국가들에서 법규정들이 바뀌는 것을 경험하면서 흔들리기 시작했다. 그로 인해서 노모스는 자연이나 진리와는 달리 한낱 인간의 법으로 전락하고 말았다. 법의 상대성이나 가변성으로 인해서 법은 인간의 자의(恣意)의 표출에 불과하다고 여기는, 평가절하적인 생각은 특별히 프로타고라스(Protagoras)에 의해서 이론적으로 정당화되었다.[07] 그의 주장은 법(Nomos)과 자연(Physis) 간의 반립(反立)을 논증하는 소피스트들의 대표적인 예이다.[08] 안티폰(Antiphon)이라는 소피스트는 법과 대립하는 자연에 대한 지향성에 더욱 큰 의미를 부여하여, 인간은 자신의 자연적인 충동을 자유롭게 펼치면 되고, 법에 따라서

---

05) F. Heinimann a.a.O. 66.

06) F. Heinimann a.a.O. 67f.

07) F. Heinimann a.a.O. 81.

08) F. Heinimann a.a.O. 110-125.

무엇이 좋고 나쁜지에 대해서 염려할 필요가 없다고 주장했다.[09]

소피스트들이 이처럼 노모스의 구속력을 해체하는 것에 대해서 소크라테스와 그의 제자 플라톤이 논쟁을 벌이는 가운데, 공동적인 것 자체가 동시에 개별자에게도 좋은 공동의 선에 대한 물음으로서 윤리학이 발생했다. 이런 의미에서 윤리학의 개념을 최초로 사용한 아리스토텔레스는 윤리적인 문제를 다루었던 최초의 사람으로 소크라테스를 지목했다.(Met. 987b 1) 따라서 아리스토텔레스가 적고 있는 것처럼, "아름다운 것과 옳은 것"은 단지 "관례요 규정에 불과하며, 자연의 관점에서 볼 때에 그것은 아무것도 아니다"(Eth. Nic. 1094b 14f.)라는 이해에 대한 논쟁에서 윤리학이 탄생했다. 윤리학의 논증은 법과 관습에 대해서 다음과 같은 점에서 달라진다. 법과 관습이 내세우는 타당성에 대한 주장들을 회의적으로 검토하는 것이 윤리학의 전제이다. 자연에서 있는 그대로의 것에 대한 대립을 통해서 이런 회의가 나오기 때문에 윤리적인 논증은 인간의 자연적 본성에 대한 물음으로 들어가서, 그것을 기반으로 다음과 같은 사실을 설명하려 한다. 법과 관습의 내용은 애당초 인간의 자연적 본성에 기반을 가지고 있으며, 바로 **그런 이유로 인해서** 모든 인간들에게 구속력을 띤다. 따라서 윤리적 논증은 법과 관습의 타당성을 새로이 확립해주는 것을 의도하며, 동시에 인간 및 인간사회에 대해서 **자연의**

---

09) F. Heinimann a.a.O. 131ff.

관점에서 선한 것을 기반으로 삼아서 법과 관습의 내용을 개혁하는 것도 당연히 의도한다. 그때 윤리적 논증은 개인적인 행동이 추구해야 할 방향성을 찾고 있는 개인에게 먼저 주목한다. 바로 그런 식으로 이미 소크라테스와 플라톤은 윤리적 논증을 해나갔다. 그리고 플라톤의 가르침을 소크라테스로부터 시작된 철학함의 체계적인 서술의 완성으로 보았던 플라톤의 제자 아리스토텔레스도 이런 의미에서 자신의 윤리학을 덕론(德論)으로 전개했다.

윤리학의 발생 상황을 살펴보면 오늘 우리의 현재적 특징인 도덕적 규범의식의 위기와 많은 공통점이 있음이 드러난다. 따라서 계몽주의의 이성윤리가 현대 도덕철학의 직관주의와 정의주의를 통해서 봉착한 혼란을 입증한 후에 아리스토텔레스로 돌아갈 것을 주장한 알래스데어 매킨타이어의 권고는 결코 시대착오가 아니었다. 하지만 아리스토텔레스에 의해서 마련된 윤리학의 기초는 어느 정도로 유효할까?

2. 선론적 윤리학

소크라테스의 선론

아리스토텔레스 윤리학에서는 소크라테스가 윤리적 통찰의 길로 발전시킨 선(das Gute 善, *동양에서 선은 인간성품에 대한 평가로 '착함'

으로 이해되지만, 서양에서는 인간성품에 대한 평가 외에 보편적인 선호의 평가적 표현을 포함하여 '좋음'으로 이해되며, 여기서는 후자의 의미로 사용된다)에 대한 물음이 특정한 형태로 다루어진다. 그것은 헤라클레이토스가 인간의 법률들을 그 척도가 되는 단일한 신적인 노모스로 소급시키던 것과는 완전히 다른 형식의 논증이다. 소피스트들의 비판으로 문제시된 노모스 개념은 소크라테스 학파가 윤리학의 토대를 놓음에 있어서 전혀 아무런 역할을 하지 않거나, 한다고 하더라도 기껏 하부적인 역할을 할 뿐이다. 하지만 소피스트들과 마찬가지로 소크라테스 학파도 인간들의 추구와 그 목적에 대해 탐구하는 것에 관여한다. 선의 개념이 처음에는 내용적인 규정성을 갖지 않은 문제 개념으로 도입된다. 선의 개념은 단순히 인간적 노력과 추구의 상관자로 여겨진다. **선(善)이란 인간들이 추구하고 있는 바로 그것이다.** 인간들이 어떤 것을 추구할 때, 그들은 그것이 자신들에게 좋다는 생각 속에서 그렇게 한다. 바로 여기에 다음과 같은 질문이 이어진다. 추구되는 그것이 그 인간에게 **실제로** 좋은 것인가, 아니면 그것이 그에게 나쁜 것으로 드러나는가? 이것이 바로 인간적인 추구가 목표하고 있는 것의 원래적인 의미와 내용을 해명하려는 윤리적인 반성의 착안점이다.

이런 소크라테스적인 문제 제기를 아리스토텔레스도 역시 자신의 『니코마코스 윤리학』의 첫째 장에서 다루고 있는데, 이 문제 제기는 일련의 반박이 나오게 하는 계기가 되었다. 중요한 두 가지 반박 중에서, **첫 번째는** 그렇게 되면 윤리적인 판단의 본질

을 간과하는 잘못된 자연주의가 나오게 된다는 것이다. **두 번째**
는 인간의 도덕적 상황이 주지주의적으로 왜곡되어, 마치 도덕
적으로 나쁜 행동이 단지 참으로 좋은 것에 대해서 알지 못하는
것에 기인하는 것으로 여겨져서, 인간 행동의 비지성적인 동기가
과소평가된다는 것이다. 내가 보기에는 두 비판 모두가 잘못되
었다.

자연주의적 오류?

첫 번째 반박은 조지 에드워드 무어(George Edward Moore)에 의
해 제기되었다. 그는 이것을 **자연주의적 오류**라고 불렀다.[10] 왜
냐하면 사람들이 선의 개념을 쾌락 및 욕구의 어떤 자연적 대상
과 혼동하고 있기 때문이라는 것이다. "좋음"(善)이라는 표현은
더욱이 승인 또는 불승인의 판단들에서 사용되는 것으로, 이 판
단들은 어떤 것의 자연적인 속성에 근거하는 것이 아니라, 그것
에 대한 판단자의 태도에 근거한다. 물론 이런 논증은 무어 자신
의 "직관주의적" 윤리학과 깊이 관련되어 있는데, 이 윤리학의 모
델에서는 윤리적 판단들이 근본적으로 주관적인 기호적(嗜好的)
판단으로 서술된다.

하지만 선에 대한 질문은 그 **자체로서** 선한 어떤 것에 관한 것
이며, 따라서 그 질문은 선에 대한 우리의 판단에 선행한다. 물

---

10) G.E. Moore a.a.O. c. 1, §§ 10, 13.

론 선은 우리의 판단형성에 의해서 올바르게 포착될 수도 있지만 또한 놓쳐질 수도 있다. 그럼에도 불구하고 선은 단순히 어떤 "현존하는" 대상이 아니다. 선을 향한 인간의 추구와 갈망만이 오로지 경험적으로 확증될 수 있는 사실의 문제이다. 선에 대한 질문에서 윤리학적 착안점을 찾는 소크라테스적인 입장이 갖는 강점은 바로 다음과 같은 점에 있다. 소피스트들과 마찬가지로 소크라테스도 인간 삶의 실행이라는 실재성에서 경험적으로 시작하지만, 그다음에는 그것을 넘어서 아직 존재하지 않지만 존재해야 할 어떤 것, 그것도 인간의 추구가 목표로 삼아야 하는 한에서 마땅히 그렇게 존재해야 할 어떤 것을 향해서 나아간다. 존재하는 것으로부터 존재해야 하는 것으로의 전이, 즉 존재에서 당위로의 전이가 윤리학자에 의해서만 수행되는 것이 아니다. 윤리학자가 인간으로 하여금 어떤 당위에 맞닥뜨리게 함으로써 (혹은 조지 무어의 생각처럼 윤리학자가 어떤 연역불가능한 태도까지 취함으로써) 인간의 현실에 입법자로서 맞서는 태도가 윤리학자에게만 일어나는 것처럼 보일지 모르지만, 그렇지 않다. 인간 존재 자체는 그리고 모든 각 인간은 삶을 살아가는 동안에 현재 있는 모습으로부터 마땅히 그렇게 되어야 할 모습으로 변화하는 존재이다. 선(좋음)이란 우리가 추구하는 바로 그것이다. 때로는 우리가 좋은 것이라고 간주하는 것이 참으로는 우리에게 좋은 것이 아니기 때문에 우리가 선(좋음)을 놓치는 일이 일어난다고 해도 선의 의미는 그런 것이다.

주지주의적 왜곡?

그러나 바로 이 지점에서 다른 반론이 생긴다. 그것은 소크라테스의 윤리학적 착안점이 "주지주의적"이라는 것이다. 왜냐하면 선을 놓치는 것이 선의 존재에 대한 통찰의 결핍으로 돌려지기 때문이라는 것이다. 그에 반해서 인간의 현실이란, 우리가 비록 선의 타당한 요구 사항을 안다고 해도 선을 행하지 않는다는 것이다. 바울이 로마서 7장 22절 이하에서 인간의 상황을 바로 그런 식으로 묘사한 것으로 보인다. "내 속 사람으로는 하나님의 법을 즐거워하되, 내 지체 속에서 한 다른 법이 내 마음의 법과 싸워 나를 죄의 종으로 삼으며, 그 죄의 법이 내 지체 속에서 활약하는 것을 보노라." 그렇다면 우리는 명백하게 선이라고 인식된 것에 따라서 행동하는가? 아니면 선 자체에 대한 관점의 분열이 우리 안에 있는가?

바울은 선의 개념을 소크라테스의 윤리학과 다르게 사용한다. 소크라테스 학파에서 그 개념은 인간들이 비록 궁극적으로는 자신들이 추구하는 그것이 무엇인지 모른다고 해도 추구하면서 열망하고 있는 어떤 것을 의미한다. 우리에게 좋은 것을 추구하는 동안에, 우리는 도대체 무엇을 추구하고 있는 지를 해명하려고 하는 것이 소크라테스에게서는 윤리적 탐구의 대상이다. 그에 반해서 바울에게서는 선의 내용이 이미 명백하게, 다시 말해 하나님의 율법이라는 기준에 따라서 규정되어 있다. 또한 소크라테스 학파의 선(善) 개념처럼 **나에게** 좋은 것이 아니라, 하나님 앞에서 좋은 것이 다루어진다. 이때 하나님의 계명이라는 모양으로 나에게 "삶을 위해서 주어진"(롬 7:10) 좋은 것이 다루어진다. 물론 이 후자의 관점에서 선에 대한 바울의 사상과 소크라테스의 사상이 연관성을 맺는다.

하지만 바울에게서는 하나님의 의지가 출발점을 이루며, "삶을 위한" 작용은 오로지 하나님이 의도한 계명의 목적으로 간주되는 것에 반해서, 소크라테스의 문제제기에서는 거꾸로 나를 위한 작용("내게 좋은" 것이라는 점에서)이 탐구의 출발점으로 작용하며, 아울러 그것이 궁극적으로 "내게 좋은" 것으로 드러날 선(善)이 어디에 있는가 하는 물음에 대한 대답을 결정하는 역할을 한다. 여기서는 하나님에 대한 사상이나 신적인 법에 대한 생각은 기껏해야 선에 대한 탐구의 가능적인 결과물로서 고찰된다. 그렇기 때문에 소크라테스나 플라톤이나 아리스토텔레스의 관점에서도 역시, 우리에게 좋은 것을 찾아가다가 참으로 좋은 것을 놓치는 잘못이 일어날 수 있다.

그러나 그런 오류는 단지 지성적인 오류의 표현만을 드러내는 것이 아니다. 오히려 그런 오류는 우리가 감각적으로 주어진 것에 매달리고, 또 우리의 추구가 감각적인 대상으로 충족되기를 기대하는 우리의 성향과 연관되어 있다. 이런 사태는 전적으로 바울이 "내 지체 안에 있는 다른 법"이라고 말한 것, 말하자면 하나님의 법과 싸우는 욕망의 법(롬 7:7f.)과 관계있다. 소크라테스와 플라톤 식으로 말하자면 우리의 욕망은 우리에게 "좋은" 것이 아닌, 다른 어떤 것이 하나님의 법처럼 보이게 만든다. 욕망은 나에게, 욕망이 향하는 그 대상이 하나님의 법보다 내게 "삶을 위해서" 더 좋은 것이라고 말한다. 따라서 바울에 따르면 나의 삶을 돕고자 계명이 내게 제시하는 목표가 바로 죄가 나를 "공격"하는 빌미를 제공하는데, 이때 죄는 내게 이렇게 말한다. "다른 어떤 것이 삶을 위해서 내게 더 좋은 것이며, 따라서 그것이 오히려 내게 '좋은' 것이다." 바울에 따르면 이런 식으로 죄는 나를 "기만했다". 왜냐하면 죄는 내게 실제로는 내가 찾았던 삶 대신에 죽음을 가져다 주기 때문이다.(롬 7:11) 그러므로 사도는 선 자체에 대한 인간의 내면적 갈등을 서술한다. 바울은 우리의 "내면적 인간"(우리의 이성)이, 하나님의 계명은 우리에게 좋은 것(말하자면 삶을 위해서 우리에게 주어진 것)이라는 점에 틀림없이 동의할 것이라고 여긴다. 하지만 우리의 욕망은 우리에게 좋은 것에 대해 다른 생각을 하고 있음을 표출하고 있다는 것이다.

매우 유사한 방식으로 선에 대한 물음에서 소크라테스의 착안점도 역시, 인간들은 자신들에게 무엇이 좋은 것인가에 대한 물음과 관련해서 통상적으로 비합리적인 동기들을 좇는다는 점에서부터 출발한다. 이런 의미에서 소크라테스의 윤리학은 결코 주지주의(主知主義)가 아니다. 소크라테스의 윤리학은 우리의 이성이 항상 흔들림 없이 참으로 좋은 것을 알고 있다고 단 한 번도 주장한 적이 없다. 오히려 이점에서 바울이 소크라테스주의자들보다 더욱 주지주의적이다. 왜냐하면 그는 우리의 이성이 하나님의 법에 동의한다고 지체 없이 받아들이고 있기 때문이다. 소크라테스 윤리학의 입장에서는 단지 우리의 바람과 추구가 어디에서 참된 충족과 충분한 만족을 찾을 수 있는지를 해명하는 것이 우리에게 필요하다고 주장한다. 소크라테스주의자들도 당연히 철학적 숙고가 그런 해명에 도움이 될 수 있다고 생각했다. 물론 사람들이 철학적 통찰을 실제로 따르는가 하는 문제는 별개의 문제이다. 그런 점에서 주지주의에 대한 비판은 자리를 잘못 잡은 셈이다. 왜냐하면 사람들이 그 철학적 통찰을 따르고 있지 않다면 그것은 그들이 다른 (비합리적인) 근거에서, 다른 어떤 것이 그들에게 좋은 영향을 미치며 그런 점에서 그것이 그들에 좋은 것이라고 여기고 있기 때문이다. 그 점에서 우리는 다시금 로마서 7장에서 바울이 서술한 인간의 상황으로부터 멀리 떨어져 있지 않다.

행복주의

그러면 인간들의 추구가 비록 무지와 오류로 다소간 오도(誤導)되고 있기는 하지만, 그 추구가 근원적으로 이미 항상 지향하고 있는 목표가 되는 선(善)의 개념을 소크라테스주의자들은 자신들의 입장에서 어떻게 규정했는가? 우리는 먼저 다시 아리스토텔레스로 돌아가자. 『니코마코스 윤리학』의 2장에 의하면 "사람들이 행동을 통해서 얻을 수 있는 모든 선들 중에서 최고의"것은 선한 삶과 행동 안에 놓여 있는 행복이다.(1985a 18f.) 이때 아리스토텔레스는 일반적으로 널리 퍼져있던 확신에 호소한다. 실제로 이 주장은 플라톤보다 조금 더 나이가 많았던 동시대의 인물 데모크리토스(Demokrit von Abdera)와 소피스트들 이후로 항상 다시금 되풀이 되어왔다. 행복, 즉 **유다이모니아**(eudaimonia)는 인간의 모든 추구에서 원래의 목적이라는 것이다. 바로 그런 식으로 소크라테스는 생각했으며, 플라톤도 역시 행복은 모든 인간적 추구의 최고 목표로 당연하게 여겼다. 아리스토텔레스 이후의 시대에서도 스토아학파와 에피쿠르스학파의 윤리학 이해가 다른 점들에서는 서로 대립의 태도를 보였지만 바로 이 점에서는 일치를 보았다. 그런 점에서 스토아학파의 엄격한 덕론(德論)을 포함해서 거의 모든 고대의 윤리학은, 이후에 칸트가 순수한 의무 원칙의 관점으로 비판했던 입장에서 볼 때 "행복주의적"이었다. 고대 윤리학은 이런 식으로 그들이 가진 질문, 곧 인간의 자연적 성향은 원래 무엇을 목표로 하고 있는가 하는 질문이 해명되었다고 여겼으며 이에 대해 어떤 이의도 제기하지 않았다.

하지만 이제 그 행복의 내용이 무엇이며, 그 본질이 무엇인가 하는 문제에 대해서는 사람들의 판단이 서로 달랐다고 아리스토텔레스는 지적한다. "대중의 대답은 사상가의 대답과 달랐다. 대중은 행복을 손에 쥘 수 있고, 눈으로 볼 수 있는 어떤 것들, 예를 들어 쾌락, 안녕, 명예와 같은 것으로 여긴다. 그리고 그것은 각 사람마다 다르다. 심지어 동일한 사람에게서도 의견이 때때로 바뀐다. 한 사람이 아플 때 그는 건강에 행복이 있다고 여긴다.

그리고 그가 만약 가난하다면 그는 부귀에 행복이 있다고 여긴다."(1095a 20-25) 이에 반해서 사상가들에게는 어떤 일치점이 있었다고 아리스토텔레스는 지적한다. 하지만 그들이 누구인지에 대해서는 더 이상 언급하고 있지 않다. 사상가들의 일치된 생각은 다음과 같다. 철학자들은 서로 간의 모든 차이에도 불구하고 데모크리토스가 일찍이 말한 바와 같이(fg. 37) 영혼의 선들이 육체의 선들에 비해서 "더욱 신적인 것에 가까운" 것이라고 여긴다. 그러나 이외에는 이미 말한 바와 같이 행복에 대해 가지는 철학자들의 견해는 매우 달랐다.

쾌락주의

인간의 선에 대한 철학적인 이해에서 가장 주된 형태 중의 하나는 바로 데모크리토스의 경우였다. "인간에게 가장 좋은 것(最善)이란, 자신의 삶을 가능한 한 기분 좋게, 그리고 가능한 한 언짢지 않게 사는 것이다. 바로 그런 이유로 인간은 죽음에서 자신의 쾌락을 찾지 않는다."(fg. 189) 데모크리토스에 의하면 쾌락의 최대치가 감각적 즐김에서 찾아질 수는 없다고 해도, 쾌락은 최고의 가치로 평가된다. 데모크리토스 쾌락론의 대표적 대변자는 후에 에피쿠르스주의자들에게서 나타난다. 하지만 에피쿠르스에게서도 역시 그의 많은 계승자들의 경우에서와는 달리, 정신적인 것에 대한 쾌락이 심오한 만족감을 보장해주는 것으로 남아있었다.

플라톤도 역시 그의 초기 『대화편』들에서 쾌락주의적 의미의 행복(eudaimonia)에 대한 이해를 대변했다. 프라타고라스 『대화편』에서(351b ff.) 플라톤적 소크라테스(*플라톤에 의해서 소개되고 해석된 소크라테스)는 유쾌한 삶은 선하며 또 그것을 추구할 가치가 있지만, 고통스러운 삶은 악하며 또 그것을 가능한 한 피해야 한다고 주장한다. 당연히 『대화편』의 소크라테스는 오로지 덕에 입각해서 행동하는 사람만이 지속적인 쾌락에 도달한다고 생각한다. 그럼에도 불구하고 『대화편』의 소크라테스에게서, 그리고 초기의 플라톤에게서 쾌락은 우리에게서 선에 대한 척도로 여겨지고 있으며, 그런 점에서 그의 윤리관은 쾌락주의적이라고 말해져야 한다. 이때 우리는 역사적인 소크라테스도 역시 그런 쾌락주의를 따르고 있었다고 생각해야 할 것이다.[11]

하지만 플라톤은 나중에, 말하자면 고르기아스(Gorgias) 『대화편』에서 반전을 이루었다. 그는 이제 도달 가능한 쾌락이 선의 척도가 된다는 주장에 반대한다.(Gorgias 482ff.) 이 대화편의 465a 이하에서 칼리클레스(Kallikles)가 대변하고 있는 쾌락의 원리에 맞서서 펼쳐지는 플라톤적 소크라테스의 반론의 주요 논증은 다음과 같다. 감각적 쾌락은 좋음과 나쁨의 기준에 대한 척도가 될 수 없다. 왜냐하면 나쁜 사람들이 그들의 행실 속에서 경우에 따라서는 선한 사람들만큼이나 쾌락을 느낄 수도 있을 뿐만 아니

---

11) H. Maier: *Sokrates*, 1913, 130, 310f.

라, 때로는 더 많이 느낄 수도 있기 때문이다.(497e-499b) 이로부
터 다음과 같은 결론이 나온다. 쾌락이 아니라 선을 선으로서 인
식하는 것을 통해서 매개된 선의 현존만이(497e) 선한 것들을 선
이 되게 한다. 여기서 윤리학의 근본적 통찰이 플라톤에게서 생
겨난다. 즉, 쾌락은 선의 척도가 아니다. 쾌락은 오로지 선의 현
존에서 그 자체로서는 항상 불명료하게 남아있는 동반적 현상
에 불과하다는 것이다. 따라서 도달 가능한 쾌락에 대한 모든 질
문들은 부수적인 것으로 간주되어야 한다. 선을 그 자체로서, 즉
이성적 인식에서 제시되는 대로 선을 추구하지 않고, 예상되는
쾌락의 획득의 양이 많고 적음을 가늠하여 옳은 길을 찾겠다고
하는 사람들을 플라톤적인 소크라테스는 파이돈 『대화편』에서
비웃었다.(Phaidon 68b ff.)

선과 쾌락의 상관성

물론 플라톤은 선을 소유함으로 얻을 수 있는 쾌락에 대한 선
의 연관성을 전적으로 거부할 수는 없었다. 바로 이런 점이 선의
개념 자체에, 말하자면 이데아로서의 선의 본질에 근거해 있다.
율리우스 슈텐첼(Julius Stenzel)은 소크라테스 학파의 발전을 철저
하게 다룬 그의 작품에서 다음과 같은 사실을 보여주었다. 플라
톤에게서 이데아들은 단지 사물들의 원상들(Urbilder 原像)이 아니
다. 오히려 그것은 일차적으로 사물들이 존재하는 **목적**이며, 사
물들이 추구하는 목표이며, 사물들이 자신들의 본질적 완성을 이

루려는 대상이다. 이런 사실은 특별히 이데아들의 이데아인 선의 이데아에서 잘 드러난다. 선의 이데아는 각 이데아의 본질적 특성, 말하자면 바로 사물들의 본질실현의 목표에 대한 사물들의 목적론적 관련성을 그 내용으로 담고 있다.[12] 따라서 만약 이 목표가 오로지 완벽하게 성취된다면, 이 목표의 현존과 소유 속에서 모든 추구들이 완전한 만족을 발견할 수 있게 될 것인데, 그것이 바로 선이다. 이것이 바로 선의 본질이며, 그럼 점에서 선의 개념은 항상 그것을 추구하는 주체에 대한 관계를 포괄하고 있기 때문에 플라톤은 선의 도달에 대한 지표가 되는 쾌락에 대한 물음을 피할 수 없었다.

한 주체에게 선의 현존은 유쾌한 것이어야 한다. 바로 그런 식으로 플라톤은 『국가』에서(577c-586c) 그리고 『법』에서(732e ff.) 선과 쾌락의 관계에 대한 토론을 이어간다. 고르기아스 『대화편』의 논증과 상반되게 후기의 플라톤은 나쁜 사람들과 감각적인 사람들의 쾌감은 오로지 기만 속에서만 존재하며, 참된 쾌락은 오로지 덕스러운 행위를 통해서만 도달할 수 있다고 주장한다. 하지만 그것은 결코 경험적으로 증명될 수 없는 것이기에 플라톤의 이런 주장은 곤란한 문제였다. 이런 곤란함은 고르기아스 『대화편』에서 윤리적 탐구의 척도로서 쾌락 경험보다 선이 우선성을 가진다고 인정했던 주장을 플라톤이 고수함으로 인해 야기된 것

---

12) J. Stenzel: *Studien zur Entwicklung der platonischen Dialektik von Sokrates zu Aristoteles*, 1917, 3. Aufl. 1961, 17.

이었다.

이 문제는 플라톤 윤리에 대한 관점과 관련해서만 중요한 것이 아니다. 이것은 행복주의에 대한 현대의 윤리적 토론에서도 역시 핵심적인 사안으로 남아있다. 무엇보다도 경험주의 철학의 노선을 따르는 근대의 윤리학적 이론들의 대부분은 인간의 자연적인 행복 추구를 윤리적인 논증의 기초로 삼아왔다. 이와 달리 특히 칸트는 인간의 자연적인 행복 추구 위에 윤리학을 세우려는 모든 시도에 반대했다. 하지만 모든 행복 추구 그리고 그와 연관된 쾌락 추구에 대해서 규범을 전적으로 대립시키는 것은 윤리적 엄격주의의 위험으로 빠진다. 그렇게 되면 윤리적인 요구들은 쉽게 타율적인 부과물로 이해되어 거절된다. 그러면 인간들은 더 이상 그 요구의 내용에 자신을 일치시킬 수 없다. 그와 달리 소크라테스와 플라톤의 착안점이 가진 탁월한 지혜는 다음과 같은 통찰에 있다. 선의 개념 자체에 인간에 대한 연관성이 속해 있다는 것이다. 즉, 선은 **그 사람에게** 좋은 것이며, 바로 그러기에 그 사람이 선의 실현을 추구하며 결국 자신의 고유한 본질 실현 및 자신의 정체성, 고대철학적으로 말하면 행복(eudaimonia)을 얻게 될 것이다.

가치윤리학

자신에게 선한 것을 추구하는 사람에게 처음부터 도덕으로 제한되지 않은 선의 개념은 상대적이기에 당연히 다음과 같은 문제점을 드러낸다. 즉, 어떤 선의 획득과 소유에 연관된 만족 또는 쾌락은 선 개념 자체에 대한 기준이 되려고 하는 경향성을 가진다. 하지만 사람들이 희망하는 쾌락에 대해서 선이 우선성을 가져야 한다고 주장하는 플라톤의 통찰은 여전히 타당성을 가진다. 이런 통찰은 또한 우리 시대의 주도적인 가치윤리론자인 막스 쉘러(Max Scheler)와 니콜라이 하르트만(Nicolai Hartmann)에 의해서도 유지되어 왔다. 플라톤의 고르기아스에서와 매우 비슷하게 쉘러는 이렇게 말한다. 일차적으로 "인간은 **선들을** 추구하지, 선들에 대한 쾌락을 추구하는 것이 아니다."[13] 현상학적으로 연구하는 가치윤리학은 인간의 도덕적인 삶의 주제는 선의 형태들인 가치들에 대한 추구라고 여긴다. 이때 플라톤의 윤리학과 달리 선의 단일성 대신에 가치의 다수성, 다시 말해 선의 다수성이 고려된다. 가치 개념에 연관된 문제에 대해서는 나중에 다시 살펴보기로 한다.

　여기서는 먼저 소크라테스와 플라톤으로 소급되는 선에 대한 물음과의 연관성만을 다루려고 한다. 이 연관성은 특별히 개인들이 가지는 행복에 대한 관심보다 선에 대한 질문이 우선성을 가진다고 강조하는 것에서 분명히 드러난다. "행복과 불행에 대한 모든 **감정들은 가치들에 대한 감정**에 기반을 두고 있으며, 가장 심오한 행복, 곧 완전한 지복(至福)은 전적으로 본래의 도덕적 선

---

13) M. Scheler: *Der Formalismus in der Ethik und die materiale Wertethik* 1913/1916, 259.

에 대한 의식에 존재론적으로 의존한다."[14] 이때 쉘러는 칸트에게 반대하면서 도덕적으로 선한 것과 인간의 행복 추구를 상호 분리해서는 안 된다고 강조했다.[15] 행복이 바로 도덕적 가치를 정당화하는 것은 아니다. 하지만 행복은 도덕적 가치에 대한 전념으로부터 생긴다. 독일의 또 다른 대표적 가치윤리학자인 니콜라이 하르트만도 비슷하게 판단했다. 행복은 "모든 실재적이고 의식된 가치소유에 동반되는 감정가치"이지만, 그것 자체로는 주도적인 가치도 아니고 "참된 가치척도"도 아니다.[16]

선에 대한 긍정과 결부되어 있는 행복 감정에 대해서 선 내지 의도된 가치가 우선성을 가진다는 주장은 쉘러나 하르트만에게서 다음과 같은 심리학적 관찰에 의해서 보강된다. 즉, 행복 감정은 긍정적 가치들에 대한 주목이 이루어지고 난 후에 비로서 생겨난다는 것이다. 만약 추구의 행위가 직접적으로 행복 또는 쾌락을 겨냥한다면 이렇게 희망된 것들은 종종 사라진다. 오로지 가장 낮은 차원의 기쁨들만이 의식적으로 그것을 겨냥하는 행동을 통해서 성취될 수 있다고 쉘러는 말한다.[17] 사람들이 노력하며 실현해야 할 선을 추구하지 않고 행복을 추구한다면, 그로 인해서 바로 행복의 역량은 파괴된다. "… 추구의 행위 그 자체가

---

14) M. Scheler a.a.O. 370.

15) M. Scheler a.a.O. 360.

16) N. Hartmann: *Ethik* (1925) 4. Aufl. 1962, 94, 91.

17) M. Scheler: *Der Formalismus in der Ethik und die materiale Wertethik*, 1916, 348ff.

추구되는 것의 행복 가치를 제거한다." 실제적인 행복은 "항상 선물로서" 온다. 행복을 좇는 사람으로부터 행복은 도망친다. 하지만 "저 일차적인 가치들을 좇는 사람에게 행복은 실재로서 주어진다."[18]

선에 대한 추구의 왜곡과 아리스토텔레스

하지만 플라톤의 예가 보여주는 것처럼, 선에 대한 윤리적 추구가 쾌락 및 자신의 행복에 대한 추구로 변질되는 것을 막는 것은 쉽지 않다. 그러면 선이 무엇인가 하는 물음 자체에 문제의 본질이 놓여있다. 이 물음에 대한 대답이 이미 확정되어 있다면, 인간은 선을 그 자체로서 원해야 한다는 요구가 불가피하게 주장될 수 밖에 없다. 그러나 선이 무엇인가에 대한 질문의 대답이 아직 해결되지 않고 있다면 상황은 더욱 어려워진다. 그렇다면 이 물음을 결정할 기준이 필요하며, 그때 항상 다시 선의 소유와 – 곧 **나에게서의** 선으로서 – 결부되어 있는 결과인 행복의 경험이 기준으로 떠오른다. 앞에서 본 것처럼 이것이 윤리적 주제인 선에 대한 물음의 곡해 현상이다. 이런 곡해는 실제적 삶에서뿐만 아니라 윤리에 대한 철학적 정당화 작업에서도 나타난다. 신학의 견지에서 볼 때 사람들은 거기에서 저 곡해의 특정한 윤리적 변양태를 인간 행동의 구조에서 인식하는데, 그것을 기독교

---

18) N. Hartmann: *Ethik* 4. Aufl. 1962, 96, 97.

교리는 죄라고 부른다. 죄란 선에 대한 지향성의 왜곡이다. 인간의 추구는 이제 이 왜곡된 방향 자체에 집중되어 있다. 이런 왜곡은 선에 대한 추구에서도 일어난다. 선이 무엇인지가 그 자체로서 확실하지 않은 상황에서는 사태의 논리상 사람들은 항상 재차 도달된 만족 또는 희망하는 만족을 인간이 추구해야 할 선에 대한 척도로 만들게 된다.

선에 대한 물음이 지향성의 왜곡을 통해서 곡해되고 이제는 그 지향성이 인간 자신에게로 향하는 현상이 발생한다. 이런 현상의 한 사례가 이미 아리스토텔레스의 윤리학적 시도에서도 드러난다. 물론 아리스토텔레스는 『니코마코스 윤리학』에서 행위의 최종 목표가 되는 선에 대한 물음으로 시작했다. 하지만 이미 그 다음 단계의 생각에서 그는 선을 행동의 행복과 동일시했다.[19] 자신에게 연관되는 행복은 오로지 선의 현존에 동반되는 현상이라는 사실이 – 그 선의 소유에 의해서든, 이미 그 선에 대한 의지적인 승인에 의해서든 – 아리스토텔레스에게서는 더 이상 주제화되지 않았다. 왜냐하면 그는 선을 행복과 동일시하고, 행복 자체를 인간의 모든 행동의 궁극적 목표(telos)로서 간주했기 때문이다. 그로 인해서 플라톤의 고르기아스 『대화편』에서 강조된, 쾌락에 대한 선의 우선성과 인간의 행복(eudaimonia)에 대한 선의 우선성이 제거되었다.

---

19) *Aristoteles Eth. Nic.* I, 5; 1097a 21 ff. und 1097b 16f., 그리고 특히 20f.

행복이 쾌락과 단순히 동일시될 수 없다는 것은 분명하다. 왜 나하면 행복(eudaimonia)은 선한 삶에서 존속하기 때문이다. 그러나 만약 행복이 선과 동일시된다면 불가피하게 그를 통해서 채워질 만족, 즉 쾌락이 선에 대한 최후의 척도가 된다. 이처럼 플라톤적인 차별성이 아리스토텔레스에게서 이렇게 사라진 것은 우연이 아니다. 그것은 이미 플라톤 자신도, 인간 자신에게 좋은 것에 대한 인간의 현재적 경험에서 선이 발견되거나 또는 적어도 보존되어야 한다고 생각했을 때, 귀결될 수 있는 결과였다.

선에 대한 물음을 행동의 주체자에게로 되돌려놓은 이런 동일한 상황은 아리스토텔레스의 다른 설명에서도 엿볼 수 있다. 그에 따르면 인간의 본질 실현인 행복은 어떤 단순한 상태로 파악되어서는 안 된다. 그것은 인간의 본질에 상응하는 **자립적인 활동**에서 찾아져야 한다.(Eth. Nic. I, 6; 1098a 7) 이런 생각은 다음과 같은 결과로 이어진다. 인간에게 선이란, 영혼의 본질에 부합하는 능숙함에 따라서 영혼이 활동하는 것이다.(1098a 6) 이렇게 해서 아리스토텔레스는 최고선(最高善)에 대한 물음으로 시작했다가 결국 윤리학을 덕론(德論)으로 서술하는 것으로 나아갔다. 행동에서 의도된 목적에 대한 물음의 방향성이 이제는 행동하는 주체자에게로 되돌아와서, 결국 선에 대한 물음이 인간 행동의 형식에 대한 물음으로 바뀐다. 그러나 만약 최고선이 모든 추구와 모든 행동의 **목표**라고 한다면, 어떻게 그 최고선이 행동 자체 안에, 그것이 아무리 특정한 형태의 행동이라고 하더라도, 그런 행동 안에 존속할 수 있을까? 아리스토텔레스가 출발점에서 가졌던 질문이 이처럼 특이하게 주변부로 밀려나게 되는 것은, 좋음(善)의 개념 자체가 좋아야 할 그 당사자의 주관성으로 소급되고, 그로 인해서 선의 개념이 행위자의 지복(至福)이라는 주제와 교체될 수 있기 때문이었다.

3. 선(善)에 대한 플라톤적 물음의 기독교적 변형

아우구스티누스의 선론

우리는 아리스토텔레스에게서 선에 대한 윤리적 질문이 질문자 자신의 행복에 대한 관심과 결합되고, 그리고 이 관심이 인간의 활동적인 삶의 관점과 결부됨으로써 결국 윤리학이 덕론(德論)으로 파악되는 것을 보았다. 소크라테스 이후의 윤리학의 다른 형태들 중에서도 덕론으로 발전되었던 경우가 있다. 특별히 스토아 학파의 윤리 이해가 그러했다. 스토아 학파의 윤리학은 다음과 같은 점에서 아리스토텔레스의 윤리학과 구분된다. 스토아 윤리에서는 덕의 본질이 영혼의 운동이 아니라 영혼의 안정에서 찾아진다고 여겼는데, 이 영혼의 안정은 감각적 자극이나 감각적인 표상들로 인해서 인간에게 일어나는 격정의 불안과는 대립되는 것이다.[20] 행복(eudaimonia)은 현자(賢者)가 가지는 덕(德) 속에 있다고 하는 스토아 학파의 주장에 대해서 아우구스티누스는 조소했다. 스토아 현자들의 삶에서도 보듯이 슬픔으로 가득 차 있고, 수많은 유혹에 노출되어 있으며, 더구나 그들 최상의 활동에서도 언제나 실수하며 흔들리는 그런 존재를 어떻게 지복(至福)하다고 말할 수 있을까? 이런 비판은 아마도 지복과 덕(德)을 동일시했던 아리스토텔레스에 대해서도 마찬가지로 적용될 수 있을 것이다. 그러나 스토아주의자들의 경우에 아우구스티누스의 조소는 더욱 적합성을 가질 수 있었는데, 이는 그들이 극심한 곤경에 처해있는 사람들에게 자살(自殺)을 권장했기 때문이다. 도대체 누가 스토아 현자의 삶과 같이 행복한 삶을 단순히 내던져버리라고 충고해줄 수 있을까?[21]

아우구스티누스가 그런 식으로 말할 수 있었던 것은, 고대 후기의 비관주의와 이원론의 계승자인 그로서는 현재의 현세적 삶에서는 결코 지복(至福)에 도달할 수 없다는 것이 자명했기 때문이었다. 이런 확신에 서있으면, 각기 주장되는 선의 진실성은 그 선을 추구하는 사람의 현재적 삶에서 이미 최고도의 만족과 쾌락, 다시 말해 지복이 얻어질 때 입증된다고 주장하는 것은 당연

20) M. Pohlenz: *Die Stoa. Geschichte einer geistigen Bewegung* I, 1959, 111-158, 특히 125ff.

21) Augustin *Ep.* 155, I, 2 von 414 an Macedonius (MPL 33, 667). 또한 *De civ. Dei* XIX, 4, 5 (CCL 48, 666f.)를 참조하라.

히 무의미한 일이 된다. 그러나 그것이 곧 선에 대한 물음은 그로 인해 희망되는 모든 지복으로부터 분리된다는 것을 의미하는 것은 아니다. 왜냐하면 그런 희망은 인간에게 좋은 것이라는 선의 본질과 불가피하게 결합되어 있기 때문이다. **아우구스티누스는 현재의 현세적 삶의 너머에 있는 지복을 희망했는데, 바로 이런 점에서 그는 플라톤이 고르기아스에서 강조했던 쾌락에 대한 선의 우선성을 플라톤보다도 더욱 정당하게 다룰 수 있었다.**

하나님과 최고선

아우구스티누스에게서 이런 확신은 하나님에 대한 사상으로 인한 것이었다. 그에게서 선의 총체는 곧 우리에게 그리스도 안에서 미래의 지복을 약속하시는 하나님이다. 아우구스티누스는 오로지 하나님 안에서 완전한 기쁨이 발견될 수 있다고 늘 반복해서 강조한다. 따라서 고백록에서 이렇게 말한다. "당신을 기대하며, 당신으로 인해서 기뻐하며, 당신 때문에 기뻐하는 것이 지복의 삶입니다. 이외에 그 어떤 것도 지복이 될 수 없습니다."[22] 따라서 인간의 사랑은 오로지 하나님께로 향해야 한다. 왜냐하면 우리는 오로지 하나님으로부터만 우리의 지복을 기대할 수 있기 때문이다.[23] 아우구스티누스는 행복의 상태를 묘사하기 위

---

22) Augustin *Conf.* X, 22, 32: *Et ipsa est beata vita: gaudere ad te, de te, propter te; ipsa est et non est altera.*

23) Augustin *de doctr. chr.* I, 5, 10 (CSEL 80, 10).

해서 프루이(frui), 즉 누림(genießen)이라는 용어를 사용했다. 이 용어는 그 자체로 인해서 원해지는 것, 곧 자기 목적으로서 원해지는 것을 지칭하는 것이며, 이것은 우리가 목적을 위한 수단으로 사용하는 것(uti)과는 구분된다. 누림의 지복만이 우리가 그 자체 때문에 사랑하는 그것을 갖도록 해준다.[24] 역으로 말하자면, 오로지 최고선(最高善), 즉 하나님만이 참된 지복의 원천이 될 수 있다. 왜냐하면 오로지 하나님만이 올바르게 그 자체로서 사랑받을 수 있기 때문이다. 따라서 유한한 삶 속에 사는 우리는 영원한 하나님 나라를 향해 가는 순례자로서 이 세상의 선들을 오로지 수단으로서만 사용할 수 있다.[25]

목적은 수단들과 달리 그 자체로서 선택된다고 하는 것은 아리스토텔레스도 이미 말했던 것이다.(Eth. Nic. I, 5; 1097a 31, 33) 그러나 아우구스티누스와 달리 아리스토텔레스에게서는 지복이, 그것도 이미 이 세상에서의 삶에서 자신의 활동을 통해서 얻어지는 지복이 최고선이었다.(1097a 34f.) 하지만 아우구스티누스에게서는 오로지 하나님만이 그 자체로서 추구되고 사랑받아야 한다. 이 하나님은 또한 플라톤의 선의 **이데아**와 동일할 뿐 아니라 한 분의 인격적인 대상으로서 우리에게 이 세상에서의 삶을 넘어서는 지복을 보장하고 있다. 따라서 아우구스티누스에게서는 인

---

24) Augustin *De doctr. chr.* I, 4, 8: *Frui est enim amore inherere alicui rei propter se ipsam.*
25) Augustin *ibo* I, 4, 9.

간의 행복에 대한 관심보다 선의 우선성이 유지될 수 있었다. 이와 달리 하나님이 인간의 자기 자신에 대한 사랑의 수단이 되고, 그래서 자기 행복 추구의 수단이 된다면, 아우구스티누스는 그것을 사랑의 구조에서 일어난 왜곡으로 지칭하면서, 그것이 곧 죄의 핵심이라고 말한다.[26] 따라서 아우구스티누스의 관점에서 보면 아리스토텔레스 윤리학의 기저에 놓여있는 것과 같이 지복을 추구하는 인간상은 그 자체로서 이미 인간의 행동에 있는 죄의 오용성에 대한 표식이다.

초월적 지복의 현재적 선취

이렇게 해서 아우구스티누스에게서 행복주의의 영향권은(* 아리스토텔스의 길과 아우구스티누스의 길로) 분열되지만, 행복주의의 주요 요소는 포기되지 않았다. 지복은 최고선인 하나님께 붙어있을 때 그 결과적인 작용으로서 그리고 그 동반 현상으로서 남아 있다. 그러나 이제 지복은 더 이상 하나님이 최고선인지에 대한 척도가 되지 않는다. 아울러 그런 생각은 다음과 같은 사실을 통해서도 배제된다. 즉, 하나님으로부터 나오는 지복이라는 작용물의 완성은 현세적인 삶이 아니라 내세에서 기대될 수 있다. 따라서 하나님이 최고선인지에 대한 척도는 윤리학에서 교의학으로 넘어간다. 왜냐하면 교의학에서 하나님은 세상의 창조주요 주님으로서

---

26) Augustin *de trin.* XII, 9, 14 (CCL 50, 358f.).

가지는 자신의 기능을 통해서 피조물들로부터 최고선으로 간주되며, 또 모든 만물보다도 사랑 받아야 할 존재로 파악되기 때문이다. 다시 말해 지복은 더 이상 직접적으로 선의 현존의 결과로서 경험될 수 있는 것이 아니다. 그 대신에 지복은 우리에 의해서 믿어지는 선의 작용으로서 희망된다.

하나님을 인식하는 사람은 이 미래적인 지복을 당연히 미리 맛본다. 영원성에 대한 인식은 이미 그 자체가 지복의 삶이다.[27] 하나님께 대한 사랑, 곧 하나님을 누림(frui deo)이 이런 인식과 결부되어 있으며, 아우구스티누스에 따르면 이런 사랑으로부터 참되게 선한 모든 행동이 동기를 부여 받는다. 따라서 아우구스티누스는, 선에 대한 인식으로부터 얻어진 행복 감정은 "덕(德)의 뿌리이자 원천"이라는 쉘러의 주장에 동의할 수 있을 것이다.[28] 쉘러는 스토아 윤리학에 대비되는 기독교 윤리학의 특이성을 다음과 같이 올바르게 강조했다. 스토아 현자가 말하는 마음의 평정(ataraxia 아타락시아)처럼 인간의 감각이 마비되는 것이 아니기 때문에 "사람들은 고통과 불행을 여전히 겪는다. 하지만 그것을 족히 **지복 속에서** 겪을 수 있다."[29] 그것이 지복으로 경험될 수 있는 이유는 하나님에 대한 인식 속에 있고, 또 하나님에 대한 사랑으

---

27) Augustin De div. quaest. 83 q. 35, 2: *quid est aliud beate vivere nisi aeternum aliquid cognoscendo habere?* (CCL 44A, 52).

28) M. Scheler: *Der Formalismus in der Ethik und die materiale Wertethik* (1916) Ges. Werke 2, 370.

29) M. Scheler a.a.O. 358.

로 가득하기 때문이다. 현존하는 불행과 고통에 의해서도 해체되지 않는 이 지복은 물론 손에 쥐어질 수 있는 것이 아니다. 왜냐하면 그것은 미래적인 내세의 지복을 희망 속에서 미리 앞당긴 것에서 기인하기 때문이다. 그러므로 현재의 삶은 당연히 지복에 대한 충분한 계기를 제공해줄 수 없다. 하나의 가치로서 선을 경험하는 것이 아니라, 나의 필요를 만족시켜줄 선으로서 선이 획득될 때 지복은 보장될 수 있다.

따라서 아우구스티누스는 이렇게 쓰고 있다. "만약 우리가 하나님을 따르고, 그의 뜻을 좇는다면 우리는 선하게 산다. 하지만 우리가 하나님 자신을 얻을 때에만, 다시 말해 그분과의 친교를 확보할 때에만 우리는 지복 속에서 산다."[30] 그것은 우리가 하나님을 만물보다 사랑하고, 하나님을 그 자신으로서 사랑할 때에 가능하다. 왜냐하면 하나님을 누림(frui Deo)이라는 이 사랑은 이미 사랑 받고 있는 그 대상을 현재적으로 가지게 만들기 때문이다.[31] 미래의 지복은 사랑 속에서 이미 현존한다. 그것은 종말론적 구원, 즉 하나님의 통치의 현재에서 발견되는 "이미"와 "아직 아님"이라는 초기 기독교적 변증법에 일치한다. 구원에 대한 현재적인 참여는 미래적인 참여, 즉 하나님 나라의 미래에 그 근거

---

30) Augustin *De moribus eccl. cath.* I, 6, 10: *si sequimur, bene, si assequimur, non tantum bene, sed etiam beate vivimus.* (MPL 32, 1315).

31) Augustin a.a.O. I, 3, 4: *Quid enim est aliud quod dicimus frui, nisi praesto habere quod diligis?* (MPL 32, 1312).

를 가진다. 아우구스티누스에게서는 구원 참여의 "이미"와 "아직 아님"이라는 초기 기독교의 종말론적 긴장이 플라톤적인 사고형태로 옮겨갔다. 즉, 지복에 대한 현재적인 참여는 영원한 것에 대한 인식에 의해 근거를 얻게 되며, 지복에 대한 현재적인 참여는 하나님께 대한 사랑의 방향 설정, 곧 하나님을 누림(frui Deo)에서 가능하다. 하지만 그것이 믿음의 행동 속에서 일어나는 하나님의 미래의 선취(先取)로 서술되지 않았다. 이를 통해서 "이미"와 "아직 아님" 사이의 초기 기독교적 긴장이 완화되었음에도 불구하고, 아우구스티누스의 생각에는 현재의 현세적 삶과 구분되는 내세적 완성에 대한 희망이야말로 하나님에 대한 사랑 속에서 이미 현재적으로 경험되는 지복의 선취적 맛보기를 가능케 하는 중심 요소이다.

아우구스티누스의 윤리 체계와 계명

그러면 아우구스티누스는 이제 어떤 방식으로 최고선(最高善)인 하나님에 대한 사랑으로부터 윤리학을 세웠을까? 이것은 그의 작품 『기독교 교양』(De doctrina christiana)의 한 부분에서 가장 잘 알아볼 수 있다. 이 작품으로부터 이용(uti)과 누림(frui)의 구분이 인용되었으며, 또한 모든 만물을 넘어서 오로지 사랑받아야 할 하나님에 대한 관계로 누림을 한정할 것에 대한 요구도 인용되었다. 아우구스티누스의 이런 주장은 다음과 같은 직접적인 귀결로 이어진다. 하나님 이외의 모든 것은 오로지 하나님을 향한 지

향 속에서만 사랑할 수 있고, "이용"(uti)할 수 있다. 오로지 하나
님은 그 자신으로서 사랑해야 하지만, 여타의 모든 것은 하나님
때문에, 따라서 하나님에 대한 지향 속에서 사랑할 수 있다. 그것
은 이미 인간의 자기 자아에 대해서도 타당하다. 인간은 자기 자
신을 위해서 자신을 사랑해서는 안 된다. 그리고 마찬가지로 이
웃과 타인도 하나님 때문에, 다시 말해 하나님을 지향하는 가운
데서 사랑해야 한다. 아우구스티누스는 이웃 사랑에 대한 성서
의 계명을 이렇게 해석한다. 우리는 이웃을 "우리 자신처럼" 사랑
해야 한다. 하지만 그것 자체가 자기 목적이 아니다. 이웃 사랑은
하나님을 향하는 가운데서 이루어져야 한다. 그러므로 우리 자
신들처럼 다른 사람들도 하나님을 오로지 그분 자신으로 인해서
사랑하도록, 그것도 온 마음과 온 영혼과 온 힘을 다해서 사랑하
도록 하기 위한 목적에서 이웃 사랑이 이루어져야 한다.[32]

아우구스티누스는 모든 만물이 최고선인 하나님께 연관되어야
하며, 또 그런 방식으로 "이용되어야" 한다는 생각을 사랑의 가
능 대상들에 대한 분류화를 통해서 더욱 발전시켰다. 우리의 추
구가 지향할 수 있는 대상들에는 네 가지의 종류가 있다. 우리
위에 있는 존재로서의 하나님, 우리 자신으로서의 존재, 우리 곁
에 있는 존재(동료 인간), 끝으로 우리 아래에 있는 존재가 그것이

---

32) Augustin *De doctr. chr.* I, 22, 42에서 "온 마음을 다해서"를 ex tota mente로 번역하고 있
다. 사상의 전개를 위해서는 다음을 참고하라. ib.n. 41-43 (CSEL 80, 18f.).

다.[33] 이때 자기 자신에 대한 사랑 그리고 우리 아래에 있는 존재(말하자면 자신의 신체 및 신체에 쓰이는 것)에 대한 사용은 그 자체적으로 이해된다. 따라서 여기서는 우리 자신에 대한 사랑과 사물에 대한 사랑의 **양식**만이 계명의 대상이 되어야만 했다.[34] 반면에 사랑의 계명은 하나님과 이웃에 대한 사랑의 명령을 내리는 것으로 제한될 수 있었다.[35]

여기서 계명(praeceptum)이라는 개념이 성서적 근거 위에서 어떻게 사용되고 있는지를 살펴보는 것은 흥미로운 일이다. 그 개념은 말하자면 자연 자체로부터 자명하게 발생하지 않는 것에 한정해서 사용된다. 아우구스티누스에 따르면 자연적으로 인간은 각자 자기 자신과 자신의 신체를 사랑한다. 여기에는 계명이 필요 없다. 그에 반해서 하나님과 이웃을 사랑하는 것은 그 자체로서 이해되는 일이 아니며, 따라서 그것은 명시적으로 계명으로 명령되어야 한다. 마찬가지로 우리가 우리 자신을 그리고 우리의 신체와 물리적인 사물들을 어떻게 사랑해야 하는가 하는 **방식**도 계명으로 주어져야 한다. 말하자면 그것이 도를 넘어 과도해서는 안 된다. 아우구스티누스에게서 계명의 구속력은 우리 위에 있는 존재, 즉 하나님으로부터 연역되었다.[36] 아우구스티누스는 다른

33) Augustin *De doctr. chr.* I, 23, 45: *unum quod supra nos est, alterum quod nos sumus, tertium quod iuxta nos est, quarturn quod infra nos est* (CSEL 80, 19, 27f.).

34) Augustin *De doctr. chr.* I, 23f. (CSEL 80, 19-22), 또한 I, 25, 54ff. (CSEL 80, 22).

35) Augustin a.a.O. I, 26, 57.

36) Augustin a.a.O. I, 26, 57.

곳에서 영원한 법(lex aeterna)에 대해서 말했는데, 이것에 대한 인식이 우리의 정신에 인상으로 남아있으며[37], 모든 시간적인 법들은 이 영원한 법에 의존해 있다고 말했다.[38] 따라서 아우구스티누스는 마태복음 7장 12절에 나오는 황금률의 표현을 그 부정적인 형식에 의해서 보편적으로 통용되는 금언(proverbium)으로 인용할 수 있었다.[39] 동일한 내용이 성서의 십계명에서 하나님의 계명으로 계시되어 있었던 것이다.

이로써 먼 길을 향한 걸음이 내딛어졌다. 선에 대한 플라톤적 물음에서 시작해서 이제 오로지 그 자체로서 사랑되어야 할 인간의 최고선인 하나님에 대한 사상으로 나아갔고, 그리고 여기서부터 다시금 여타의 모든 것을 하나님을 향해서 정렬하는 것을 지나서 계명이라는 개념에 도달했다. 선에 대한 플라톤적 물음의 기독교적인 변형은 다음과 같다. 1. 플라톤에게서 이미 그 단초가 놓여있었던 대로 최고선을 하나님과 동일시한다. 2. 따라서 지복은 저 세상에서 도달되지, 이 세상에서는 완전히 도달될 수 없다. 하지만 하나님에 대한 인식과 하나님에 대한 사랑 속에서 이미 현재적으로 접근이 가능하다. 3. 인간의 의지가 향하는 모든 다른 대상들은 하나님을 향해서 정렬된다. 4. 이와 결부하여 계명이라는 개념이 도입되는데, 계명은 그 자체로서 하나의 신적

---

37) Augustin *De lib. arb.* I, 6 (CCL 29, 220).

38) Augustin *De vera rel.* 31, 58 (CCL 32, 225f.).

39) Augustin *De ord.* II, 8: *nemini faciant quod pati nolunt* (CCL 29, 121).

인 영원한 법(lex aeterna)에서 기인하며, 그 계명의 내용은 우리의 정신 속에 자연법(lex naturalis)으로서 심어져 있으며(황금률), 하나님의 계명인 십계명에서 역사적으로 계시되었다.

아퀴나스의 덕론

윤리에 대한 플라톤적 착안을 이처럼 기독교적으로 변형하는 전통 안에서 중세 라틴의 기독교 윤리는 전개되었는데, 이것은 아리스토텔레스의 덕론에 몰두하는 측에서도, 다시 말해 전형적으로 토마스 아퀴나스에게서도 마찬가지였다. 아우구스티누스와 비슷하게 토마스도 역시 지복에 대한 희망을 최고선이자 모든 만물의 최종 목적인 하나님에 대한 인식 아래에 종속시켰다. 아우구스티누스와 마찬가지로 토마스도 역시 하나님과의 연합이라는 지복의 완성은 미래로 유보되어 있지만 현재적으로도 선취될 수 있다고 생각했다.[40] 최고선인 하나님을 향해 있는 의지의 지향성(intentio)은 최종적 목표가 되는 하나님을 원한다. 하지만 이와 더불어서 필연적으로 그 지향성은 그를 통해서 주어진 행동의 목표에 이르게 하는 수단들, 즉 인간을 신적인 목적으로 가까이 데려가 주기에 합당한 유한한 선들을 원한다.[41] 이로써 토

---

40) Thomas von Aquin *S. theol.* II/l, 11, 4c: *Habetur autem ultimus finis dupliciter, uno modo perfecte, et alio modo imperfecte. Perfecte quidem, quando habetur non solum in intentione, sed etiam in re; imperfecte autem quando habetur in intentione tantum.*

41) Thomas von Aquin a.a.O. II/l, 12,4.

마스는 다른 방식으로, 다시 말해 아리스토텔레스적인 방식으로 누림(frui)과 이용(uti)에 대한 아우구스티누스의 구분과 상관성을 수용했다.[42] 그러나 인간에게 초자연적인 목적인 하나님을 향한 의지의 지향성(intentio)을 형성하고, 또 그것을 확고히 유지하기 위해서는 인간이 자신의 의지를 하나님의 의지에 맞추어서 동일하게 형성하는 것(conformitas 또는 ordinatio)이 필요하다.[43] 인간이 자신에게 좋은 것을 추구하면서, 다시 말해 결국 자신의 특정한 선(bonum particulare)을 추구하면서 최고선인 하나님에게로 방향을 둔 것으로부터 이탈할 수 있다.[44] 그렇기 때문에 그 사람이 최고선으로 방향을 맞추도록 해주는 습성(habitus), 곧 자기 의지의 성향이 필요하다.[45] 이런 방식으로 토마스는 아리스토텔레스의 덕(德) 개념을 최고선인 하나님에 대한 의지의 지향이라는 생각과 결부시켰다.

기독교적 덕론은 플라톤과 아리스토텔레스로 소급되는 고대의 주요 덕목에 대한 논의를 발전시켰을 뿐 아니라 거기에 세 가지의 초자연적인 신학적 덕목인 믿음, 희망, 사랑을 보충시켰다. 주요 덕목들은 인간 영혼의 주요 동인들의 완성으로 여겨졌는데, 이 영혼의 주요 동인들은 인간의 상이한 신체 영역들에 상응

---

42) Thomas von Aquin a.a.O. II/I, 11. usus 개념에 대해서는 16,3를 참조하라.
43) A.a.O. II/I, 19, 9.
44) A.a.O. II/I, 19, 10.
45) Thomas von Aquin S. theol. II/I, 49, 4; 55, 3.

해 있다. 플라톤은 머리는 사유의 자리, 가슴은 용감한 행동(thy-moeidés)의 자리, 배는 욕구의 자리로 간주했다. 이에 따라서 그는 인간 존재의 이런 상이한 측면에서 이루어져야 할 인간의 완성을 기술했다. 사고력의 완성은 지혜(智慧)이며, 우리 안에서의 용맹한 행동의 완성(자기 훈련)은 용기(勇氣)이며, 욕구들의 훈련과 완성은 절제(切除)이다.(Staat 4, 435b ff., 참고 427d ff., 580d-581c) 이 세가지 덕은 우리 인간의 자연적 본성의 각 부분에게 그 각 부분에 마땅히 주어져야 할 자신의 것을 가져다준다. 그리고 바로 그렇게 해서 이 모든 것들은 정의(正義)의 덕목으로 종합되는데, 정의는 각 부분이 자신의 몫을 해내는 것을 말한다.(Staat 433a ff.) 아리스토텔레스는 더 나아가서 정의와 다른 덕목들의 관계를 강조했는데, 그에 따르면 정의에는 각자가 자신의 것을 하는 것만 속하는 것이 아니라, 각자가 자신의 것을 받는 것도 포함된다고 한다.(Rhet. I, 9, 1366b 9ff., 참고 Eth. Nic. 1130b 30ff.)

기독교적 덕론에서는 주요 덕목들에 대한 고대의 주장과 그 덕목들이 정의로 요약된다고 하는 고대의 주장이 변형되고 보충된다. 왜냐하면 시민적 정의는 인간의 규정에 대한 포괄적 표현이 아니며, 더 나아가서 성서의 첫째 계명의 의미에서 본다면 인간에게 각자의 몫을 나누어주는 것은 하나님이기 때문이다. 최고의 목적인 하나님은 인간의 자연적 능력들을 넘어서기 때문에 인간이 하나님께 향하기 위해서 초자연적 덕, 즉 하나님의 은혜를 통해서 수여된 믿음, 소망, 사랑의 덕목들이 필요하다. 특별히 사랑은 인간을 최고선으로 향하게 하며, 또한 토마스 아퀴나스에 따르면 모든 선한 행실들의 원천(principium)이다.[46] 이런 연관성 안으로 토마스는 이미 아우구스티누스가 했던 것과 비슷하게 성서적인 율법 전승을 "덕스러운 삶에서의 신적인 가르침"으로 간주하여 편입시켰다.[47] 이방인들을 반대하는 『신학대전』에서 토마스는 율법을 인간 자립성의 조건으로 간주했다. 즉, 율법은 인간들이 그들의 최고선이자 목적인 하나님께로 향할 수 있게 해주는 조건이 된다.[48] 그러기 위해서 인간은 그들의 행동에 대한 지침 또는 규칙을 필요로 한다.[49] 『신학대전』에서는 율법의 주제가 주로 구원사적 연관성 속에서 다루어졌다. 아우구스티누스가 제시한 영원한 법(lex aeterna), 자연법(lex naturalis), 인간법(lex humana)의 구분에 따라서[50] 구약의 법(les vetus)과 신약의 법(lex nova)의 관계가 다루어지는데,[51] 이때 구약의 법과 달리 신약의 법은 성령의 은혜와 동일시된다.[52]

결론적으로 다음과 같이 말할 수 있다. 토마스도 아우구스티

---

46) Thomas von Aquin a.a.O. II/1, 109, 2, 3.

47) U. Kühn: *Via caritatis. Theologie des Gesetzes bei Thomas von Aquin* 1965, 126; 참고 S. theol. II/1, Quaestionen 90-108.

48) Thomas von Aquin Summa contra gentiles III, 111ff.

49) Thomas von Aquin a.a.O. III, 114: *quaedam ratio et regula operandi.* 참고 U.Kühn 91ff.

50) Thomas von Aquin *S. theol.* II/1, 93-97.

51) A.a.O. II/1, 98-105, 106ff.

52) A.a.O. II/1, 106, 1.

누스와 비슷하게, 아니 아우구스티누스보다 더욱 정교하게 계명의 개념과 법의 개념을 하나의 연관 속으로 묶었다. 이때 그 연관성의 틀은 최고선(선 자체)에 대한 플라톤적 물음을 통해서, 그리고 최고선과 하나님을 동일시함을 통해서 마련된 것이었다. 이로써 토마스와 아우구스티누스, 이 두 사람은 하나님의 계명 내지 하나님의 법에 대한 성서적 생각을 소크라테스적 전통 안에서 윤리의 인간론적 근거제시와 접목시켰다. 하지만 플라톤주의 이외의 영역에서 순수한 명령윤리의 가능성을 밑받침하는 철학적 착안점들도 찾아볼 수 있다.

4. 의무론적 윤리학

신학적 계명윤리

트루츠 렌토르프는 윤리학의 방법론에 대한 고찰에서 "계명윤리"의 전형은 전통적인 형태의 신학적 윤리학에서 발견된다고 주장했다.[53] 이것은 그가 최근의 개신교 윤리학의 역사들로부터 인용했던 사례들과 정확하게 들어맞는다. 이런 상황은 율법에 대한 종교개혁적 가르침 및 그 성서적 전거로 소급될 수 있다. 그러나 그 이전의 신학적 윤리학에서는 신의 계명들에 대한 언급

---

53) . Rendtorff: *Ethik* I, 2. Aufl. 1980, 102.

이 선 및 최고선에 대한 플라톤적 물음의 틀 안에 자리 잡고 있었다. 이런 사실은 앞에서 아우구스티누스와 토마스 아퀴나스가 윤리학의 근거를 마련하고자 제시했던 설명들을 통해서 본 바와 같다.[54] 그 외에 인간의 본성과 더불어 주어져 있다고 하는 "의무"들이 직접 제시되기도 한다. 이런 식의 주장은 스토아 학파의 윤리학을 거쳐서 플라톤 윤리학으로 소급된다. 이런 생각은 스토아의 자연법 사상과 밀접한 연관성을 가지면서, 특별히 신의 계명에 대한 성서적 전승과도 좀 느슨하게 결부되어 있다. 또한 아우구스티누스의 계명(praecepta) 및 그 기능에 관한 진술들은 이런 원천(특별히 키케로)으로부터 흘러왔지만 좀 다른 (플라톤적) 콘텍스트에서 수용되었다.[55]

그에 반해서 종교개혁적 윤리는 로마서 2장 14절-15절을 근거로 자연법과 동일한 것으로 간주되었던 신의 계명을 직접적인 전거(典據)로 삼는다.[56] 이런 점에서 종교개혁적 윤리는 선에 대한 물음으로 윤리학을 세우려던 소크라테스·플라톤의 시도보다는 스토아적 의무론에 훨씬 가깝다. 하지만 신의 계명에 대한 직

---

54) 이런 방식의 윤리학의 시도가 "메타 윤리학"(Rendtorff I, 105f.)이라고 불리는 것은 적절해 보이지 않는다. 왜냐하면 여기서 다루어지고 있는 것은 역사적으로 가장 오래된 형태를 갖춘, 고유한 윤리적인 반성과 정당화 일반이기 때문이다. 따라서 이것은 메타 윤리학이라기 보다는 오히려 윤리학으로 불려야 할 것이다.

55) 로렌즈(R. Lorenz)가 Gnade und Erkenntnis bei Augustinus, ZKG 75, 1964, 21-78 에서 기억(admonition)이 아우구스티누스의 인식론에서 하는 역할(47f.)과 은총론에서 하는 역할(55)을, 하나님으로부터 발출한 창조물들로부터 그 신적인 근원으로 "되돌아가는" 과정에서 설명하고 있는 것을 참조하라.

56) P. Althaus: Die Theologie Martin Luthers, 1962, 218f.

접적인 전거를 통해서 윤리적인 논증을 아주 단순화시키게 된 이 특권을 위해서 너무 많은 대가를 치르는 것은 아닌가 하는 문제가 제기된다. 이것을 반대로 묻는다면, 아우구스티누스나 토마스 아퀴나스는 신의 계명에 대한 진술을 소크라테스·플라톤의 선론적 접근과 더욱 광범위하게 연관지어서 정당화하기에 좋은 근거들을 갖고 있지 않았던가? 여기서 이 물음은 먼저 스토아 의무론에 대해 좀 더 자세히 고찰해보기 위해서 잠시 접어두기로 한다. 의무론에 대한 호소는 하나님의 계명에 대한 성서적 진술의 기독교적 해석에 적합한 것으로 여겨졌다. 그래야만 그 계명들이 유대교 전통의 영역을 넘어서는 보편성을 주장하며, 또 예수를 통해서 모든 인간을 위한 사랑의 계명으로 집약되었다는 보편성을 주장할 수 있다고 여겼기 때문이다.

스토아와 키케로의 의무론

스토아 철학자들은 네 가지 주요 덕목(지혜, 용기, 중용, 정의)에 대한 플라톤과 아리스토텔레스의 주장을 수용했다. 하지만 그들은 그 덕목들에 대한 심리학적 근거를 제공하려고 추구했다. 이를 위해서 그들은 헤라클레이토스의 로고스론으로 돌아갔는데, 그 로고스는 세상을 관장하는 법(Nomos)와 동일한 것이다. 그 로고스의 일부분에 인간 정신도 참여하고 있기에, 인간의 로고스적 본성 안에 신적인 법의 원리들이 담겨있다. 이것이 곧 자연법의 뿌리이다. 스토아 윤리의 집약적인 정식은 이제 다음과 같이 말해진다. '자연에 따라서 살아라'.[57] 이것은 우주적 질서에 따라서 살아야 한다는 것을 의미할 뿐 아니라 자신의 고유한 본성에 따라서 살아야 한다는 것도 의미한다. 두 영역, 다시 말하면 외적 세계 및 내적 세계에서 지배권은 로고스에게 있다. 하지만 자연에 적합하다는 것은 일차적으로 도덕적인 삶의 영위보다 더 광범위한 영역을 가지고 있다. 스토아적 의무 개념의 범위도 마찬가지다. 의무(kathekonta)라는 개념은 인간에게 자연적으로 생기는 모든 행동들을 포괄한다. 여기에는 모든 생명체와 마찬가지로 인간에 대해서도 자기 보존이 포함될 뿐 아니라 번식 본능 및 자녀에 대한 부모의 사랑도 포함되며, 더 나아가서 인간의 이성적 본성에 상응하는 행동들도 포함된다. 이런 올바른 행동들(kathorthóma)은 의무의 전체 범위 안에서 하나의 작은 동심원을 형성하며, 이 작은 동심원에 덕목들이 상응 관계를 가지는데, 각 덕목은 각자의 방식으로 격정(激情)을 다스리는 것에 관여한다.

스토아 의무론은 키케로를 통해서 로마의 사상으로 이입되었는데, 이것은 주전 2세기에 역시 로마에서 활동을 했었던 로도스의 파나이티오스(Panaitios aus Rhodos)라는 스토아주의자와의 연계를 통해서였다.[58] 파나이티오스의 주된 작품인 『의무에 대하여』

---

57) M. Pohlenz: *Die Stoa. Geschichte einer geistigen Bewegung*, I, 1959, 117.
58) Pohlenz a.a.O. 191ff.

는 카이사르(Cäsar)가 죽던 해에 키케로가 마지막으로 썼던 작품인 『의무론』(De officiis, 주전 44)의 토대가 되었다. 그러나 의무의 개념은 키케로가 몇 해 전에 썼던 『최고선악론』(De finibus bonorum et malorum)에 이미 전개되어 있었다. 두 작품이 탄생한 때는 정치적 활동으로부터 추방당한 전직 집정관이 불가피하게 가졌던 한적한 시기였으며, 동시에 카이사르 독재의 시기였다. 『최고선악론』에서 그는 의무 개념을 자신의 스토아적 영향의 범위 안에서 전개했다. 따라서 키케로에서도 모든 생명체의 첫째 의무는 자신을 보존하는 것이고, 그 다음으로는 자연에 적합한 것을 보존하는 것이다.(De fin. III, 6, 20) 그러나 로고스의 본성으로부터 스토아주의자들이나 키케로가 덕목들 가운데 최고의 것으로 여기는 지혜가 생긴다.(III, 7, 23) 그것으로부터 키케로가 고결함(honestum)이라는 개념으로 특징지었던 모든 선하고 "올바른" 행위들이 생긴다.(III, 8, 27) 키케로에 따르면 선한 또는 고결한 모든 것은 그것 자체 때문에 추구되는 것이어야 한다.(III, 11, 36: propter se expentendum) 그럴 때에 키케로는 특별히 인간의 자연적 본성으로부터 이미 생기는 공동체적 성향을 강조했는데,(III, 19, 63f) 이 공동체적 성향은 우리가 공동의 유용성을 개인적인 유용성보다 높이 평가하게 한다. 그러기에 조국(patria)이 우리들 자신보다 더 중요하다는 생각을 하게 된다.[59] 『의무론』에서 키케로는 먼저 고결함(hon-

---

59) Cicero De fin. III, 19, 64: *deceat cariorem nobis esse patriam quam nosmet ipsos*.

estum)의 개념을 다루고, 이어서 네 가지의 주요 덕목, 곧 지혜, 용기, 정의, 중용을 고결함이라는 개념의 부분적 측면으로 다루었다.(I, 5, 15) 그때 그는 정의에 관용(beneficientia 또는 liberalitas)을 결부시켰지만,(I, 7, 20) 자신의 말을 지키고 또 합의된 것을 유지하는 신뢰(fides)가 정의의 토대라고 여겼다.[60] 이 두 해석의 도구들은 특별히 로마적 정신을 내뿜고 있는데, 그것은 신뢰(fides)가 로마 역사에서 계약적 신뢰의 구실을 했던 것이나, 관용(liberalitas)이 세상의 불평등한 상황들을 평등하게 조정하기 위해서 노예의 주인이 가져야 할 정의(正義)로서 기능했던 것에서 확인된다.

암브로시우스의 의무론

키케로의 의무론은 기독교 신학에서 일찍이 중요하게 여겨졌다. 밀라노의 암브로시우스는 기독교 신학의 역사에서 최초로 윤리를 총체적으로 그리고 자립적으로 서술한 『성직자들의 직무론』(De officiis ministrorum)이라는 자신의 글에서 키케로의 의무론을 모델로 삼았다. "의무"라는 개념을 신약성서도 이미 알고 있다고 암브로시우스는 주장하는데, 그 근거로서 누가복음에서(눅 1:23) 사가랴의 성전봉사가 의무(officium)라고 말해지고 있다고 제시했다.[61] 그러나 암브로시우스는 의무 개념을, 그가 미래적 삶

---

60) Cicero De off. I, 7, 23: *dictorum conventorumque constantia et veritas*.

61) Ambrosius De off. min. I, 8, 25; MPL 16, 31.

에서 지복을 얻는 것에 결부시켰던 고결함(honestum)의 의무들에 한정시켰으며, 그에 반해서 현재의 지상적 삶에 관계되는(ad delec- tationem praesentis) 일들에 대해서는 의무라는 이름을 붙이기를 거 부했다.[62] 이로써 의무 개념은 도덕적인 의무들로 한정되었다.

암브로시우스에 따르면, 첫째 의무는 말을 온화하게 하는 것이 다.[63] 그 다음에 그는 마태복음 19장 17~20절에 근거해서 십계 명의 둘째 판의 의무들보다 자비가 우선함을 강조했다.[64] 이어 서 그의 책의 다섯 장에 걸쳐서 하나님의 섭리에 대해서 상술하 고, 그 다음에는 여덟 장에 걸쳐서 특별히 젊은이들을 향해서 겸 양(verecundia: 원래는 부끄러움, 경외를 뜻함)의 덕목에 대해서 설명한 다. 이어서 네 개의 주요 덕목을 자세하게 다룬다.[65] 이렇게 해서 그 글의 제1권이 끝난다. 제2권에서는 영생이라는 목표에 유용한 것들이라는 관점에서 지혜의 규칙들이 다루어지며, 제3권에서는 유용한 것과 도덕적으로 선한 것의 관계가 다루어진다. 윤리학 의 근거에 대한 물음과 관련해서는 특히 제1권이 중요하다. 여기 서 주목할 만한 것은, 암브로시우스가 한편으로는 의무들에 관 한 설명을 성서적인 하나님의 계명에 직접 적용시키면서도, 다른 한편으로는 주요 덕목에 대한 철학적인 이론들을 성서적인 하나

---

62) Ambrosius a.a.O. I, 9, 28; MPL 16, 32.
63) Ambrosius a.a.O. I, 10, 36; MPL 16, 33.
64) Ambrosius a.a.O. I, 11, 36f.; MPL 16, 34.
65) 인용된 작품의 25-50장; 16, 57-102.

님의 계명에 결합시킬 수도 있었다는 점이다. 그때 그는 성서적인 사례들을 통해서 철학적인 덕론도 역시 성서적으로 증언되는 것으로 보여주려고 했을 뿐 아니라 철학자들의 진술들을 성서로부터 교정해주려고도 애썼다.[66]

암브로시우스가 주요 덕목에 대한 이론을 기독교적으로 수용했던 근거는 다음과 같다. 스토아주의자들이 지혜를 덕목들의 정점에 두었던 것처럼 그도 명철(prudentia)을 덕목들의 정점에 두었고 또한 모든 덕목들의 원천으로 간주했다. 그리고 인간에게는 자연적으로 인식과 지식으로 향하는 충동이 있는데, 암브로시우스는 명철을 이 충동의 목적으로 이해했다.[67] 하지만 그는 그 외의 부분에서 스토아의 자연법 사상도 끌어 들이지 않았고, 하나님의 율법에 대한 인간의 자연적인 앎에 대한 로마서 2장 14절의 바울의 언급도 끌어 들이지 않았다. 중세 신학에 가서야 비로소 - 물론 자연법에서 표출되는 영원한 법(lex aeterna)에 대한 아우구스티누스의 주장에서 이미 준비가 된 것이기는 하지만 - 각 인간이 자신의 이성을 통해서 알 수 있는 자연법의 계명에 의무 개념이 결부된다. 그러나 스콜라 신학이나 철학에서는 의무 개념이 주도적인 위치를 점하지 못했다. 왜냐하면 의무 개념과 마찬

---

66) 암브로시우스는 *De off. min.* I, 28, 13lf.; MPL 16, 62에서 정의에 대해서 그런 식으로 이해하고 있다. 성서적인 권위는 손해를 끼치지 못하게 하는데, 사람들이 스스로 불법을 겪는 경우라고 해도 그렇다. 또한 암브로시우스는 사적인 소유도 모든 사람의 이익을 위하는 것이어야 한다고 주장한다. 후자의 내용은 분명히 키케로에게서 정의(iustitia)와 자유(liberalitas)의 결합과 일치하는 것이지만, 그의 입장은 키케로의 진술을 넘어선다.

67) Ambrosius a.a.O. I, 27, 126; MPL 16, 60.

가지로 자연법도 플라톤-아우구스티누스적 윤리학적 접근(*선론
적 윤리학의 접근)의 큰 틀 안으로 흡수되어버렸기 때문이다. 종교
개혁적 윤리학에 와서야 비로소 자연법과 일치하는 신의 계명 위
에 윤리학이 세워지게 됨으로써 의무론이 보다 강력하게 중심점
으로 들어올 수 있었다. 이것은 이미 하나님의 율법에 대한 종교
개혁적 가르침에서도 나타나며,[68] 아울러 18세기 독일의 철학적
윤리학에서 합리주의적으로 보편화된 형태에서도 나타난다. 이
런 발전의 정점을 이룬 것은 칸트의 윤리학이었다.

5. 칸트의 의무론적 윤리학

윤리에 대한 칸트의 가장 중요한 두 저작은 『윤리형이상학 정
초(定礎)』(Grundlegung zur Metaphysik der Sitten, 1785)와 『실천이성비
판』(Kritik der praktischen Vernunft, 1787)이다. 첫 번째의 글은 칸트
의 윤리적 입장에 대한 입문의 과제를 띠고 있다. 이 글은 "의무
의 원리를 잠정적으로 알리며, 그것에 대한 하나의 일정한 공식
을 제시하고 정당화한다."[69] 칸트 입장의 체계적인 형성은 두 번
째 글에 가서야 발전되었다.

---

68) 1959년의 *Loci Praecipui Theologici*에 나오는 Locus De lege divina의 시작 부분에 대
　해서는 Ph. Melanchthon CA 21, 685를 보라.
69) I. Kant: *Kritik der praktischen Vernunft*, 1787, 14.

선의지

『윤리형이상학 정초』는 선의지(善意志)에 대한 설명으로 시작하는데, 선의지란 오로지 그 의지를 통해서만 선한 것을 말한다.[70] 여기서 시작한 논증은 이성을 통해서 이런 의지를 규정하는 것으로 이어지고, 그 다음에는 의무의 개념으로 나아가는데,[71] 여기서 의무는 마침내 **"법에 대한 존중에서 생기는 행동의 필연성"**으로 정의된다.[72] 『실천이성비판』의 출발점은 "순수이성이 실천성에 이르는 근거, 다시 말해 의지의 규정에 이르는 근거를 이미 자신 속에 보유할 수 있다"는 사실에 있다.[73] 따라서 경험적으로 주어진 것을 통해서 일어나는 모든 의지의 규정들 그리고 경험적으로 주어진 것이 우리의 욕망에 대해서 가지는 관련성을 통해서 일어나는 모든 의지의 규정들은 도덕의 규정에서 이미 제외된다. 오로지 이성을 통해서만 의지가 규정되어야 한다. 왜냐하면 칸트에 따르면 다른 방식으로는 의지를 무조건적으로, 다시 말해 변화하는 경험들의 특별한 상태와 무관하게 규정할 수 있는 실천적인 법을 얻을 수 없기 때문이다.(38) 그러므로 칸트에게서 자신의 지복(至福)에 대한 추구는 윤리의 수립을 위한 고려대상에서 제외된다. 물론 칸트도 인간은 자연적 존재로서 항상 지복을 추

---

70) I. Kant: *Grundlegung zur Metaphysik der Sitten*, 1785, AA 4, 393f.

71) I. Kant: *Grundlegung zur Metaphysik der Sitten*, 1785, AA 4, 396, 397.

72) I. Kant a.a.O. 400.

73) I. Kant: *Kritik der praktischen Vernunft*, 1787, 35f. 이후에 본문에서 괄호 안에 나오는 숫자는 이 작품의 페이지수를 말하는 것이다.

구한다는 것을 인정한다.(45) 하지만 칸트는 이 추구가 도덕의 기초에 속할 수 없다고 여겼는데, 그 이유는 행복의 추구는 항상 "자기 사랑의 원리"에 연루되기 때문이다.(41) 따라서 행복의 추구 위에서 만인에게 타당한 의지규정의 법을 세우려는 시도는 처음부터 희망이 없다. 왜냐하면 인간들의 이기적인 추구들이 서로 대립하기 때문이다.(50f.)

정언명령(定言命令)

이성에 의한 의지의 규정은 이성의 본성에 상응하는 보편성의 형식, 다시 말해 법의 형식, 그것도 어떤 상황에서든 모든 이성적 존재에게 타당성을 갖는 그런 법의 형식을 가져야 한다. 칸트에 따르면, 그러한 이성의 법은 보편성 자체라는 단순한 형식 이외 어떤 다른 내용도 가질 수가 없다. 그러면 경험으로부터가 아니라면, 도대체 어디로부터 그것에 대한 다양하고도 특정한 내용이 나오는가? 만약 이성을 통한 의지의 규정이 오로지 이성의 본성으로부터 흘러나오는 보편성의 형식에서 일어날 수 있다고 한다면, 형식을 통해서 의지를 규정하기 위한 이성의 법은 이렇게 표현될 수 있다. "네 의지의 준칙이 항상 동시에 보편적 입법의 원리로서 타당성을 가질 수 있도록 행동하라."(54) 이것이 칸트의 정언명령이다. 즉, 이것은 무조건적으로 명령하는 행동의 규범이다. 이와 달리 가언명령(假言命令)은 그때그때마다 선택한 목적에 따라서 해당 목적에 도달하게 할 수 있는 수단들의 선택에 대해서 적용되는 행동규범이다. 그러나 정언명령은 모든 가능한 개별적 경우들에 적용될 수 있다.[74] 이를테면 이런 식으로 가능하다. 한 행위자가 자신의 행동 원칙의 보편타당성에 대해서 다음과 같은 방식으로 스스로에게 되물을 수 있다. 다른 사람들도 모두 내가 행동하는 동일한 원칙에 따라서 행동해주기를 나는 원할 수 있는가? 그것도 나와 관계되는 행동에서 그럴 수 있는가?

나의 행동의 준칙에 대한 보편타당성만을 정하고 있는 정언명령은 칸트에 따르면 행동하는 그 사람에게, 마치 외부에서 그에게 주어진 것인 양 낯선 규범이 아니다. 물론 그 규범을 따르는 것은 의무이다. 하지만 이 의무는 바로 자기 자신의 이성으로부터 나온다. 이 행동 원칙들의 보편타당성에 대한 요구는 인간의 이성적 본성의 표현이기에 타율적인 것이 아니라 자율의 표현이다.[75] 이성적 존재인 우리는 말하자면 우리 스스로 자신에게 우리 행동의 법을 부여하며,(74) 칸트에 따르면 그 바탕 위에서 우리는 이성적 존재로서 가지는 우리의 자유를 세운다.(54) 이런 자유의 사상은 칸트 도덕철학의 고유한 특성을 형성한다.

---

74) 참조 I. Kant: *Grundlegung zur Metaphysik der Sitten*, AA 4, 421ff.

75) I. Kant: *Kritik der praktischen Vernunft*, 1787, 58f. 이후에 본문에서 괄호 안에 나오는 숫자는 이 작품의 페이지수를 말하는 것이다.

칸트 의무윤리와 스토아 의무윤리

그러면 칸트의 의무윤리는 전통적인 의무윤리, 특별히 스토아 철학에 그 원천을 두고 있는 의무윤리와 어떤 관계에 있는가? 상호 간의 유사성은 매우 밀접하다. 그리고 칸트는 스토아의 의무윤리와의 관계를 분명하게 정리했으며, 그래서 그는 여러 차례 스토아 윤리학에 대한 자신의 관계를 다루었다. 먼저 공통점은 인간의 이성적 본성으로부터 윤리의 기초를 세우려고 하는 것이다. 스토아학파에서 격정과 대립되는 로고스에 인간이 참여하는 것을 통해서 윤리적 의무들이 생겨났듯이, 칸트에게서도 감각적 경향성과 대립되는 이성으로부터 생겨난다. 그러나 스토아의 자연법이 인간의 이성적 본성으로부터 이성적 행위를 위한 다수의 자연법 원리들을 끌어내었던 반면에, 칸트에게서는 오로지 하나의 유일한 원리만이 다루어지는데 그것이 곧 정언명령이다.

정언명령의 내용은 보편성에 대한 단순한 형식 내지 우리의 행동준칙의 보편타당성에 대한 요청만을 담고 있다. 그에 반해서 스토아의 자연법 원칙들은 일정한 내용을 가지고 있다. 각자에게 자신의 것을 돌리라(sum cuique), 부모를 공경하라(honora patrem tuum et matrem), 도적질하지 말라(non furtum facies), 아무에게도 상해를 입히지 말라(neminem laede), 네 자신이 당하고 싶지 않은 일은 그 누구에게도 행하지 말라(nemini fac quod pati nolis), 약속을 지켜라(pacta sunt servanda) 등이 그것이다. 그럼에도 불구하고 칸트의 정언명령의 형식적 원리는, 종종 자연법 일체의 원천으로 이해되어왔던 황금률(黃金律, *마태복음 7:12 참조)에 대한 하나의 새로운 정식(Formel)으로 이해될 수 있다.[76] 물론 황금률은 상호호혜성의 척도를 정식화하는 반면에 정언명령은 행동준칙의 보편타당성을 규범으로 설정한다는 점에서 차이가 있다. 그러나 한 행동준칙의 보편타당성에서 중요한 다른 요소들도 있지만 결정적인 것은 행위자가 그 행동준칙들이 자기 자신에게도 적용되기를 원하는지의 여부이다. 칸트가 정언명령의 적용을 위해서 제시했던 사례들에서 바로 이런 관점을 정당화했던 것은 우연이 아니다.[77] 따라서 규칙의 보편성은 항상 행위자 자신에 대한 그 규칙의 적용을 포괄해야 한다. 물론 칸트가 정언명령의 적용을 위해서 들었던 모든 사례들이 황금률로 소급되는 것은 아니다.[78] 따라서 칸트의 정언명령은 황금률에서 표현된 상호호혜성의 원리보다 더 포괄적이라는 것을 인정해야 한다.

우리는 칸트의 의무윤리와 스토아의 윤리 사이의 또 다른 차이점을 다음에서 볼 수 있다. 칸트는 이성의 법을 자율 사상과 결부시켰다. 반면에 스토아주의자들은 인간의 이성은 세계를 관장하는 신적인 로고스를 나누어 가지고 있다고 이해했다. 스토아 윤리학의 이런 근본적인 사상은 기독교 신학으로 쉽게 받아

---

76) H.-H. Schrey: *Goldene Regel III*, in TRE 13, 1984, 578.

77) I. Kant: *Grundlegung zur Metaphysik der Sitten*, AA 4, 423, 4. Beispiel.

78) 예를 들어 자살에 대한 거부나, 자기 자신의 재능을 발전시키는 것보다는 그것을 즐기는 것이 우선성을 가진다는 주장에 대한 거부가 그런 경우다.

들여져서, 십계명은 인간의 마음에 기록된 자연법의 축소판으로 간주되었다. 그와 달리 칸트의 자율사상은 도덕법이 신적인 입법 위에 기초를 세우는 것에 반대한다. 칸트는 도덕법을 신의 계명으로 부차적으로 해석하는 것만 허용한다. 단지 연역적 방법으로, 다시 말해 도덕적 행위를 통해서 세상에서 산출될 최고선에 대한 전망 속에서 의무들은 신의 계명으로 파악될 수 있다.[79]

칸트의 윤리학과 스토아 철학 사이의 세 번째 차이점은 칸트 자신이 부각시킨 것으로[80] 덕과 지복의 관계설정에서 찾아진다. 칸트에게서 덕(德) 개념은 단지 하위적 역할을 수행한다. 왜냐하면 그는 정언명령에 대한 순종이라는 오로지 하나의 덕을 알고 있으며, 따라서 그는 덕습성(Tugendhabitus)의 형성에 특별한 주의를 기울지 않았고, 단지 덕이란 도덕적 경향성들과의 싸움에 있는 "도덕적인 심정"(moralische Gesinnung)이라고 파악했기 때문이다.(같은 책 151) 따라서 덕은 원래 오로지 도덕법에 대한 "존중"에 있다. 인간의 지복(至福)은 선에 있다고 하는 생각은 스토아주의자들의 생각이라고 칸트는 여긴다.(202) 이런 생각에 반대하면서 칸트는 지복에 대한 갈망은 자연적 욕망의 수준에 속하는 것이라고 주장한다. 따라서 덕이 오로지 지복의 조건, 말하자면 한 인간이 지복을 가질 가치가 있는지에 대한 조건이 될 수 있다고

---

79) I. Kant: *Kritik der praktischen Vernunft*, 1787, 233.
80) I. Kant a.a.O. 203f.

주장한다. 그러나 칸트에 따르면 덕 그 자체만으로는 아직 "이성적인 유한한 존재자의 갈망 대상"이 되는 "총체적이고 완전한 선"이 아니다.(198f) 칸트에 따르면 덕과 지복이 함께 할 때에라야 비로소 인간의 최고선(最高善)이 구성되며, 도덕적으로 규정된 의지는 그 최고선의 산출을 목적으로 삼아야 한다.

그러나 그런 목적의 실현가능성은 자연 질서와 인간의 도덕적 규정의 일치를 전제하며, 이 일치는 오로지 한 분 하나님에 대한 표상, 곧 홀로 두 질서의 창시자로 생각될 수 있는 한 분 하나님에 대한 표상의 전제 하에서만 생각될 수 있다. 최고선에 대한 논의에서 스토아주의자들과 다른 칸트의 차이점은 최고선의 구성요소들인 덕과 지복을 구분하는 속에서 드러나는데, 이 차이점은 칸트의 실천철학에 대한 전반적 이해에서 매우 중요하며, 또한 그의 실천철학이 하나님에 대한 사상으로 종결을 맺게 하는 것에 대해서도 매우 중요하다. 이와 달리 스토아 철학에서는 우리 안에 있는 로고스가 우리의 행위에 대해서 가지는 권위의 근거가 전체 우주를 주관하는 신적인 로고스와 우리 안에 있는 저 로고스가 동일하다는 점에 있다.

3장

윤리의 토대 ― 주요 시도들에 대한 비판적 평가

지금까지 다루었던 윤리학의 길들은 동시에 도덕에 대한 철학적 근거 마련을 위한 가장 중요한 형태들로 간주될 수 있다. 그 외에 물론 많은 다른 시도들이 있다. 그 중에서 몇 가지, 곧 막스 쉘러(Max Scheller) 및 니콜라이 하르트만(Nicolai Hartmann)의 가치윤리학, 슐라이어마허와 헤겔의 윤리학적 착안들에 대해서 고찰할 것이다. 칸트에 기반을 둔 윤리적 착안의 다양한 현대적 변양들[01]과 같은 다른 시도들은 여기서 따로 언급하려 하지 않는다. 왜냐하면 이 입장들의 원리적인 측면들이 칸트의 윤리학에 대한 비판적 고찰 속에 포함되었기 때문이다.

공리주의

우선 다루어져야 할 것은 쾌락주의의 현대적 형태들과 특별히 공리주의의 다양한 형태들이다. 전자에[02] 대한 비판과 관련해서는 다음과 같이 정당한 이의가 제기되었다. 쾌락의 관점은 그 대상들에 대한 관계 속에서 비규정적으로 남아있으며, 다른 한편으로 쾌락의 관점이 우리를 타락시키는 쾌락의 형식들과 우리를 고양시키는 쾌락의 형식을 구분하는 기준을 제시해주지 않는다는

---

01) 예를 들어 매우 많은 토론이 이루어진 책인 롤즈의 『정의론』(J. Rawls: *A Theory of Justice*, 1972)을 들 수 있다. 이 책은 공리주의적 관점에서 칸트에게 근접해간다.(특히 256f. 참고) 그리고 다각도로 응용되고 있는 하버마스(Habermas)와 아펠(K.O. Apel)의 담론윤리(Diskursethik)가 있다. 이 후자와 관련해서는 다음을 참조하라. R. Spaemann: *Glück und Wohlwollen. Versuch über Ethik*, 1989, 172-185.

02) 이 용어(Hedonismus)에 대해서 루나우(Ruhnau)가 Hist. WB der Philosophie 3, 1974, 1023-1026에 쓴 항목을 참조하라.

것이다.(앞의 내용 참조) 공리주의(功利主義)는[03] 쾌락주의의 발전된 형태로 간주될 수 있다. 여기서는 행위의 결과들이 행위자에게 미치는 유용성이 판단형성의 기준으로 작동한다. 행위공리주의는 행동하는 개인의 이익의 관점에서 현명한 규칙들을 조성하려고 하는 반면에, 제임스 우름슨(James O. Urmson)에 의해서 시작된 규칙공리주의는 행동규칙 그 자체의 유용성을 탐구한다.[04] 규칙공리주의자들에 따르면 행동규칙들은 사회적 공동생활을 위한 조건에 속하기 때문에, 공리주의적 관점이 개인의 자신에 대한 유용성을 넘어서서 사회의 관점들에 대한 긍정에 도달하며, 따라서 집단적인 전체 유용성이 윤리적 판단형성에 대한 결정적인 기준이 될 수 있다. 그러나 보편적인 복지가 개인의 이기적인 관심들과 잘 부합할 수 있겠는지는 전적으로 의문스럽다.

이와 달리 주목할 만한 것은 공리주의가 규칙공리주의로 발전한 것은 칸트의 이성윤리의 관점에 근접한다는 점이다. 칸트의 이성윤리는 법칙의 보편성의 원리 내지 행동준칙의 보편화의 기준으로 특징 지워지기 때문이다. 존 롤스(John Rawls)의 경우가 주목할 만한 이런 근접성을 보여준다. 하지만 공리주의의 각 형태

---

03) 오래된 형태의 공리주의에 대해서는 J. Plamenatz: *The English Utilitarians*, Oxford 1958 (2. Aufl.)를 참조하고, 그 원리에 대한 토론과 관련해서는 N. Hartmann: Ethik (1926), 4. Aufl. 1962, 81ff., bes. 86ff.를 참조하라. 소위 "규칙공리주의"에 대해서는 다음을 보라. O. Höffe: *Einführung in die utilitaristische Ethik. Klassische und zeitgenössische Texte*, 1975. 특히 이 책의 서론 20ff.와 이런 착안에 대한 슈패만의 비판 R. Spaemann a.a.O. 157-171을 보라.

04) O. Höffe a.a.O. 21.

에 대해서 칸트 윤리학이 여전히 지니는 차별성은 다음과 같은 점에서 드러난다. 칸트에 따르면 도덕적 판단형성은 행동 결과에 대한 어떠한 고려도 참작할 수 없으며, 오로지 행동 주체인 인간 자신에게 정당한 관심사를 부여해야 한다. 바로 이 점에서 규칙 공리주의는 칸트적인 심정윤리(心情倫理)에 반대하면서 막스 베버 (Max Weber)가 주창한 "책임윤리(責任倫理)"에 매우 가깝다.[05]

다음에 나오는 비판적인 토론들은 윤리의 체계적인 근거 마련으로 나아가는 과정에서 매개 구실을 해줄 것인데, 먼저 윤리에 대한 칸트의 정초로 시작한 후, 앞장에서 토론하면서 제시했던 문제들을 역순으로 다룰 것이다.

1. 칸트 윤리학의 형식주의

야코비와 슐라이어마허의 비판

이성 안에 놓여있는 법규범에 대한 사상의 토대 위에 윤리학을 세움에 있어서 칸트가 제시했던 새로운 해석은 대단히 특별한 영향사를 남겼는데, 무엇보다도 독일 철학과 독일 개신교 신학에서 그러했다. 그리고 이 영향은 현재까지 미치고 있다.[06] 그럼에

---

05) M. Weber: *Politik als Beruf*, 1919. 참조 Hans Jonas: *Das Prinzip Verantwortung*, 1979.
06) 철학적 윤리학의 범례들로서 한편으로는 회페(O. Höffe)를, 다른 한편으로는 하버마스 (J. Habermass)를 손꼽을 수 있다. 신학에서는 리츨학파가 특별히 칸트의 윤리로부터 강

도 불구하고 칸트의 도덕법 개념과 거기에 기반을 둔 의무 개념의 이해는 이미 일찍부터 비판에 부딪혔다. 비판은 항상 반복해서 칸트 윤리학의 **형식주의**로 향했다. 칸트 윤리학의 형식주의에 따르면 보편성과 보편타당적 가능성이라는 빈 형식이 도덕성의 기준이 되어야 한다는 것이다. 여기에 반해서 이미 프리드리히 하인리히 야코비(Friedrich Heinrich Jacobi)는 행동의 개별적 상황의 특수성을 강조했으며, 그에 따라서 그는 도덕법의 보편성에 대해서 양심(養心)의 개별성을 대립시켰다. 이와 비슷하게 슐라이어마허도 이미 1803년에 개별성(個別性)의 권한과 관련해서 칸트에게 이의를 제기했다. 인간의 행동을 통한 이성의 실현은 행위자의 개별성 및 개인들의 공동적 활동을 거쳐서 이루어진다는 것이다. 따라서 슐라이어마허는 다시금 공동선(共同善)에 대한 플라톤적 물음을 윤리학의 주요 문제로 간주했고, 그래서 윤리학에 대한 서술에서 의무론이 아니라 덕론(德論)을 그 정점에 두었다.

헤겔의 비판

헤겔도 그의 법철학에서 동일한 방향의 비판을 칸트에게 가했다. 그때 주목할 만한 점은 헤겔이 구체적인 도덕성을 법률(法律)의 관점에서 다루었다는 것이다. 도덕적인 관점의 특징은 추상성에 있다고 헤겔은 여겼다. 그런 도덕적 관점은 인간의 도덕적 공

한 영향을 받았다. 또한 W. Herrmann: Ethik, 1901를 보라. 최근의 문헌들에 대해서는 W. Trillhaas: Ethik, 1959, 78를 참조하라.

동체성이 국가에서 실현된다는 것을 보여주려 했던 그의 생각 속에 묻혀 버렸다. 헤겔은 칸트가 윤리학을 이성의 보편성 위에 그 기초를 세워놓은 그의 "공허한 형식주의"에 대해서 특별히 칸트의 의무사상의 관점에서 언급했다.[07] 이성법의 추상적인 보편성으로부터는 "특정한 의무들에 대한 규정으로 이행할 수가 없다." 더구나 "이런 방식으로는 모든 불법적이고 비도덕적인 행동방식들도 정당화될 수" 있다.

얼핏 보기에는 과도하게 심해 보이는 헤겔의 이런 판단이 전적으로 근거가 없는 것은 아니다. 그 사례를 우리는 예루살렘에서 벌어졌던 재판에서 아돌프 아이히만(Adolf Eichmann)의 진술에서 찾아 볼 수 있을 것이다. 그는 자신의 행동을 항상 칸트의 정언명령에 맞추어왔노라고 진술했다. 아이히만의 입장에서 그 공판에 대한 보도를 한 한나 아렌트(Hannah Arendt)는 이 진술을 진지하게 받아들여야지 모욕적인 것으로 여겨 무시하지 말아 달라고 간청한다.[08] 사실 아이히만은 유대인의 학살이 보편적인 법이 된다는 사실에 대해서 어떤 의문도 가지지 않았을 수 있다. 칸트의 정언명령의 보편성의 기준이 여기서는 작동하지 않았으며, 아울러 어쨌든 칸트 자신의 인본주의적 확신(*인간은 목적으로 대해야지 수단으로 대해서는 안 된다는 칸트의 주장)의 의미에서도 작동하지 않았

---

07) G.W.F. Hegel: *Grundlinien der Philosophie des Rechts*, 1821, §135.

08) H. Arendt: *Eichmann in Jerusalem. Ein Bericht von der Banalität des Bösen*, 1964, 174ff., vgl. 188f.

다. 아이히만의 주장을 반박하기 위해서는 자연법의 전통에 따라서 말할 수 있는 어떤 특정한 기준들을 끌어들여야 한다. 따라서 헤겔이 칸트에 대해서 지나치게 말한 것으로 들렸던 그 이의(異議)는 실제로 합당한 것이었다. 헤겔은 계속해서 도덕적 선의 내용들이 이미 먼저 주어져 있어야만 칸트의 정언명령이 적용될 수 있다고 주장한다. "소유와 인간의 생명은 존중되어야 한다는 사실이 어쨌든 그 자체로서 확실하고 전제되어 있다고 한다면, 도둑질하고 살인하는 것은 모순된 행위이다." 그런 모순된 행동은 항상 "어떤 다른 것 … , 확고한 원리로서 앞서서 토대에 놓여 있는 어떤 내용과" 더불어서 도출된다.

내용을 담고 있는 도덕적 원칙

헤겔 비판의 정당성은 칸트 자신이 『윤리형이상학 정초』에서 정언명령의 적용으로 제시했던 사례들을 통해서도 이해될 만하다. 칸트의 논증에서 '자살은 자연에 모순된다'는 원칙이 이미 전제되어 있다. 따라서 사람들은 자살의 자유를 보편적인 자연법으로 생각할 수 없다는 것이다.[09]

칸트의 두 번째 예는 어떤 사람이 돈을 빌리면서 그가 일정한 시기에 되갚을 처지에 있지 않을 것이라는 것을 알면서도 되갚겠다고 약속하면서 돈을 빌리는 경우이다. 칸트는 그런 행동이 보

---

09) I. Kant: *Grundlegung zur Metaphysik der Sitten*, AA 4, 422.

편적인 자연법이 될 수 없다고 생각하는데, 그렇게 되면 누구도 그런 약속을 믿지 않을 것이기 때문이다. 그러나 이때 칸트는 '무임승차자의 행태' 가능성을 간과하고 있다. 보편적인 규칙으로 표현하자면 이것은 이렇게 말할 수 있다. 비록 당신이 빌린 돈을 되갚을 의도가 없다고 하더라도 돈을 되갚으리라고 약속하면서 당신이 돈을 빌리는 것이 가능해지는 유일한 조건은, 다른 사람들이 이런 규칙을 지키면서 동일한 행동을 당신으로부터 받기를 원한다는 사실을 당신이 안다는 것이다. 하지만 우리는 그런 행위가 비도덕적이라고 간주하는데, 이는 비록 몇 경우에서는 성공적이라고 해도 그런 행위가 '약속은 지켜야 한다'(pacta sunt sevanda)는 자연법의 원리에 어긋나기 때문이다. 칸트가 자신의 두 번째 예로 논증할 때에도 실제로 이런 전제를 이미 가지고 있다.

칸트의 세 번째 예도 비슷한 상황이다. 우리는 각자의 재능이 사장되게 하는 것이 보편적인 자연법이 되기를 원할 수 없다는 칸트의 논증에는[10] 사람은 각자의 몫에 따라 성장해야 한다는 명제가 이미 전제되어 있다. 그리고 곤경으로 어려워하는 사람을 돕지 않기를 원할 수가 없는데, 이는 그 자신도 타인의 "사랑과 참여"를 필요로 하는 경우들을 생각해볼 수 있기 때문이라는 네 번째의 예에는 분명히 상호호혜적 황금률의 타당성이 전제되어 있다. 따라서 정언명령이 적용될 수 있는 범위는, 그것에 대한

---

10) A.a.O. 423.

예들에서 전제된 윤리적 행동에 대한 내용적인 원칙들의 보편타당성 또는 자연법의 보편타당성이 미치는 범위와 정확하게 일치한다.

다른 한편으로 적어도 처음 세 개의 사례들에 대해서 예외적인 상황들이 생각될 수 있다. 이런 경우에는 다음과 같이 보편적인 규칙에 준해서 행동하는 것이 논의의 여지가 있다. 예를 들어 불치병의 환자의 자살 금지나, 남을 속이는 행동이지만 그것이 속는 사람에게는 숨겨져 있는 어떤 더 높은 선(예컨대 제 삼자의 생명의 유지)을 위하는 특별한 경우의 속임이나 또는 다른 사람에 대한 봉사를 위해서 자신의 소질의 개발이 우선순위에서 밀리거나 또는 포기되는 경우 등이 그러하다.

따라서 칸트 윤리학의 형식주의가 항상 비판을 받아왔던 것은 옳은 일이다. 그런 비판은 막스 셸러(Max Scheler)가 그의 『윤리학에 있어서 형식주의와 실질적 가치윤리학』(*Der Formalismus in der Ethik und die materiale Wertethik*)을 출판했던 1913년 이래로 매우 오랜 역사를 가지고 있다. 그럼에도 불구하고 칸트의 윤리학이 매우 오래도록 계속해서 영향을 미치고 있다는 사실은 놀라운 일이다. 그 이유는 다음과 같이 말해질 수 있다. 윤리를 하나의 유일한 규범 위에 세우는 칸트의 입장의 단순성, 그리고 모든 자연적인 목적, 필요, 경향으로부터 영향을 받지 않게 하고, 더구나 (세계내적으로 이해되는) 개인들의 행복추구에 반대하면서 세우는 도덕적 판단의 자립성에 대한 열정이 그 이유로 말해질 수 있다. 따라서 칸트의 윤리적인 엄격주의가 그의 도덕철학의 매력을 설명해주는 요소들에 속하는데, 특별히 의무사상이 이성의 자유의 파토스와 결합되어 있다는 점에서 그렇다. 그럼에도 불구하고 칸트의 윤리학이 뿌리를 두고 있는 전통 또는 칸트의 윤리학을 자신의 한 변양체로서 이해하게 만드는 전통으로 자연법과 기독교적 계명윤리의 전통이 지적될 수 있는데, 이것이 칸트의 윤리학보다 실제로 더욱 확실한 것으로 보인다. 하지만 그 전통 안에서 윤리학은 보편타당성을 주장할 수 있는 토대를 발견할 수 있을까?

2. 자연법과 기독교의 계명윤리

자연법에 대한 기독교적 이해

2세기 이후로 기독교 신학은 구약의 제의법이나 유대교적 법 전통의 실정법 부분들(소송법)과 구분되는, 십계명의 두 번째 판에 요약적으로 정형화되어 있는 구약 율법의 도덕적 계명들이 모든 인간의 마음속에 새겨져 있는 자연법의 원리와 동일하다고 여겼다.[11] 그리스도가 율법의 마침이라는 바울의 주장은 구약의 제사법과 소송법에만 해당되는 것으로 받아들여졌다. 따라서 유대

---

11) Irenäus *adv. haer.* IV, 13, 1 und 4 sowie 16, 1. 구약의 제사법과 소송법은 예수를 통해서 그 종말에 이르렀지만, 이레네우스에 의하면 예수의 율법 해석은 율법의 "자연계명"(Naturgebot)을 해석하고 성취했다.

율법의 도덕적 지침들은 자연법과 동일시되면서 모든 인간을 위해서 타당하며 불변하는 것으로 이해되었다. 그것을 위한 근거로서 로마서 2장 14절이 제시되었다. 이처럼 십계명의 도덕적 계명을 자연법과 동일시하는 것은 종교개혁 시기에도 받아들여졌으며, 이런 현상은 종교개혁자들에 의해서 르네상스를 맞으면서 개신교 신학에서 금세기까지 영향을 미치고 있다.[12]

에른스트 트뢸치(Ernst Troeltsch)는 기독교적으로 변형된 자연법을 "교회의 고유한 문화적 도그마"(das eigentliche Kulturdogma der Kirche)라고 불렀으며, 그것이 기독교에서 가지는 중심적인 의미를 삼위일체론이 가지는 중심적 의미에 비견해서 설명했다.[13] 트뢸치에 따르면 스토아의 자연법 이론이 기독교적으로 변형되었다. 기독교 신학자들은 스토아주의자들이 주장했던 모든 인간의 원초적인 자유와 평등을 타락 이전의 인간의 원상태에 결부시켰고, 타락을 통해서는 그것이 상실된 것으로 간주했다는 것이다. 인간이 죄에 매여있다는 조건들 하에서 사적인 소유와 그 소유의 보호, 그로부터 결과된 인간의 사회적 상태에서의 불평등, 아울러 인간 상호 간의 공격을 완화시키기 위한 국가의 폭력이 필요하게 되었다. 소유의 질서 및 국가폭력을 통해서 변형된 이런 자연법을 트뢸치가 "절대적" 자연법과 대립되는 "상대적" 자연

---

12) 그에 대한 예를 들자면, Emil Brunner: *Gerechtigkeit*, 1943 (특히 100ff.), 그리고 H. Thielicke: *Theologische Ethik* I, 1951, 604-713; III, 1964, 300-304가 있다.

13) E. Troeltsch: *Die Soziallehren der christlichen Kirchen und Gruppen*, 1912, 173.

법이라는 의미에서 교회의 "문화적 도그마"라고 지칭했다. 그에 반해서 근대의 철학적 자유주의는 요한네스 알투시우스(Johannes Althusius, 1638년 사망)이래로, 그리고 무엇보다도 존 로크(John Locke)의 영향으로 스토아의 "절대적" 자연법으로 되돌아가서, 모든 인간의 자연적 자유와 평등에 대한 자연법적 이념들이 현대에도 여전히 타당하다고 받아들였다. 트뢸치는 이것이 기독교적 자연법 이해에 대한 도전이라고 여겼으며, 이에 대해 교회가 적절하게 비판적으로 응대하지 못했다고 보았다.[14]

20세기에 십계명의 도덕적 계명에 대한 전통적인 자연법적 해석은 개신교 신학에서 날카로운 신학적 비판의 대상이 되었는데, 예컨대 칼 바르트(Karl Barth)의 경우가 그러했다. 『교회교의학』의 창조론에 속하는 윤리에서 바르트는 자연법과 하나님의 계명의 내용을 전통적으로 동일시하는 것을 거부하였는데, 이는 그것이 그가 투쟁하고 있는 "자연신학"의 일부라고 여겼기 때문이다.[15] 그리고 이때 에밀 브룬너(Emil Brunner)를 비판했는데, 자연법을 하나님의 계명과 동일시하게 되면 "예수 그리스도 안에서 계시된 하나님의 말씀이 부차적인 것"으로 떠밀리고 만다는 것이었다. 이런 신학적인 반론에 덧붙여서 바르트는 두 번째 반론을 제기한다. 그런 자연법이 "우리에게 그렇게도 명확하고 결정적으

---

14) E. Troeltsch a.a.O. 각주 177.

15) K. Barth KD III/4, 1951, 21. 본문에서 이 다음에 나오는 인용도 동일한 페이지에서 나왔다.

로 알려져"있는지, 그래서 "사람들이 하나님의 계명 형식에 대한
물음을 이 법정(=자연법)으로부터 대답을 얻고자 시도하기에 족한
지"에 대한 의구심을 제시했다. 이 두 번째 반론은 19세기의 역
사법학파(historische Rechtsschule) 이래로 자연법 이론에 대해서 가
해진 비판을 반영한 것이다. 그 비판에 따르면 서양의 자연법 이
론의 내용이 모든 민족과 문화 그리고 모든 시대에 공통적인 법
의식의 구성요소로 간주될 수 없다는 것이다. 서양의 자연법 전
통의 역사적 상대성에 대한 통찰이 점차 확산되었고, 그 결과 더
나아가서, 법률의 토대 제공을 위한 자연법적 착안은 법철학에서
제2차 세계대전 이후 몇 년 동안 잠시 반짝 새롭게 논의되다가
오늘날은 마침내 광범위하게 포기되기에 이르렀다.

상호호혜성의 원리

모든 역사적인 상대성에도 불구하고 상이한 문화들에서 형성
되는 법의식에 대한 어떤 인간론적인 토대가 있다고 한다면, 바
로 이 사실로부터 아니, 오직 이 사실로부터 다른 영역들(특히 종
교적 직관들의 경우)에 있는 문화들 상호 간의 큰 차이에도 불구하
고, 근본적인 법적 신념들에 대해서 계속 유지되는 공통성이 설
명될 수 있다.[16] 그럴 때 무엇보다도 인간의 사회적 관계에서 일

---

16) 이에 대해서는 다음과 같은 저자의 글을 보라. Christliche Rechtsbegründung, in A
    Hertz, W. Korff, T. Rendtorff, H. Ringeling (Hgg.): *Handbuch der christlichen Ethik* 2,
    1978, 323-338, 특히 327ff.

어나는, 주고받음의 상호호혜성의 원리가 거론된다. 이 원리에 상응하는 것이 형법의 탈리온(Talion, 同害復讐法)인데, 이에 따르면 어떤 행위자가 타인에게 입혔던 해(害) 그대로 그 행위자에게 되갚아지게 해야 한다는 것이다. 그리고 이 상호호혜성의 원리는 보편적인 원칙으로서 "누가 네게 하지 말았으면 하는 그것을 너도 다른 사람에게 부가하지 말라"는 "황금률"에서 표현되는데, 이것은 종종 자연법의 토대로 간주되어 왔다.

이론의 여지가 있음에도 불구하고 자연법 이론이 계속해서 타당성을 가지는 이유는 인간의 공통된 본성에 대한 물음이 불가피하게 항상 제기되기 때문이며, 아울러 사회적 삶의 인간론적 근본조건들에 대한 물음이 항상 제기되기 때문이다. 인간은 자연적으로 다른 사람들과의 공동체를 추구하도록 설정되어 있는 존재, 곧 아리스토텔레스가 말했듯이 정치적 동물(zoon politikón)이다.[17] 사회적인 공동의 삶에 대한 근본조건들이 자연법 이론들에서 주제화되었다. 이때 중요한 것은 그 근본조건들이 가지는 보편적인 인간의 의미이지, 그 근본조건들의 정형화가 규칙들에 보편적으로 편재해 있는지의 여부가 아니다. 사회적 행위의 그런 규칙들에 대한 정형화에서 주도적인 구실을 하는 것은 상호호혜성의 사상임에 틀림없다.[18] 황금률에 표현되어 있고 또한 칸트

---

17) Aristoteles *Polit.* 1253a 2, 9. 이에 대해서 저자의 *Anthropologie in theologischer Perspektive*, 1983, 431f.를 참조하라.

18) 이에 대해서 다음과 같은 저자의 글을 참조하라. *Anthropologie in theologischer Pers-*

의 정언명령에도 그 근본에 놓여 있는 이 상호호혜성의 사상은 모든 자연법의 정형화의 기초로 정당하게 간주될 수 있을 것이다. 타인에 대한 상해의 금지(neminem laede), 계약유지의 계명(pacta sunt servanda)과 같은 자연법의 명제들은 상호호혜성이라는 근본 규칙으로 소급될 수 있다. 모든 인간의 자유와 평등에 대한 자연법 사상은 그런 상호호혜성의 조건으로서 기술되고 보존될 수 있다.

결의론(決疑論)의 문제

하지만 인간의 자유와 평등에 대한 자연법 사상 그 자체가 타인에 대한 관계성과 지향성이라는 인간론적 근본사실을 담아낼 수는 없다. 따라서 자유와 평등이 그 자체로서는 자연법 사상의 인간론적 토대로 여겨질 수 없다. 정의(正義)의 이념도 마찬가지로 그 자체로서 자연법 사상의 인간론적 토대의 구실을 할 수 없다.[19] 정의로운 행동은 각자에게 동일한 것을 나누어 주는 것이 아니라, 각자에게 자기의 것을 주는 것(suum cuique), 즉 각자의 특별함에 따라서 그에게 해당되는 것을 나누어 주는 것이 정의의 개념이라고 한다면, 정의의 개념에서 결정적인 것은 상호호혜성의 관점과 더불어, 자연적 소질과 공적(功績)에 따라 일어나

---

19) 이와 대립적인 입장으로는 다음을 들 수 있다. E. Brunner: *Gerechtigkeit. Die Lehre von den Grundgesetzen der Gesellschaftsordnung*, 1943, 101f.

는 인간의 사실적인 불평등에 대한 고려일 것이다. 따라서 정의에서 다루어지는 것은 개인들의 불평등의 조건들 하에서 상호호혜성의 원칙을 적용하는 것이다.[20) 각자에게 자기의 것을 나누어줄 것(suum cuique)을 주장하는 정의는 항상 이미 **다른 사람과 구분되게** 각자에게 돌아오는 어떤 것을 전제한다. 정의와 결부된 평등의 계기는 오로지 자기 자신의 것이라는 규칙이 평등하게 모든 사람들에게 적용될 때에 존속한다.

정의의 개념에서 특별히 중요한 것은, 인간의 공동의 삶에 대한 구체적인 계명이 자연법의 보편적인 규칙들로부터 연역되지 않는다는 것이다. 따라서 이 규칙들이 윤리학에 대해서 가지는 의미도 제한된다. 이런 점에서 그런 보편적 규칙들을 결의론에 따라 해석하고 적용하는 것이 바로 특수윤리학(*보편적 규칙을 특수한 상황에 적용하는 응용윤리학)의 과제라고 주장하려는 시도에 대해 칼 바르트는 반대했는데, 우리는 바르트의 입장에 동의할 수 있다.[21) 이런 시도에 대해서 그는 그런 시도의 율법성을 비판하면서 또한 그런 시도가 각각의 윤리적 상황의 특수성을 과소평가하고 인간의 자유를 경시한다고 비판했다.[22) 결의론의 의미에서

---

20) 이에 대해서 다음과 같은 저자의 글도 보라. *Leben in Gerechtigkeit*, in H. Franke u.a. (Hgg): *Veritas et communicatio* (Festschrift U. Kühn), 1992,310-320. 여기에는 정의의 개념을 평등의 개념으로 소급하는 시도가 펼쳐진 J. Rawls: *A Theory of Justice*, 1971에 대한 비판이 상세하게 실려있다.

21) K. Barth: *KD* III/4, 5ff.

22) K. Barth a.a.O. 12f.

이해된 윤리적 행동에 대해서 아주 일반적으로 제기되는 비판은 다음과 같다. 보편적 규칙의 적용은 항상 특정한 상황적 서술에 의존해 있다는 것이다. 한 경우의 특수함에 대한 상황적 묘사가 옳다고 한다면 규칙의 적용은 항상 옳을 수 있다. 그러나 도덕적 판단의 정당성은 보편적 규칙만큼이나 개별 경우에 대한 묘사에도 매우 많이 의존한다.

십계명과 공동적 삶

비록 자연법이 구체적인 삶의 영위를 밑받침하기에 충분하지 않다고 해도, 자연법 사상은 인간의 공동적 삶에 대한 보편적인 조건들을 정형화해 주는 것으로서 여전히 중요한 의미를 가진다. 바로 여기에 또한 십계명의 두 번째 판(출20:12-17)과의 내용적 연관성이 놓여있다. 만일 한 사람이 다른 사람을 살해하거나 도둑질하거나 중상(中傷)하면 그들 사이에는 공동체가 존립할 수 없다. 공동체의 구성원들이 상호 간에 자신들의 존재 및 자신들의 적법한 소유에 대해서 승인할 때에 공동체성이 존립한다. 이것은 세대 간의 상호관계에서도 마찬가지로 적용된다. 지파연합으로 구성된 고대 이스라엘의 사회에서 세대 간의 관계에 대한 관점에서 부모를 공경하라는 계명, 즉 지파의 나이든 구성원들을 보살피는 것을 소홀히 하지 말라(" … 그러면 네가 땅에서 장수하리라") 는 계명이 있다. 오늘날에는 세대 간의 관계에서 상호호혜적인 돌봄, 특히 노인에 대한 관점에서의 상호호혜적인 돌봄은 국가의 사회보장제도를 통해서 감당된다. 그 반대의 계명, 즉 어린이를 존중하라는 계명은 십계명에서 빠져있는데, 그 이유는 아마도 후손에 대한 돌봄은 인간의 자연적 욕구로 자명하게 이해되고 있기 때문이었을 것으로 여겨진다. 고대 이스라엘에서는 자기 자신의 후손에 대해서 무관심하거나 또는 자녀가 개인적인 삶의 영위를 위한 자유에 걸림돌이 된다고 생각하는 그런 개인주의는 없었다. 네 번째 계명(* 우리의 다섯 번째 계명에 해당)은 물질적인 공양을 넘어서 인간적인 관심과 인정을 당연히 포함한다. 그러나 이런 인간적 관심과 인정도 세대 간의 관계에서 상호호혜적이어야 한다는 것은 당연하다. 현대 사회에서 네 번째 계명에 대한 해석은 세대 간의 관계에서의 상호호혜적인 승인이라는 과제와 관련되어야 할 것이다.

간음을 금지하는 여섯 번째의 계명도 역시 공동체 보존의 조건으로 이해되어야 한다. 어떤 사람이 다른 사람의 부부관계를 침해한다면 그것은 가장 친밀한 형태의 인간적 공동체를 파괴하는 것이며 가족 공동체의 토대를 파괴하는 것이다. 사회체계가 더 이상 가족들, 지파연합체 또 그것들의 관계라는 토대 위에서 조직되어 있지 않은 극단적 개인주의 시대인 오늘날, 이 계명은 살인 및 도적질 금지에 대한 계명들과 달리 인간의 공동적 삶의 조건으로서 가지는 보편적인 명증성을 사회적 결합에서 상실한 것으로 보인다. 그럼에도 불구하고 오늘날에도 간음은 부부공동체에서 신뢰의 토대를 파괴하며 피해자에게 고통을 주는데, 이것은 종종 부부 이외의 관계에서 이루어진 성적 교합의 행동 자체보다 오히려 간음한 사람이 얽어놓은 거짓된 관계로 인한 것이라는 점은 여전하다.

십계명 두 번째 판의 계명들은 따라서 자연법의 규칙들과 비슷하게 인간의 공동의 삶에 관여한다. 그 계명들에서는 한 백성을 선택함으로써 시작된 언약의 하나님이 그 백성 구성원들 상호 간의 공동체성을 원하고 있다는 점이 표현되어 있다. 바로 여기에 정의(正義)에 대한 성서적 개념도 상응한다. 체다카(sedaqa)는 분명히 "공동체에 적합한 행동"을 의미한다. 이때 그리스의 정의 개념과 달리 성서적 정의 개념에서는 비례의 관점(각자에게 자신의 몫을 돌리는 것)이 강조되지 않는다. 물론 이스라엘의 공동체성도 각 개인 및 개인의 특수성이 승인되지 않고서는 유지될 수 없다. 그러나 공동체 유지의 사상은 이를 위해서 주어진 하나님의 계명에 훨씬 더 의존해 있었다. 따라서 먼저 중요한 것은 인간의 행동이 계명을 수여하시는 하나님께 일치하는가 하는 문제였다. 그러나 계명을 지키는 것을 통해서 동시에 그 민족 구성원들간의 공동체성이 지켜진다. 이때 이것을 넘어서는 다른 한 경향성이 그 계명들에 깔려있는데, 그것은 스스로 공동체성을 깨뜨렸던 사람을 공동체 안으로 다시 회복시키는 것이다. 이것은 무엇보다도 정의의 사상에 대한 신약적 해석에서 부각된다. 하나님의 의뿐만 아니라 이에 상응하는 인간의 정의, 곧 하나님의 사랑에 참여하는 인간의 정의는 잃어버린 자를 다시 회복시키는 것을 목표로 한다.

공동적 삶의 규칙과 개인적 삶에서의 수용

금방 말한 내용은 이 자리에서 다루어야 할 고찰의 범위를 이미 넘어선 것이다. 여기서 우리에게 중요한 것은 한편으로는 자연법과 다른 한편으로는 성서적 율법전승의 도덕계명들 사이의 공통점이다. 이 공통점들은 다름 아니라 양 경우 모두 한 삶의 공동체에서 이루어지는 인간의 공동적 삶의 근본조건들을 말하고 있다는 것이다. 이제 이 바탕 위에서 윤리가 개인의 행동에 대한 지침으로 받아들여질 수 있을까? 확실히 그것은 오로지 개인에게서 다른 사람과 더불어 공동체성을 이룰 의지, 그리고 이를 위한 조건들을 준수할 의지가 전제되어 있는 경우에만 가능할 것이다. 그렇지 않다면 개인에 대한 사회의 요구들은 즉각 타율적 부당요구로 개인의 의식에 받아들여질 것이다. 이는 과도하게 부과된 규범들의 경우에 뿐만 아니라 개인의 성공적인 공동의 삶을 위해서도 준수해야 하는 핵심적인 조건들과 규칙들, 다시 말해 호의적인 관심의 상호호혜성에 근거하는 핵심적인 조건들과 규칙들의 경우에도 마찬가지이다. 사회적인 삶의 연관성에 대해서 낯설어 하는 개인은 이런 핵심적인 행동규칙의 요소들마저도 그 자체로서 구속력이 있는 것으로 여기지 않는 경향이 있는데, 이럴 때에 그런 이해를 가진 개인은, 다른 사람들이 저 규칙을 준수함으로써 자신에게도 결과로 돌아오는 이익들을 홀로 취하려는 "무임승차자"가 될 수 있다. 사회적 공동의 삶을 위한 조건들과 근본 규칙들이 개인에게 적대적인 부당요구로 또는 최소한 도로 외부로부터 자신에게 부과되고 강요되는 타율적인 부당요구로 나타나지 않게 하기 위해서는 그 조건들과 근본 규칙들이 가지는 타당성이 역시 개인적 삶의 영역에서도 정당화될 수 있어야 한다. 이런 정당화의 수행에는 단순한 자연법적 논증에 비해서 소크라테스·플라톤 윤리의 착안점이 우월하다. 따라서 교부들과 스콜라 신학자들이 - 아우구스티누스와 토마스 아퀴나스의 경우처럼 - 그들의 윤리적 논증의 토대를 확보하기 위해서 선에 대한 플라톤적 물음으로 되돌아가고, 자연법적 전통의 사상들뿐 아니라 성서의 도덕적 계명들도 이런 틀 안으로 끌어들인 것은 정당한 일이었다.

3. 선론과 윤리학의 신학적 토대

앞 두 단원과 마찬가지로 이 단원은 앞 장에서 서술된 역사적 입장들을 다시 한 번 논의한다. 이 역사적 입장들은 윤리적 논증을 위한 일정한 유형을 이루고 있기 때문이다. 그러면 이제 앞 장에서 첫 번째의 길로 제시된 윤리적 논증의 역사적 시초부터 다루고자 한다. 소크라테스·플라톤적 윤리의 길은 인간이 자신에게 아직 실현되지는 않았지만 자신의 본질실현을 위해서 불가결한 것을 추구한다는 사실을 윤리적 논증의 단초로 삼았다. 이런 논증의 길에 대한 논의는 철학적 논증을 넘어서 신학적 윤리의 논증으로 접어들게 한다. 다시 말해 하나님에 대한 사상이나 미래의 하나님 나라에 대한 기대가 윤리의 근거 마련에서 갖는 기능에 대한 논증으로 나아가게 만든다.

개인의 선과 공동체의 선

소크라테스 · 플라톤적 윤리는 폴리스(polis)에서 인간의 공동적 삶과 폴리스의 올바른 질서를 겨냥하고 있었다. 그러나 그 착안점은 개인에게 있었다. 다시 말해 행복한 삶에 대한 개인의 추구에 있었다. 이 윤리의 중심 개념인 덕(德)의 개념은 개인들의 지복과 국가의 번영을 결합시킨다. 정의가 없이는 국가가 존립할 수 없다. 국가는 불화로 인해서 쇠약해지고 또한 망하고 말 것이다.[23] 그러나 그것은 개인에게도 마찬가지다. 오로지 정의로운 사람만이 참으로 지복하다.(Staat 354a 4) 왜냐하면 덕이란, 어떤 것이 자신의 이념에 - 따라서 그것이 자연적으로 추구하는 선에 - 상응하도록 만들어주는 능숙함(Tüchtigkeit)이기 때문이다.[24] 정의는 영혼의 능숙함(덕)이며, 이를 통해서 그 영혼의 본질(eidos)은 완전히 실현된다.

---

23) Platon *Resp*. 351b ff. 본문에서 다음에 나오는 것도 역시 플라톤의 『국가』의 것이다.

24) J. Stenzel: *Studien zur Entwicklung der platonischen Dialektik von Sokrates zu Aristoteles* (2. Aufl. 1931) 1961, 9f. 참고, *Platons Gorgias* 470e 9f.

하지만 이런 이해는 문제점을 가지고 있는데, 그것이 플라톤 자신에게도 숨겨져 있지 않다. 국가가 그 내적인 평화를 위해서 정의 내지 적어도 그 가상(假象)이라도 필요로 한다는 것은 올바른 지적이다. 그러나 즉각 플라톤『국가』의 제2권에서는 정의의 본질을 규정하는 것이 어렵다고 말한다. 그후 제4권에서 국가를 신분에 따라서 분절시키는 모델을 통해서(427d ff.) 정의의 본질 규명의 문제를 해소시켜 버리는 것은 거의 일반적으로 수긍을 얻지 못하고 있다.

그러나 개인과 관련된 것에 대해서는 플라톤이 그의 후기 대화편들에 이르기까지, 혹시 정의보다 쾌락이 지복을 더욱 보장해 주는 것은 아닌가 하는 문제와 씨름했다.[25] 이 문제에 대해서 후기 대화편인『필레보스』에서 그는 이렇게 답한다. 선에는 이성이나 덕 외에도 실제로 쾌락도 속한다. 하지만 물론 후자는 전자보다 낮은 위치에 있다.(Phil 66a-67a)『국가』의 마지막 권에서도 덕이 인간의 다른 행동양식들보다 우월한데, 이는 덕을 통해서 인간들이 가능한 범위에서 신(神)과 유사해질 수 있기 때문이라고 말한다.[26] 덕의 행복은 마침내 죽음 앞에 유한한 현세적 삶을 넘어서는 판단의 권위에 닻을 내리게 된다. 결과적으로 그 행복은 그 권위와의 연합을 통해서, 다시 말해 신성의 불멸적 삶과의 연

---

25) 그것은 특별히 플라톤의『필레보스』에서 나온다.(아래를 참조하라) 그러나 먼저 *Resp*. 361d-367a도 보라.

26) *Resp*. 613a 4ff. 참조, *Theaitet* 176a 5.

합을 통해서만 도달될 수 있다. 이것은 곧 덕에 의해서 끼쳐지는 행복은 이 현세적 삶에서 경험적으로 완전히 다 누릴 수 있는 것이 아니라는 것을 의미한다. 이로써 사회에게 선한 것과 개인에게 선한 것을 정의의 개념을 통해서 결합시킨 것이 마침내 불안정적인 것으로 남게 되고, 그래서 어떻게든 다른 방식의 근거 마련이 요구된다.

슐라이어마허의 선론적 윤리

근대 윤리학의 역사에서 프리드리히 슐라이어마허는 임마누엘 칸트에게 개인의 권리와 개인의 특수성의 권리가 결여되어 있다고 비판하면서, 플라톤이 개인의 추구와 공동체의 안녕을 상호 결합시키는 공동선의 사상으로 윤리학을 이끌고 있었던 사실에 주목했다. 그런 생각에 대한 출발점을 제공한 것은 칸트와 마찬가지로 슐라이어마허의 철학적 윤리학에서도 모든 인간에게 공통적인 이성이 존재한다는 생각이었다. 그러나 슐라이어마허는 이 공동의 이성으로부터 어떤 보편적인 법칙을 이끌어 내어서, 그것으로 인간의 자연적인 상황이나 자연적인 추구들과 부딪히게 만들려고 하지 않았다. 슐라이어마허는 윤리학의 과제가 오히려 이성이 자연을 취득해가는 과정을 묘사하는 것이라고 여겼다. 그래도 윤리학은 마치 자연과학과 같은 하나의 기술적(記述的) 학문

분과로 이해된다.[27)]

이성이 자연을 취득해가는 과정은 플라톤적 고찰에서처럼 선을 목적으로 규정한다. 그러나 슐라이어마허에게서 선의 개념은 하나님 개념과 동일시되지 않는다. 모든 윤리적 추구의 목표인 최고선은 오히려 이성이 자연을 완전하게 취득하는 것에 있으며,[28)] 그것도 이성의 조직화 및 상징화의 행동을 통해서 일어나는 자연의 완전한 취득에 있다. 따라서 최고선은 칸트와 마찬가지로 이성적 행동의 목적개념으로 이해된다. 그러나 그 최고선의 단일성은 오로지 선들의 다수성을 통해서 추구될 수 있으며, 또한 오로지 "모든 개별적인 선들의 복합적 연관성에 대한 지식"에서만 인식될 수 있다. 이런 상황은 "인간의 자연적 본성이 개별적 존재들의 다수성으로 분열"되어 있는 것에 일치하는데, 그 분열의 결과 "이성의 존재는 인간의 자연적 본성에서 오로지 개별적 존재들의 도덕적 공동체성을 통해서만" 실현될 수 있다.[29)]

이런 점을 개인적인 행동에서부터 시작해서 본다면, 우선 자연의 취득에서 개인적인 자유의 대응체인 "소유"에서 발견할 수 있다. (§ 42) 그러나 그것은 또한 사회적으로 승인된 것으로서 사

---

27) *F. Schleiermachers Grundriß der philosophischen Ethik* hg. von A. Twesten, 1841,28 (Einl. § 95).

28) F. Schleiermacher a.a.O. 44 (Höchstes Gut § 19). 바로 다음에 나오는 인용도 역시 바로 이 부분에서 나온 것이다.

29) F. Schleiermacher a.a.O. 51 (§ 35). 본문에서 이 다음에 나오는 표시는 이 작품을 염두에 둔 것이다.

회에 대한 개인의 관계를 표출하고 있다. 그리고 다른 한편으로는 인간의 상징화 활동의 근본형식인 언어에서,(§ 26) 그 다음에는 공동의 삶을 묘사하는 법의 형식에서,(§ 55f) 그리고 공동의 신앙의 형식에서(§ 57) 위의 사실이 드러난다. 개인들의 사회화에 대한 기구적 형태로는 가족과 국가라는 "완전한 윤리적 형식들"이 있는데, 이 기구들에서 공동적인 것 또는 "자기동일적인 것"은 개인들보다 우선성을 가진다. 아울러 개인들의 사회화에 대한 기구적 형태에는 다른 한편으로 개인들의 행동과 그들의 자유로운 결속에 기인하는 형식들인 자유로운 사교집단(Geselligkeit)과 교회도 있다. 여기에서 이에 대해 더 상술할 필요는 없다. 이 모든 개별적 선들에서 인간의 행동을 통해서 작동되어야 할 최고선의 통일성은 슐라이어마허에 따르면 오로지 선들 상호 간의 연관성을 통해서만 표현된다.

칸트와 슐라이어마허에게서 최고선의 이해

슐라이어마허가 이처럼 윤리학을 선의 윤리학으로 정초함으로써, 이제 그는 개인과 인간 사회의 규정에 대한 통일성을 설득력 있게 정형화할 수 있었을까? 만약 우리가 인간들에게 공통된 이성에 대한 그의 착안점에 동의할 수 있다면 슐라이어마허의 관점에서 이 물음에 대해서 긍정적으로 대답할 수 있을 것이다. 이 공통의 이성은 인간의 행동들에서 개별화되지만, 슐라이어마허가 개인적 삶에 대해서 말한 모든 것은 처음부터, 인간을 위해서 자연을 취득하는 과정의 본래적인 주체는 인간의 이성적 본성이라는 전제 위에서 성립하게 된다. 게다가 슐라이어마허는 이미 언급한 바와 같이 칸트와 비슷하게 최고선을 인간의 행동을 통해서 산출될 수 있는 어떤 것으로 이해했다. 여타의 많은 관점에서는 슐라이어마허가 플라톤의 생각에 근접해 있지만, 바로 여기에 큰 차이점이 있다.

플라톤에게 선의 이념은 신적인 현실성으로 인간의 모든 행위들보다 선행했다. 그리고 모든 것은 그 신적 현실성을 추구하며, 또 거기로부터 모든 것이 해명된다. 이것은 플라톤의『국가』에서 나오는 태양에 대한 비유에서 묘사되어 있는 바와 같다.(Resp. 506-509) 최고선이 신(神)과 동일시되었기 때문에 인간에게 선한 것의 추구라는 플라톤 윤리학의 착안점이 기독교적으로 수용될 수 있었다.

이에 반해 이미 칸트에게서 최고선은 인간 행동이 설정해야 할 최고의 목적으로서 생각되었다. 게다가 칸트는 종종 인간의 행동을 통해서 세계에서 이루어질 최고선, 곧 도덕적 가치와 행복의 일치로부터 최고의 **원천적** 선으로서의 하나님을 구분해내었다.[30] 칸트에게서 하나님은 최고의 원천적인 선을 뜻한다. 왜냐하면 자연세계뿐 아니라 도덕적 질서의 원인자인 하나님은 인간의 행동을 통해서 세상에 실현될 최고선의 도달가능성에 대한 조

---

30) I. Kant: *Kritik der praktischen Vernunft*, 1787, 226.

건이기 때문이다. 그러나 이 선을 산출하는 주체는 칸트에 따르면 도덕적 행위를 하는 인간이다. 따라서 인간이 도덕적 가치와 지복을 세상에서 자신의 행동의 목적으로 설정해야 한다. 이 과제 자체 안에는 최고의 지복을 추구하는 인간의 개별성과 도덕적 이성의 보편성 사이를 중재하는 과제도 포함되어 있다. 하지만 칸트에게서 그것은 더 이상 윤리학의 주제가 아니다. 그는 이 중재의 과제를 건너뛰기 때문에, 도덕법으로부터 귀결되는 최고선의 사상도 이 중재의 역할을 더 이상 수행할 수 없다.

이런 상황은 슐라이어마허에게도 마찬가지였다. 그가 개인에게 더 많은 공간을 부여하려는 의도를 선언했음에도 불구하고 상황은 마찬가지였다. 비록 이성을 위한 자연의 취득이 슐라이어마허에게서 개별적 행위를 통해서 매개되는 과정으로 생각되기는 했지만, 이 과정의 출발점은 슐라이어마허의 묘사에서 이미 항상 개별성보다 상위에 있는 이성의 보편성에 있었다. 이 점과 관련해서는 윤리적 행동의 목적개념으로서 최고선의 사상도 다를 바가 없다.

칸트와 슐라이어마허의 하나님 나라 이해

칸트나 슐라이어마허에게서 최고선의 개념이 전개됨에 있어서 개인 삶의 영위와 이성의 보편성 사이의 중재가 이루어지지 않는 것은, 그 두 사람 모두에게서 하나님에 대한 사상이 최고선의 개념에서 빠져버렸던 것과 상관이 있지 않을까? 삶의 성취에 대한 개인적 추구 그리고 사회의 공동적 선의 중재가 성서의 하나님 나라 사상에 제시되어 있다는 것을 생각해 볼 필요가 있다. 왜냐하면 성서의 기대에 따르면, 첫째로 개인이 하나님 나라의 공동체로 들어가는 것은 구원 참여의 총체이며, 둘째로 하나님 나라는 또한 참된 정의와 평화의 인간 공동체를 구현하는 인간 사회의 완성이기 때문이다.

칸트나 슐라이어마허도 역시 성서의 하나님 나라 사상을 실제로 최고선 개념과 결부시켰다. 하지만 이때 하나님 나라 사상은 칸트의 윤리적 목표가 되는 최고선의 의미에서 변형되어 해석되었다. 칸트는 『이성의 한계 내에서의 종교』에서 최고선은 오로지 공동의 선일 수 있으며,[31] 또 최고선의 실현을 위해서 사람들이 일치하여 "덕(德)의 법칙들에 따르는 보편적인 공화국"을 이루는 것이 요청된다고 주장한다.(136) 칸트는 인간의 그런 결속을 통해서 덕의 법칙들의 토대 위에 하나의 "윤리적인 공동체"를 설립하는 것이 "지상에서의 하나님 나라 건설"이라고 부르기도 했다.(131) 당연히 이 나라의 완성은 칸트에게서도 역시 오로지 하나님 자신에 의하는 것으로 기대된다.(136, 참고 282) 왜냐하면 하나님 나라에는 바로 그 도덕성 외에도, 인간이 자신의 도덕적 가치에 대한 일치 속에서는 끝내 만들어 낼 수 없는 지복도 포함되기 때문이다. 그럼에도 불구하고 그런 나라의 건설은 칸트에 따

---

31) I. Kant: *Die Religion innerhalb der Grenzen der bloßen Vernunft* (1793) 2. Aufl. 1794, 135f. 본문에서 계속해서 나오는 페이지수는 이 작품의 페이지수이다.

르면 인간의 행위의 사안이다.

"하나님 나라" 개념에 대한 칸트의 해석을 슐라이어마허도 수용했다. 물론 슐라이어마허에게서는 "하나님 나라"로 파악된 교회의 설립이 예수 그리스도를 거쳐서 하나님께로 소급되며, 그리고 그 개념이 단지 인간의 행동을 통해서 만들어지는 윤리적 공동체에 대한 비유적인 겉치레로 생각되지 않았다. 따라서 슐라이어마허에게서 하나님 나라는 칸트의 경우처럼 인간의 윤리적 행동의 산물로 파악되지 않았다.[32] 그럼에도 불구하고 하나님 나라는 인간의 윤리적 행위에 연관되어 있다. 오로지 하나님으로부터만 하나님 나라의 설립과 완성이 가능하다. 그러나 하나님 나라의 설립으로부터 그 완성에 이르는 과정은 슐라이어마허에게도 역시 윤리적 행위의 사안이다.

슐라이어마허가 남긴 "기독교 도덕"에 대한 유고(遺稿)에 따르면 그리스도인에게 "최고선"은 하나님 나라다. 왜냐하면 그리스도를 통한 구원은 "인류에게 오로지 하나님 나라를 통해서 서술되기" 때문이다.[33] 이런 진술을 토대로 슐라이어마허는 신학적 전통에서 일반적으로 받아들여진 "하나님이 최고선이다"라는 생각에 대해서 비판한다. 이 표현은 "완전히 맞지는 않다. 왜냐하면 선이라는 것은 우리가 어떤 것을 소유하거나, 점유하는 한에

---

32) 다음의 책을 보라. M.E. Miller: *Der Übergang. Schleiermachers Theologie des Reiches Gottes im Zusammenhang seines Gesamtdenkens*, 1970, 228ff.

33) F. Schleiermacher: *Die christliche Sitte hrsg*. L. Jonas (2. Aufl. 1884) II, 78.

서만 우리에게 존재하는 어떤 것이기 때문이다." 따라서 오히려 하나님 나라를 묘사하고 있는 "하나님과의 공동체성"을 최고선 이라고 불러야 할 것이다. 하나님과의 공동체성에 대한 "서술"이 슐라이어마허에게서도 하나님 나라인데, 이는 하나님 나라가 교회 공동체에서, 즉 교회의 생성과 성장에서 실현되기 때문이다.[34] 슐라이어마허에 따르면 기독교의 특징을 이루는 것은 경건성이 하나님 나라와 연관되어 있다는 것인데, 이 연관성으로 인해서 기독교적 경건성은 "목적론적" 특성, 다시 말해 윤리적 규정성을 얻는다.[35]

칸트와 마찬가지로 슐라이어마허도 하나님 나라의 개념을 직접적으로 윤리적 행위의 대상과 목표로 여겼다. 또 하나님 나라가 교회의 공동체성과 동일시되었다고 하더라도, 이런 사상이 윤리학을 세움에 있어서 개인과 사회의 상이성을 중재하는 기능을 할 수는 없었다. 다시 말해 그것이 플라톤의 윤리학적 착안점이 사람들을 그들 자신에게 선한 것에 대한 물음으로 이끌어갔던 것과 같은 일에 필적하지 못했다. 하나님 나라에서 일어나는 하나님과의 공동체성이 그런 중재의 기능을 감당하려면, 먼저 한 번은 개인적인 삶의 주제들, 즉 고대철학이 "지복"이라고 불렀던 개인적 삶의 성공에 대한 갈망과 연관성을 가져야 한다. 이런 연

---

34) F. Schleiermacher: *Der christliche Glaube*, 2. Aufl. 1830, § 113, 4.
35) F. Schleiermacher a.a.O. § 9, 2.

관성은 하나님 나라 사상을 인간 공동체의 완성과 연관짓는 것과 별개로 구분될 수 있다.

하나님 나라 사상이 한편으로는 개인의 윤리적인 삶의 영위로부터, 다른 한편으로는 인간들의 공통적인 이성적 본성으로부터 구분되고, 또한 하나님 나라 사상이 이 둘보다 우선적이라고 하는 전제가 세워져야 한다. 이런 전제 위에서, 아니 오로지 이 전제 위에서만 하나님 나라 사상은 개인의 삶의 주제와 사회를 통해서 개인에게 부가되는 개인적 행동에 대한 요구들 사이에서 중재의 역할을 해낼 수 있다. 하지만 하나님 나라가 인간의 윤리적 행위의 산물로 생각된다면 그런 중재는 일어날 수 없다. 오로지 하나님 나라는 하나님 자신으로부터 오는 것으로 파악되고, 아울러 (칸트의 입장과는 반대되게) 하나님이 윤리적 구속력의 근거로 생각될 때에만 그런 중재는 일어날 수 있다.

트뢸치의 하나님 나라 이해

이런 방향성은 윤리학에 대한 에른스트 트뢸치(Ernst Troeltsch)의 고찰에서도 보인다.[36] 트뢸치도 역시 윤리학을 덕론에 입각해서 정당화하기를 원했고, 또한 최고선 개념과 하나님 나라 개념을 결합시켰다. 그러나 그는 당시에 하나님 나라에 대한 새로운

---

36) 이에 대해서는 저자의 다음 글을 보라. Die Begründung der Ethik bei Ernst Troeltsch, in ders.: *Ethik und Ekklesiologie*, Ges. Aufsätze, 1977, 70-96.

해석이었던 요한네스 바이쓰(Johannes Weiß)의[37] 종말론적 해석을 수용하면서, 하나님 나라는 오로지 하나님 자신으로부터 올 것이라는 점을 강조했다. 트뢸치는 하나님 나라의 이런 종말론적 미래를 전적으로 바이쓰의 의미로 이해했다. 곧 하나님 나라의 종말론적 미래가 예수의 선포에서 중심적인 주제를 이루며, 예수의 존재는 이 주제 뒤로 물러선다는 것이었다.[38] 그래서 트뢸치는 하나님 나라의 사상을 칸트 식으로 해석하는 것에 날카롭게 반대하면서 이렇게 주장했다. 하나님 나라는 "하나님이 인간의 마음속에 넣어둔 법인 자율성의 법을 사람들이 공동으로 승인함으로써 이루어지는 사람들의 결합체가 아니다 … . 그것은 하나의 놀라운 하나님의 선물이며, 전적으로 객관적인 어떤 것이며, 완전한 평화와 완전한 사랑 안에 있는 사람들의 공동체이다. 왜냐하면 그것은 완전하게 계시된 하나님의 통치에 전적으로 헌신하고 복종하는 것을 통해서 가능하기 때문이다 … ."[39]

모든 인간적 행위보다 하나님 나라의 미래성을 우선시하는 트뢸치는 최고선 개념도 칸트나 슐라이어마허의 경우와 다르게 이해했다. 물론 트뢸치도 선 개념을 목적 개념과 결합시켰다.[40] 하지만 그는 목적들에 대한 선택이 인간의 행위에 선행하는 가치들

---

37) J. Weiß: *Die Predigt Jesu vom Reiche Gottes*, 1892.

38) 기독교의 절대성 및 종교사에 대한 트뢸치의 글에서 나오는 그의 이런 생각에 대한 근거 제시는 각주 149에서 인용된 저자의 논문 84ff.에 나와있다.

39) E. Troeltsch: Grundprobleme der Ethik, *ZThK* 12, 1902, 150.

40) 이에 대한 근거문헌은 각주 149에서 인용된 논문의 84ff.를 참조하라.

에 대한 정신적인 경험 안에 기초해 있다고 보았다. 트뢸치는 슐라이어마허의 입장을 따라서 다음과 같이 전제했다. 즉, 이런 가치들이 인간적 본성의 일치로 인해서 어떤 공통성을 가지는데, 이 공통성이 처음에는 다양한 가치 형성들 간의 충돌 속에 있지만, 이 충돌의 결과로 종교사의 과정에서 점차로 공통적인 것이 분명히 형성된다는 것이다. 이로부터 우리는, 공동으로 추구하는 최고선은 "전체로서 그리고 완전한 것으로서 … 역사 너머에" 있다고 트뢸치가 말하는 것의 의미를 이해할 수 있게 된다.[41] 이런 시각에서 최고선의 개념은 트뢸치의 서술에서 예수가 선포한 하나님 나라의 미래와 융합된다. 하나님 나라의 미래성에 대한 강조 속에서 트뢸치는 모든 세계내적인 문화적 선들을 상대화한다. 초기 기독교의 임박한 미래에 대한 기대가 수그러든 후에도 하나님 통치의 최고선과 "세상적 삶으로부터 형성된 도덕적인 문화적 선들" 사이의 "긴장"은 계속된다고 트뢸치는 판단했다.[42] 트뢸치에 따르면 기독교가 공헌하는 문화사의 풍성함은 이 긴장에 기인한다. 왜냐하면 하나님 나라의 내세성과 세계내적인 문화적 선들 사이의 대립은 항상 다시금 이 대립의 양 측 간의 중재의 시도를 통해서 지양되어야 하기 때문이다.

---

41) E. Troeltsch: *Die Absolutheit des Christentums und die Religionsgeschichte* (1902) 2. Aufl. 1912, 69.

42) E. Troeltsch: *Grundprobleme der Ethik*, ZThK 12, 1902, 154.

렌토르프의 하나님 나라 이해

하나님 나라의 미래성의 관점과 또 그것이 가지는 윤리학에 대한 의미는 새롭게 트루츠 렌토르프(Trutz Rendtorff)의 "기독교 윤리의 신학적 목표로서의 하나님 나라의 오심"(Das Kommen des Reiches Gottes als theologisches Ziel christlicher Ethik)에 대한 논의 속에서 강조되었다.[43] 이 논의에서 한편으로 하나님의 창조물인 세계 안에 내주하는 질서들에 대한 가르침인 전통적인 루터의 질서윤리와 다른 한편으로 그리스도론으로부터 직접적인 윤리적 귀결들을 도출해내었던 칼 바르트의 그리스도 중심적 윤리와 벌어지는 양 측의 싸움에 렌토르프는 자신의 윤리학을 관여시켰다. 그는 이 두 입장에 대해서 자신의 고유한 입장을 피력했다. 질서윤리가 비록 타락한 창조물인 이 세상에 대해서 내적인 거리를 두고 있다고 하더라도, 그가 보기에는 현존하는 세상의 삶의 질서들에 일방적으로 방향이 맞추어져 있다. 반면에 그리스도의 왕권적 다스림의 표징에서 발전된 윤리에서는 "윤리적 현상에 대한 공정한 지각이 … 기독교적으로 규범화된 이데올로기에 의해서 억압받으며," 그나마 그 이데올로기의 윤리적 지침들도 이미 "고도의 종교적 임의성" 속에서 보류되어 버린다.[44] 이와 달리 "하나님 나라의 상징에 방향을 맞출 때" 다음과 같은 장점이 생긴

---

43) T. Rendtorff: *Ethik* I (1980) 2. Aufl. 1990, 176-181.
44) T. Rendtorff a.a.O. 178.

다. "이 관점으로부터 … 세상과 주체는 동등하게 포착"되어, 창조론으로부터 윤리를 세우려는 길의 한 편과 그리스도론적으로 규정된 주체라는 다른 한 편간의 대립은 하나님 나라에 대한 기대에 의해서 규정된 지평 속에서 극복될 수 있다는 것이다.

종말론의 윤리적 기능

렌토르프에 따르면 마치 "종말론이 직접적으로 규범적 의미"를 획득하여 "현존하는 질서에 대립하는 기독교적 대안실천과 같은 것"을 정당화시켜 주기라도 하듯이, 하나님 나라라는 주제가 윤리적 판단형성의 근거로 주장될 수 있는 것은 아니다.[45] 이 것이 바로 해방신학 내지 혁명신학으로 향하는 윤리적 착안점들에 대한 렌토르프의 비판이며, 그는 이런 경향성이 위르겐 몰트만(Jürgen Moltmann)과 폴 레만(Paul Lehmann)에게도 보인다고 여겼다.[46] 이런 입장들에 대한 그의 반대는 다음과 같다. 이런 입장들에서는 "삶의 영위에 대한 윤리적 척도들과 인간의 행동을 초월하는 종교적 목적 표상들 사이에 구분 가능성"이 더 이상 명백해지지 않다는 것이다.

그에 반해서 렌토르프는 하나님의 통치와 윤리에 대한 나의(= 판넨베르크의) 주장들을 근거로 삼으면서, 이전에 트뢸치에게 하나

---

45) T. Rendtorff a.a.O. 179.

46) J. Moltmann: *Theologie der Hoffnung*, 1964; P.L. Lehmann: *Ethics in a Christian Context*, 1963.

님 나라의 오심이 윤리의 목적을 규정하는 기능을 수행했던 것을 떠올리며 이것을 자신의 입장으로 삼는다. 하나님 나라의 미래성은 "세상과 그 세상에 관여된 행동의 모든 각각의 상태는 임시성의 관점을 가진다"는 것을 드러낸다.[47] 하나님 나라는 인간의 행위를 통해서 실현될 수 있는 목적이 아니다. 렌토르프가 옳게 지적했듯이, 바로 여기에 "종말론이 윤리학에 대해서 가지는 비판적 차별성의 기능"이 놓여있다.

이런 사실을 넘어서서 렌토르프는 나(=판넨베르크)와 마찬가지로 "윤리에 대해서 종말론이 가지는 방향설정적 기능과 격려의 기능"을 주장한다. 이런 기능은 "하나님과의 완전한 공동체성 및 선에 대한 모든 추구의 성취에 대한 약속"을 해주고 있는 하나님 나라의 희망의 내용으로부터 나온다. 렌토르프가 말하듯이, 바로 여기에서 "인간의 성공을 넘어서는 선의 추구에 대한 신뢰성"이 정당화된다. 여기서 렌토르프는 트뢸치가 기독교 윤리에 대해서 종말론이 가지는 기능에 대해서 규정한 것보다 한발 더 나아갔다. 말하자면 그는 인간의 창조적 현실성과 그것의 종말론적 완성 간의 긍정적인 관련성을 주장한다. 이 긍정적인 관련성이란, "종말론적 완성의 미래가 선의 추구"의 완성을 가져올 것이라는 점이다. 트뢸치는 이와 달리 하나님 통치의 최고선과 세상의 삶으로부터 형성된 도덕적인 문화적 선 사이의 대립만을 강조했다.

---

47) T. Rendtorff: *Ethik* I, 2. Aufl. 1990, 179. 이 작품으로부터 인용된 이후의 부분들은 180쪽에 있다.

따라서 그는 기독교 윤리의 과제는 항상 다시금 새롭게 타협점을 찾아내는 것이라고 여겼다. 다시 말해 "국가, 법, 학문, 예술에 기여"하는 세계내적인 목적들과 이 세계내적인 목적들의 통합에 필요 불가결한 종교적 목적의 요구들 사이에서 타협점을 찾아내야 한다는 것이다.[48]

트뢸치에 의해서 원리로 승화된 타협 사상을 대신해서 렌토르프에게서 자리 잡고 있는 것은 "격려" 사상이다. 이것은 종말론적 희망이 현재의 윤리적 삶의 영위에 대해 가지는 긍정적 관계를 표현하고 있다. 렌토르프는 이 점에서 트뢸치를 전적으로 비판할 수 있었다.[49] 그러나 종말론과 윤리학의 차이에 대해서는 트뢸치와 의견을 같이한다. 렌토르프는 그 차이성을 하나님 나라와 세상 나라 간의 루터적인 구분에서 발견한다. "종말론은 그 자체로서 윤리학이 아니며 또한 그 자리를 대신할 수도 없다. 종말론은 윤리학을 가능하게 하며, 윤리학을 요청한다. 종말론은 '최고선'에 대한 이론으로서 윤리적 과제의 완성을 묘사한다. 그러나 그렇게 할 때에 종말론은 신학적인 방법으로 한다."[50] 렌토르프의 이 진술은 강력한 동의를 받을 가치가 있다. 종말론은 직접적으로 윤리적 행위의 **대상**이 될 수 없다. 그것은 인간적 행위

---

48) 이와 관련해서는 트뢸치의 설명(E. Troeltsch, *ZThK* 12, 1902, 169)에 대해서 각주 149에서 인용한 저자의 논문의 92쪽을 참조하라.

49) T. Rendtorff: *Ethik* I, 2. Aufl. 1990, 154.

50) T. Rendtorff a.a.O. 180.

를 통해서 실현할 수 있는 목적이 아니다. 그러나 그것은 역으로 인간의 윤리적 행위의 방향설정이 된다는 점에서, 그리고 인간의 윤리적 행위를 격려해준다는 점에서 인간의 윤리적 행위에 대한 영감의 원천이다. 이런 생각은 선(善)이 인간의 모든 행위들보다 앞서며, 성공한 삶에 대한 기대들보다도 앞선다고 하는 플라톤의 선의 이념과도 일치한다. 하나님의 통치의 미래성과 플라톤의 선의 이데아의 일치 - 그리고 더 나아가서 플라톤적인 윤리 이해와의 일치는 렌토르프에게서도 엿보이는데, 이는 그가 종말론적 희망이 인간적 성공의 울타리를 넘어서서 "선을 추구하도록" 격려한다고 말하는 것에서 확인할 수 있다.[51]

하나님 통치의 미래성과 윤리학

이런 점이 윤리학의 이론적 근거 마련에서 가지는 적합성은 렌토르프가 그렇게 했던 것보다 더욱 정밀하게 사상적으로 전개되어야 한다. 하나님 통치의 미래성이 플라톤적 윤리의 의미에서 선(善)의 미래성과 일치한다는 의미는 다음과 같다. 하나님 통치의 미래성 위에 윤리의 근거를 마련하는 것은 기독교적 신앙의 관점을 표명하는 것일 뿐만 아니라 보편타당성에 대한 권리주장도 할 수 있게 한다는 것이다. 이런 점을 좀 더 확실히 하기 위해서 이 마지막 단락의 설명에 대한 체계적인 결과를 여기서 다시

---

51) T. Rendtorff a.a.O. 180.

한 번 정리해 볼 수 있다.

1. 모든 것이 추구하는 바이며 또한 모든 인간적 행위가 지향하는 최고선은 이 유한한 삶에서 발견되지 않는다. 그것은 오히려 하나님과 동일시된다. 이미 플라톤에서 그 단초가 발견되는 이런 생각은 아우구스티누스에 의해서 결정적으로 대변되었다. " … 우리가 당신을 향하도록 당신은 우리를 창조하셨습니다"라고 아우구스티누스는 『고백록』의 초반부에 썼으며, "그리고 우리의 마음이 당신 안에서 안식을 찾기까지 우리의 마음은 우리 안에서 불안합니다"라고 적었다.[52] 따라서 칸트의 이해와는 반대로, 하나님이 또한 모든 윤리적 구속력의 근거로서 생각될 수 있다.[53]

2. 슐라이어마허가 옳게 말한 것처럼, 하나님이 최고선이라고 하는 것은 우리에게 단지 하나님과의 공동체성이 최고선이라는 것을 의미할 수 있다. 그러나 이것은 하나님이 통치하는 구원의 공동체로 인간이 수용되는 것이 인간에게 최고선이며, 이 최고선은 모든 인간적 추구와 갈망을 성취의 안식으로 이끌어 준다는 것을 의미한다. 이것이 곧 영원한 지복이다.

3. 하나님 통치의 미래성은 한편으로는 인간 행위의 모든 세계내

---

52) Augustin *Conf.* I, 1, 1: *fecisti nos ad te, et inquietum est cor nostrum, donec requiescat in te* (CCL 27,1).

53) M. Horkheimer: *Die Sehnsucht nach dem ganz Anderen. Ein Interview mit Kommentar von Hellmut Gumnior*, 1970, 61: "도덕과 관련된 모든 것은 최종적으로 신학으로 회귀한다. 적어도 서구의 국가들에서 모든 도덕은 신학 안에 정초되어 있다."

적인 목적 설정을 상대화한다. 그러나 다른 한편으로 그것은 이 세상에서 선을 행하도록 격려한다. 그것이 개별적으로 어떻게 이해되어야 하는지, 즉 종말론에서 출발해서 윤리학의 진술로 나아가는 근본적 연관성이 어떻게 이루어지는지에 대해서는 뒤에서 더욱 자세하게 설명될 것이다.

4. 하나님 나라는 개인에 대한 지복의 장소일 뿐만 아니라 참된 정의와 그 정의에 기초한 평화의 상태를 통해서 인간의 공동체가 완성되는 장소이다. 따라서 선의 미래성으로서의 하나님 나라에 대한 사상으로부터 윤리를 세운다는 것은 인간 사회의 조건들도 이미 포함하고 있다. 그런 인간 사회의 조건들은 자연법의 전통과 십계명의 둘째 판에 정형화되어 있다. 그러나 이런 주장은 그 내용이 인간 사회의 조건들이 된다는 것에 대한 증명을 통해서 해명되어야 할 필요가 있다. 그런 주장을 단순히 권위가 있는 규칙, 또는 자명한 규칙으로 정당화하는 것으로 충분하지 않다. 그러므로 인간의 사회 형성의 근본 형식들이 하나님 통치의 미래성과의 연관성 속에서 윤리적으로 계속해서 다루어져야 할 것이다.

4장

하나님 나라와 윤리

하나님 나라의 사상이 가지는 윤리적 의의는 특정한 기독교적 윤리에 한정되지 않는다. 그것은 윤리학의 구성적 개념인 선의 개념이 가지는 하나님 개념에 대한 연관성에 기인한다. 인간과 하나님의 공동체성의 장소인 하나님 나라라는 개념은 다음과 같은 생각을 더욱 명료하게 보여준다. 하나님은 인간에게 최고선, 다시 말해 **자신들에게** 좋은 것을 추구하는 모든 인간적인 시도들보다 선행하는, 모든 다른 형태의 선에 대한 근거이다. 이런 점에서 하나님 나라의 사상은 보편적인 윤리적 적합성을 가지며, 순수 철학적 윤리학의 고찰에 대해서도 적합성을 가진다.

이런 연관성 속에서 불가피하게 이런 질문이 나온다. 하나님 및 하나님 나라에 대한 사상은 - 인간의 윤리적 행위의 가능성들을 비판적으로 제한하는 기능과 인간의 윤리적 행위를 격려해주는 기능을 넘어서서 - 윤리적 진술들의 내용들을 규정하고 정당화해주는 기능도 가지고 있어야 하는 것이 아닌가? 이런 생각은 하나님에 대한 언술들의 함의들로부터 이미 주어진다. 하나님은 자신과 구분되는 모든 것에 대한 원천과 주권자로서 필연적으로 생각되어야 한다. 그러므로 인간의 최고선인 하나님은 모든 다른 형태들의 선의 근거이다. 그렇다면 하나님과 그의 나라는 모든 윤리적 규범들과 그 규범들의 구속력(拘束力)의 원천과 근거로서 생각되어야 하는 것이 아닌가? 만약 칸트의 의견처럼 도덕적 규범 및 그 규범의 구속력에 대한 정당화의 문제에서 처음부터 하나님을 배제시키려 하지 않는다면, 이런 귀결은 불가피하게 보인다.

하나님의 통치 내지 하나님 나라의 관점으로부터 윤리를 세워 나가는 가능성에 대한 물음을 기독교 신학은 간과할 수 없다. 왜냐하면 예수의 메시지에는 실제로 윤리적 규범에 대한 근거가 놓여 있거나, 아니면 적어도 암시되어 있기 때문이다. 따라서 하나님에 대한 사상과 윤리의 관계를 다루는 철학적 고찰도 이런 사실에 대해서 주의를 기울일 것이다. 물론 여기서 먼저 다루어지는 것은, 예수가 선포했던 하나님의 통치 및 그 통치의 가까움에 대한 믿음에 대해서만 구속력을 가지는 논증이다. 그리고 이런 논증이 기독교 신앙공동체의 바깥에서 이루어지는 인간의 삶의 영역에 대해서도, 그리고 기독교 신앙에 대해서 거리를 두고 있는 철학적 윤리학에 대해서도 보편적인 적합성을 띨 수 있을지에 대해서는 그 다음에 다룰 것이다.

다가오는 하나님의 통치에 대한 믿음으로부터 윤리를 세워간다는 것을, 마치 하나님 나라를 이 세상에 세우는 것은 인간 행동의 사안이라거나, 아니면 적어도 사회의 혁명적 변화의 과정을 통해서 하나님 나라의 목표에 다다르게 하는 것은 인간 행동의 사안이라는 식으로 이해하는 것으로 여겨서는 안 된다. 그런 윤리적 구상들에 대한 트루츠 렌토르프의 비판은 옳다.[01] 예수의 메시지에 따르면 하나님 나라는 홀로 하나님 자신에서부터 오는

---

01) T. Rendtorff: *Ethik* I, 2. Aufl. 1990, 179.

것이지, 세상을 변화시키는 인간의 행동을 통해서 오는 것이 아니다. 하지만 그렇다고 해서 하나님의 통치의 가까움에 대한 신뢰가 인간의 행동에 결과적인 영향을 끼친다는 사실마저 배제되는 것으로 이해해서는 안 된다. 그때 어떤 경우에든 일차적으로 중요한 것은 사회의 변화를 위한 프로그램이 아니라 개인들의 행동에 미치는 귀결들이다. 예수는 하나님의 통치의 가까움에 대한 메시지를 하나님 백성의 개별적 인간들에게로 향하는 메시지로 선포했으며, 아울러 그 각자가 자신의 삶을 하나님의 가까우심에 맞추어 방향을 설정하기를 촉구했다. 예수의 이런 종말론적인 메시지는 그가 전수된 하나님의 법을 해석함에 있어서도 토대가 되었다.

1. 종말론적 메시지의 귀결로서 예수의 율법 해석[02]

예수는 먼저 하나님 나라와 그의 의를 구할 것을 촉구하며, 다른 모든 것은 이보다 하위에 둘 것을 촉구했다.(눅12:31; 마6:33) 그가 말했던 일련의 비유들도 이 점을 지적하고 있는데, 상인과 값진 진주의 비유나 밭에서 발견한 보물에 대한 비유가 그러하다.(마13:44-46) 예수의 메시지에서 나오는 하나님의 통치에 대한

---

02) 이하의 내용에 대해서 더욱 자세한 것을 원한다면 저자의 책, *Systematische Theologie* 2, 1991, 367ff.을 보라.

이런 우선성은 어디에 연원을 두고 있는가? 그 대답은 이스라엘의 신앙에서 보이는 첫째 계명의 수위적(首位的) 지위에서 찾아져야 할 것이다. 그러나 예수는 이 계명을 출애굽기 20장 3절의 형식에 따르지 않고, 쉐마의 정식에 따라서(신 6:4 이하) 최고의 계명으로 묘사했다.(막 12:29 이하; 마 22,37 이하) 신명기는 이스라엘의 하나님의 유일성을 이 하나님에 대한 인간들의 총체적 지향에 대한 요구와 결합시킨다. "이스라엘아 들으라 우리 하나님 여호와는 오직 유일한 여호와이시니 너는 마음을 다하고 뜻을 다하고 힘을 다하여 네 하나님 여호와를 사랑하라." 그것은 예수의 메시지에 담긴 근본적인 요청이기도 했다. 하나님이 통치하고자 오실 때에 모든 경쟁적인 숙고들은 배제된다.

하나님의 통치의 미래성과 현재성

하지만 바로 이런 사실로부터 다음과 같은 결과가 나온다. 예수의 부름에 자신을 개방한 사람들에게는 이미 하나님이 현재적으로 통치하게 된다. 그들은 자신들의 삶을 이미 현재에 하나님의 통치에 전적으로 복속시킨다. 이런 식으로 바실레이아(basileia)에 대한 예수의 미래적 진술과, 그의 메시지를 듣는 자들에게서 일어나는 그의 활동과 관여의 현재성에서 촉발된 바실레이아의 시작에 대한 몇몇 소수의 말씀(눅 11:20; 평행구 눅 17:21) 사이의 연관성이 이해될 수 있을 것이다. 자신의 삶을 이미 전적으로 하나님의 미래를 향해서 지향하는 사람에게는 이 미래성이 지금 이미 시작된다.

그러나 하나님의 통치에 참여할 사람들(그것을 "유업으로 받을" 사람들)에게 그 하나님의 통치의 미래성은 하나님과의 공동체성에 놓여있는 구원의 미래이다. 따라서 예수의 메시지를 믿는 사람들에게서 하나님의 통치가 이미 현재적으로 시작되었다는 것은 그들의 삶이 이미 지금 최종적인 구원의 현재성 속에서 살고 있음을 의미한다. 그러기에 예수는 아버지가 자신을 보내신 것의 의미가 잃어버린 자들에게 하나님의 구원을 가져다 주는 것에 있다는 것을 알 수 있었고, 그런 한에서 예수는 자신의 보냄받음은 잃어버린 자를 찾는 하나님의 사랑의 표현이라고 이해할 수 있었다.(눅 15장의 비유들 참고)

하나님의 사랑과 인간의 행위

바로 이 지점에서 이제 예수의 종말론적 메시지와 하나님의 요구에 대한 그의 해석이 서로 연관성을 맺는다. 구원이 하나님과의 공동체성 및 하나님의 통치에 있고, 또한 예수의 보냄을 통해서 이 구원이 **이미 현재적으로** 사람들에게서 시작된다는 점에서 하나님의 사랑이 명백해진다고 한다면, 그로부터 다음과 같은 결론이 나온다. 우리가 하나님과의 공동체성 및 그의 구원에 남아 있으려 한다면, 그것은 오로지 우리가 인간의 세상으로 향해진 하나님의 사랑에 참여하는 것을 통해서만 가능하다. 그런 이유로 무자비한 종에 대한 비유에 따르면(마 18:22-35) 하나님의 통치의 구원의 현재성을 통해서 신자에게 주어지는 죄의 용서는 자신의 측에서도 다른 사람을 용서하는 수용자의 기꺼운 태도와 결부되어 있다. 주기도문의 다섯 번째 간구도 동일한 사상을 말해준다.(평행구 눅 11:4)

동일한 사상이 보편적인 형태로, 선인뿐 아니라 악인에게도 해를 비추시는 창조주의 부성적 선함으로부터 원수사랑의 계명을 정당화하는 것에서도 발견된다.(마 5:45 이하) 그러나 예수는 여기서 하나님 통치의 구원이 예수의 보냄을 통해서 신자들에게서 이미 현재가 된 하나님 통치의 종말론적 미래에 의거하여 논증하지 않는다. 그 대신에 원수사랑의 계명에 대한 예수의 논증은 마태복음 5장 45절 이하에서 보는 것과 같이, 피조물의 창조자이자 보존자로서 행하시는 하나님의 활동에서 표현되어 있는 사랑스러운 돌봄에서 출발한다.

따라서 예수의 메시지에는 우리를 향한 하나님의 사랑에 대한 두 가지의 논증이 발견된다. 우리가 현존하도록 보존하는 창조적 보살핌의 사랑이 그 하나이고, 예수의 보냄을 통해서 믿는 자들에게 이미 현재적으로 하나님의 통치의 구원을 선물해주는 것 속에서 계시된 하나님의 사랑이 그 다른 하나이다. 이때 주도성을 띠는 것은 하나님의 통치의 가까움에 대한 종말론적 메시지이다. 그 종말론적 빛 안에서 마침내 창조주의 사랑스러운 돌봄에 대한 완전한 이해가 가능하다. 이 두 논증에서 하나님의 사랑은 인간의 행동에 대한 본보기이다. 그러나 하나님 통치의 구원이 현재적으로 시작되었다는 것이 여기서도 다시금 우선성을 갖는다. 왜냐하면 오로지 이 사실로부터만 하나님의 행동에서 인간의 행동으로 나아가는 귀결이 현실적으로 구속력을 얻기 때문이다. 구원의 수용 속에서 이루어지는 하나님과의 공동체성은 오로지 수용한 용서를 계속해서 전해주는 것을 통해서만 보존될 수 있으며, 개별적인 수용자만 겨냥하고 있는 것이 아니라 모든 창조물을 겨냥하고 있는 하나님 사랑의 역동성에 참여하는 것을 통해서만 보존될 수 있다.

사랑의 이중계명 – 하나님 사랑과 이웃 사랑

바로 이런 점에서 또한 최고의 계명이 무엇인가라는 물음에 대한 예수의 대답 속에서 드러나는 하나님 사랑과 이웃 사랑 간의 연관성이 이해될 수 있다.(평행구 막 12:31) 여기서도 두 계명 간의 연결고리 구실을 하는 것은 종말론적 구원에 대한 참여이다. 다시 말해 그것은 예수의 메시지(와 십계명의 첫째 계명)의 의미에서 하나님의 미래와 그의 통치에 자신을 전적으로 복속시키고 세상에 대한 하나님의 사랑의 운동에 참여하는 자에게 부여되는, 하나님의 용서하시는 사랑에 대한 참여이다.

유대인의 율법을 사랑의 이중계명으로 요약한 것은 예수에게서 완전히 새롭게 시도된 것은 아니다. 가장 큰 계명에 대한 물음이 들어있는 성서 본문이 바로 그런 점을 보여준다. 예수와 예수에게 묻는 (또는 눅 20:26에 따르면 예수에게 질문을 받았던) 서기관은 이런 요약에 대해서 함께 의견의 일치를 보았다. 여기서 새로웠던 것은 단지 이에 대한 예수의 근거제시에 있다. 예수의 논증은 율법전승의 권위를 전제하지도 않았고, 언약사상의 토대 및 그와 함께 주어진 십계명의 두 개의 판들의 연관성에 의거하지도 않았다. 그 대신에 예수는 그의 종말론적 메시지로부터 논증했다. 그런 이유에서 예수의 율법 해석은 전통의 권위에 대해서 비판적으로 맞설 수 있었으며, 이것은 마태의 산상수훈에서 보여지는 바이다. 반면에 랍비들이 하나님의 뜻을 사랑의 이중계명으로 요약했을 때, 그들은 모든 개별적 계명들을 포함하는 전체적인 율법전승의 권위를 전제했으며, 사랑의 이중계명은 바로 그 내용을 요약한 것으로 여기고 있었다.

따라서 하나님의 통치의 가까움에 대한 종말론적 메시지 및 인간에 대한 그 메시지의 요구에 기초한 하나님의 뜻에 대한 예수의 해석은 사랑의 이중계명으로 넘어간다. 그러나 예수의 하나님에 대한 사상의 토대 위에 윤리를 그렇게 정초하는 것이 보편타당성의 권리주장을 할 수 있으며, 또한 그것의 적합성이 윤리적 행위의 전체 영역까지도 뻗칠 수 있을까?

2. 사랑과 호의[03]

　삶에 대한 윤리적 태도의 특징은 무엇인가? 삶에 대한 윤리적
태도는, 한 인간이 단지 자기의 자아, 자신의 욕망, 자신의 삶의
전개를 위한 요구들의 관점에서만 삶을 고찰하지 않는다는 것을
전제한다. 그래서 칸트는 도덕의식을 개인이 자신의 이익을 넘어
서서 이성의 보편성으로 고양되는 것으로 특징짓는다. 그러나 도
덕의식에 대한 이런 서술은 그것이 구체적인 삶의 개별성과 대립
관계에 놓인다는 만족스럽지 못한 점을 노출한다. 그것은 법칙
성의 형태를 띠면서 개인에게는 억압적인 것으로 받아들여질 수
있는데, 이런 점은 그것이 자율로서 결과된 것이라고 해도 마찬
가지다. 바로 이것이 이성의 보편적 토대 위에 세워진 이성윤리
가 내세우는 보편타당성의 권리주장이 실패하는 요인이다. 이기
주의적 울타리를 넘어서는 구체적인 도덕성이 가지는 생동성의
원천은 다른 곳에 있는데, 그 원천은 말하자면 타인에 대한 호의
(Wohlwollen)의 충동이다.[04]

라이프니츠의 호의

　샤프테스부리(Schaftesbury)로부터 흄(Hume)에 이르기까지 영국

---

03) 이 단원에 대해서 다음의 책을 참조하라. R. Spaemann: *Glück und Wohlwollen, Versuch über Ethik*, 1989.

04) R. Spaemann a.a.O. 123ff.

의 도덕철학이 이미 보여준 바와 같이 호의의 충동은 인간의 자연적 본성에 속한다. 그러나 그 충동은 어떤 이성적 논증을 통해서 포착되지 않는다. 이 점을 로버트 슈패만(Robert Spaemann)이 올바르게 강조했다.[05] 그는 이미 라이프니츠가 윤리학을 호의의 사실성이라는 토대 위에 세우려 했다는 점을 기억한다. 라이프니츠는 17세기에 논쟁거리였던 질문, '도대체 이익에 매이지 않는 사랑, 따라서 이기적이지 않은 사랑이라는 것이 존재하는가'라는 질문을 다음과 같은 관용구의 표현으로 해결하려고 시도했다. 사랑한다는 것은 다른 사람의 행복으로 기뻐하는 것을 의미한다.(amare sive diligere est felicitate alterius delectari) 그리고 다른 사람의 행복으로 이렇게 기뻐하는 것을 라이프니츠는 더욱 정확하게 호의(benevolentia)라고 명명했다. 그런 호의를 라이프니츠는 모든 법적 관계들의 윤리적 뿌리로 간주했다. 그래서 그는 이 주제에 대한 언급을 1693년에 자신이 편집한 국가계약의 모음집 앞부분에 실었다.[06] 슈패만에 따르면, 라이프니츠는 사랑을 호의(delectatio in felicitate)로 정의한 것이 "쾌락주의의 문제, 다시 말해 타인에 대한 원초적인 관심이 어떻게 자기 자신의 행복에 대한 불가피한 희망과 어우러질 수 있는가 하는 물음에 대한 해결

---

05) R. Spaemann a.a.O. 131f.

06) G.W. Leibniz: Codex juris gentium diplomaticus, 1663, in ders: *Philosophische Schriften* hg. C.I. Gerhardt III, 1887, 386ff.

책"이 된다고 생각했다.[07)]

칸트의 비판

하지만 이런 토대 위에 윤리를 세운다는 것은 윤리를 어떤 경향성 위에 세운다는 것을 의미한다. 비록 그 경향성이 우연히 출현하는 것이 아니라 인간의 자연적 본성에 속하는 것으로서 어떤 보편적인 인간적 현상으로 주장될 수 있는 경향성이라고 해도 말이다. 슈패만이 지적하듯이, 칸트에게 그것은 너무 불충분한 논증이었다. 칸트는 사랑이 도덕적으로는 부적합하다고 판단했는데, 이는 바로 사랑이 하나의 경향성이라는 이유에서였다.[08)] 칸트에 따르면 사랑은 "병리적"이며, "우리가 어찌할 수 없는 하나의 열정이다. 따라서 사랑은 명백히 도덕적 심정의 근거가 될 수 없다."[09)]

사랑은 또한 의무에 대한 도덕적 개념에도 속할 수 없다. 칸트가 예리하게 강조한 바와 같이 사랑은 명령될 수가 없는데, 이는 "어떤 사람을 단순히 명령에 따라서 사랑할 수 있는 능력은 그 어떤 사람에게서도 찾아 볼 수 없기 때문이다."[10)] 이에 반해서 법칙에 대한 존중은 충분히 명령의 대상이 될 수 있다. 그래서 칸

---

07) R. Spaemann a.a.O. 123.

08) I. Kant: *Religion innerhalb der Grenzen der bloßen Vernunft* (1793) 2. Aufl. 1794, 50 각주.

09) R. Spaemann a.a.O. 123.

10) I. Kant: *Kritik der praktischen Vernunft* (1787) 148.

트는 그것을 토대로 해서 - 사랑을 토대로 해서가 아니라 - 그의 의무윤리의 도덕성을 정당화하려 했다.[11]

그렇다면 칸트의 도덕적 정당화에 대한 비판이 먼저 이루어져야, 비로소 호의의 사실성에 대한 호소가 오히려 더욱 실재적으로, 더욱 인간적으로, 더욱 설득력 있게 윤리를 주장할 수 있게 해주는 것은 아닌지에 대한 고찰의 길이 열릴 것이다. 그것은 이미 쉴러(Schiller)의 역설적인 시구(詩句)인 「양심의 장애자」(Gewissenskruppel)에서 제시되었다. "기꺼이 나는 친구들을 섬긴다. 하지만 유감스럽게도 나는 그것을 경향성에 따라서 한다. 따라서 나는 내가 덕스럽지 않다는 사실에 화가 난다."

은혜와 사랑

호의는 강요할 수 없다는 이런 사태에 상응하는 것이 바로 - 슈패만이 적절하게 지적하고 있는 바와 같이 - 사랑은 은혜라는 기독교적 이해이다. 물론 다른 한편으로 라이프니츠가 정당하게 주장한 것처럼, 다른 사람을 호의로 대하는 경향성이 인간적 본성에 속하는 것으로서 존속한다. 이런 잠재적 경향성은 은혜를 통해서 활성화된다. 이렇게 해서 그 경향성은 예수의 사랑의 계명을 통해서 수용되며 활성화된다. 오로지 그런 이유로부터만 "어떤 사람을 단지 명령에 따라서 사랑하는"것의 부조리를 비

---

11) I. Kant a.a.O. 149f.

판하는 칸트에 맞설 수 있다. 사랑의 계명이 부조리가 아닌 것은 오직 다음과 같은 이유에서이다. 사랑에 대한 예수의 촉구는 인간들의 마음속에 하나의 반향(反響)이 일어날 것을 예상할 수 있게 하는데, 이는 그들의 삶이 이미 항상 창조주의 사랑을 통해서 떠받쳐져 있으며 또한 하나님의 사랑의 운동에 참여하도록 만들어져 있기 때문이다.(마 5:44 이하) 그것이 바로 인간에게 자연스럽지만 항상 실행되지는 않고 있고 또한 강요되고 있지 않지만, 인간으로 하여금 은혜의 능력으로 자기 자신과 자기의 유익을 넘어서게 하는 호의의 힘이다.

성서적 이웃사랑과 보편적 호의

복음의 이웃사랑이 호의의 개념을 통해서 해석된다면, 그것은 한편으로 이웃사랑이 감정적인 뿌리를 갖고 있지만, 에로스적인 사랑의 격정적 경향성의 의미에서 그런 것이 아니라는 것을 의미한다. 다른 한편으로 이웃사랑은 단지 자비의 행위들 그 자체로부터, 다시 말해 굶주린 자들을 먹이고, 목마른 자에게 마실 것을 주고, 낯선 사람들을 영접하고, 벗은 자들을 입혀주고, 병들고 옥에 갇힌 자들을 찾아가는 것과 같은(마 25:35-37) 행위들 그 자체로부터 생겨나는 것이 아니다.[12] 그런 행위들에서 실제로 이웃사랑이 표현된다. 하지만 이웃사랑의 감정적인 뿌리는 호의에,

---

12) 마태복음 25장 35-37절로부터 뽑아낸 여섯 가지의 자비의 행위들에 장례(葬禮)가 그 일곱 번째의 것으로 전통 속에서 추가되었다.

신약성서에 따라서 말하자면 아가페(agape)에 있다.[13]

  이웃사랑에 대한 기독교적인 설교는 다음과 같은 점에 대해서 관심을 가져야 한다. 그것은 아가페가 인간에게 어떤 부자연스럽거나 낯선 것이 아니지만, 그것은 우리가 처음으로 예수 그리스도를 통해서 마주치며 또한 그를 통해서 요청 받는다는 점이다. 기독교적인 사랑의 사상은, 인간의 자연적 본성 안에 자리 잡고 있지만 이기적인 추구들을 통해서 종종 가려지고 둔화된 어떤 기제(機制)를 강화시키고 해방시킨다. 따라서 사랑에 대한 기독교적인 가르침은 아가페나 호의가 기독교 신앙의 바깥에서도 인간의 행동양식에서 출현해 있다라는 사실에 대해서 관심을 가져야 한다.

  기독교 밖에서도 고려해볼 만한 경우에 대한 예로서 아리스토텔레스의 필리아(philia), 곧 우정의 사랑이 말해질 수 있다.[14] 아리스토텔레스에 따르면 우정은 상호호혜적인 호의의 관계이다.(Eth. Nic. 1155b 33f.) 호의(eunonia)는 항상 상호적이어야 할 필요는 없다. 따라서 그것은 호의가 베풀어져야 할 사람에 대한 앎도 전제하지 않는다. 그에 반해서 우정은 상호 간의 앎을 필요로 한다. 그러기에 우정은 공동의 경험을 통해서 생겨나는데, 아리스

---

13) 이에 대한 상세한 설명을 위해서는 저자의 *Systematische Theologie* 3, 1993,206-222, 208ff.를 보라.

14) 이에 대해서 『니코마코스의 윤리학』의 여덟 번째 책(특히 1155a-1163b)을 참조하라. 본문에서 이어서 나오는 괄호 안의 표시는 이 작품을 염두에 둔 것이다.

토텔레스에 따르면 예를 들어 전우(戰友) 간의 우정이 그런 경우이다. 아리스토텔레스에 따르면 우정은 모든 공동체적 삶에 필수적이며,(1155a 4f.) 또한 특별히 국가의 공동체성의 유지에도 필수적이다.(1155a 22f.) 기독교 신학이 이런 아리스토텔레스적인 묘사를 이웃사랑에 대한 기독교 신학적 해명과 연관시킨 것은 정당한 일이었다.[15] 그러나 이때 이웃사랑은 우정의 기초에 놓여있는, 보다 보편적인 호의의 현상으로서 꼭 상호적이어야 하는 것은 아니다. 그것은 타인에 대한 일방적인 관심으로서, 프리드리히 니체(Friedrich Nietzsche)가 아름답게 표현한 말을 빌어 사용한다면 "선물처럼 주는 사랑"(schenkende Liebe)이다.[16]

이웃사랑에 대한 성서적 사상과 호의 현상의 연관성은 이제 계속되는 다른 질문들을 유발한다. 이웃사랑과 호의가 도대체 어떻게 인간의 자연적 또는 창조적 상황 안에 자리잡고 있는가? 만약 모든 윤리가 자신의 토대를 선의 원천과 총체로서의 하나님에 대한 사상에 최후로 두고 있다고 한다면, 인간의 근본적 상황은 피조성으로 규정된 셈이다. 이것을 역으로 말하자면, 피조물의 창조주와 보존자인 하나님의 활동성이 예수에게서 극단적인 형태의 사랑의 본보기로서, 말하자면 원수에 대한 사랑 내지 호의로서 특징지어졌다. 하나님은 "그 해를 악인과 선인에게

---

15) Thomas von Aquin: *S. theol.* II/2, 23,1.

16) F. Nietzsche: *Also sprach Zarathustra* I, 1883, 22.

비추시며 비를 의로운 자와 불의한 자에게 내려주시기"때문이
다.(마 5:45)

3. 인간의 피조성과 사랑의 계명

모든 윤리학은 인간 및 인간의 삶의 영위의 근본적 상황과 연
관성을 가져야 한다. 이미 고대에서 윤리학이 생성된 것도 단지
관행이라고 생각되었던 도덕 및 국가법의 규칙들의 뒤로 파고들
어서 인간의 자연적 본성으로 소급해 물어감으로써 이루어졌다.
쾌락의 추구가 인간의 행동을 자연적 본성에서부터 지배하는 동
력이라고 여겨지기도 했고, 인간에게 선한 것의 추구가 최우선적
인 것으로 간주되기도 했고 또는 삶의 영위의 규칙들이 직접적으
로 인간의 로고스적 본성으로부터 연역되기도 했다. 이 마지막의
경우는 후에 칸트에게서도 시도되었다. 이때 항상 결정적인 것은
인간의 본성이 어떻게 규정되었는가 하는 점이다.

그 동안 기독교적으로 물들여진 서양의 문화사에서 결정적인
윤리적 방법론은 윤리의 종교적인 근거제시와 정당화였다. 그러
다가 근대에 와서 인간의 본성에 대한 호소가 그것을 대체하게
되었다. 인간론이 윤리의 토대로서 작용하는 기능에 대한 중심적
인 사례로 근대의 인권선언이 손꼽힐 수 있다. 그런 점에서 윤리
가 종교적인 근거제시와 정당화를 필요로 하는지의 여부에 대한

물음도 오로지 인간론의 토대 위에서 주장되는 보편타당성의 관점에서 논의될 수 있다.

인간의 주어진 삶

이전까지의 설명들에서 이 물음은 긍정적으로 대답되었다. 이런 긍정적인 대답에 대한 배경에는 여기서 다루어지지 않은 나의 『신학적 입장에서 본 인간론』(*Anthropologie in theologischer Perspektive*, 1983)에서의 연구가 자리 잡고 있다. 이 책은 광범위한 토대 위에서 인간의 인간됨에는 종교의 주제가 불가분리적으로 속해있다는 논지를 정당화시켰다. 이런 논지는 이미 인간의 생물학적 특성을 "세계개방성"으로 이해했던 것에 대해서도 타당할 뿐만 아니라 인간의 인격 및 문화형성에 대한 구성 요건들에 대한 물음에 대해서도, 아울러 인간의 문화형성 내에서 법률의 문화적 토대들에 대한 물음에 대해서도 타당하다. 특별히 윤리적 주제에 대해서 인간에게 선한 것에 대한 물음은 인간론의 출발점으로 여겨질 수 있으며, 이런 점은 소크라테스와 플라톤으로부터 시작된 윤리적 논증의 전통과 연관성을 가진 가운데 발전되어 왔다.

인간의 삶이 인간에게 선한 것에 대한 물음에 의해서 좌지우지된다는 사실에는, 인간의 삶이 결코 자신의 삶 자체와의 최종적인 일치에 도달해 본 적이 없다는 것이 전제되어 있다. 적어도 열린 미래에 도달될 것이 보장되어 있어야 한다. 그러나 여기에는 통상적으로 새로운 것, 아직 실현되지 않은 것을 향한 추구가 결부되어 있다. 미래의 개방성에 상응하는 것이 바로 무언가를 필요로 하는 존재로서의 인간의 상황이다. 그리고 이 필요성은 불안정에서 표출되는데, 그 불안정은 지속되는 충족과 연관되어 있다. 하지만 그런 불안 속에서 알려지는 필요의 대상이 인간에게 항상 명확한 것은 아니다. 이런 필요성은 인간 현존재의 기초적 필요들을 넘어서 항상 새로운 내용을 추구한다. 그러나 그런 종류의 모든 내용들 또는 선들이 그 필요성을 포괄적으로 그리고 최종적으로 충족시킬 수 없다. 우리 마음의 불안정은 하나님에게 이르러서야 최종적인 평안과 안정의 목적에 도달할 수 있다. 다양한 필요를 가지고 있는 삶이 여전히 계속된다고 해도, 인간의 기초적 필요는 하나님과의 공동체성 속에서 이미 충족되었으며, 우리의 삶의 창조자인 하나님에 의해서 이제는 일상적인 필요들의 충족이 이루어질 것을 기대하고 기도하게 된다.

하나님과의 연관성에 의해서 인간의 삶에 대한 이해에 변화가 초래된다. 인간의 삶이 우리에게 이제는 **주어진** 삶으로 받아들여진다. 이것은 단지 우리가 우리의 생명을 언젠가 한 번 우리 부모로부터 받았다는 의미에서가 아니라, 우리는 삶의 충족에 소용되는 모든 것과 더불어서 생명을 매일 새롭게 수용한다는 의미에서이다. 우리의 삶에 대한 그런 평가는 감사의 마음에 거의 근접해 있거나 또는 감사의 마음으로 인도한다. 하지만 이런 평가가 그 자체로서 이해되는 것은 아니다. 우리의 삶에 대한 그런 평가는 오로지 인간이 자신의 삶과 그 삶의 모든 내용들을 당연하거나 마땅하지 않은 것으로 여기고 받아들일 줄 알 때에만 가능하다. 그것은 삶이 매 순간 하나님으로부터 받은 것으로 의식되는 곳에서 명확하게 주제화된다.

렌트로프 윤리의 첫 번째 근본 요소 – 삶의 수용성

"삶의 주어짐"이 윤리의 "근본 상황"이며 윤리적 삶의 현실성에서 첫 번째 "근본 요소"라는 사실을 트루츠 렌토르프는 윤리학의 토대로 여긴다.[17] 이를 위해서 렌토르프는 디트리히 본회퍼(Dietrich Bonhoeffer)의 말을 인용한다. "선에 대한 물음은 이미 더 이상 되돌릴 수 없는 어떤 상황에 우리가 놓여 있음을 드러낸다. 그 상황이란 우리가 살고 있다라는 것이다."[18] 본회퍼에 따르면 그것이 의미하는 바는 "우리가 먼저 삶을 아름답고 선하게 창출해야 한다"는 것이 아니라, 오히려 선에 대한 물음이 "주어진 삶의 전제 아래에" 놓여 있다라는 점이다. 그러나 이것에 더해져야 할 말은, 이런 상황은 전적으로 다의적(多義的)이라는 것이다. 이런 상황이 항상 호의적인 것으로 나타나는 것은 아니다. 오히려 삶이라는 것은 인간의 행동을 통해서 비로소 감당될 수 있는 것처럼 충분히 서술될 수도 있다. 하지만 인간은 처음에만, 즉 자신의 삶의 여정의 시초에만 자신의 생명을 수용했던 것이 아니라,

---

17) T. Rendtorff: *Ethik* I, 2. Aufl. 1990, 62f.
18) D. Bonhoeffer: *Ethik*, hg. von E. Bethge (1949), 1985, 227.

이후에도 계속해서 생명을 수용하고 있다. 그런데 이런 주장이 단순히 우리가 살고 있다는 사실 그 자체로부터 바로 도출되지 않는다. 아울러 렌토르프에 따르면 "수용된 삶의 호소 구조"에 속하는 "근본적 구속력"(拘束力)도 역시 단순히 우리가 살고 있다는 사실 그 자체로부터 도출되지 않는다.

이런 진술들은 창조사상에 기반해야 한다. 렌토르프도 인용된 진술들과의 연관성 속에서 "창조사상에 입각한 윤리의 근거제시와 정당화"에 대해서 말하고 있다.[19] 이때 렌토르프는 윤리의 토대를 신학적으로 세우려고 하거나 혹은 신학 이전의 차원에서 그 토대를 찾으려고 하는가? 만약 신학적으로 윤리의 토대를 세우려고 하다면, 창조사상과 더불어서 하나님에 대한 사상도 전제되어야 할 것이다. 그러나 렌토르프는 그의 글 조금 앞 부분에서 전적으로 신론과 무관하게 윤리의 토대를 세우기를 원하는 것으로 보인다. "윤리는 신론의 차원에서 시작할 수 없다. 윤리의 자리는 신학적 인간론의 영역에 있다."[20] **신학적** 인간론이 윤리적 논증의 토대로서 지칭되고 있다. 하지만 이때 하나님에 대한 사상의 제거가 생각되는 것이 아니라는 점을 알게 된다. 왜냐하면 하나님에 대한 사상은 신학적 인간론에 이미 항상 전제되어 있기 때문이다.

---

19) T. Rendtorff a.a.O. 65.
20) T. Rendtorff a.a.O. 48.

물론 이때 다음의 두 방식은 다르다. 칼 바르트의 경우처럼 윤리가 이미 신론의 기반 위에서 직접적으로 전개되게 하는 방식이 가능할 것이다. 이와 달리 하나님에 의해서 창조된 인간의 현실성과의 연관성을 일차적으로 고려하는 가운데, 다시 말해 인간의 본성에 대한 물음과의 연관성을 일차적으로 고려하는 가운데, 윤리가 그 자신의 입장에서 하나님으로부터 근거를 얻는 것이 가능할 것이다. 후자의 방식이 신학적 인간론의 특수성을 보여준다. 그리고 이때 인간론의 본질적 구성요소를 이루는 하나님과의 관계를 차단하고 인간의 본성을 물어가는 그런 인간론과는 차별성을 드러낸다.

이 지점에서 렌토르프의 논증은 완전히 해명되지 않는 문제들을 안고 있다. 말하자면 윤리적 논증이 인간론의 토대 위에서 매우 잘 돌아가고 있다고 하더라도 신학적 인간론에는 항상 이미 신론이 - 비록 일반적인 한도에서라고 하더라도 - 전제되어 있다. 그렇다면 이것은 렌토르프가 자신의 고유한 작업을 위해서 거절한 바 있는 "교의학에 종속된 윤리학"의 모델로 불가피하게 나아간 것이 아닌가?[21] 만약 신학적 인간론이 아니라 일반적 인간론이 윤리적 논증의 토대라고 한다면 상황은 달라질 것이다. 그러나 이런 경우라고 한다면, 삶의 수용성으로부터 광범위하게 펼쳐가는 렌토르프의 추론들은 이미 더 이상 믿을 만하지 않게

---

21) T. Rendtorff a.a.O. 48.

될 것이다. 비슷한 상황이 렌토르프가 윤리의 두 번째 "기초 요소"라고 명명했던 것에 대한 진술에서도 나타난다.

렌토르프 윤리의 두 번째 근본 요소 - 삶의 능동성

그는 윤리의 두 번째 "근본 요소"가 "삶을 주는" 과제라고 말한다.[22] 동일한 곳에서 말해지는 바와 같이 이로써 "활동적 삶의 능동성"이 특징지워진다. "삶이 활동적으로 실행되다 보면 자기의 삶은 항상 타인을 위한 삶도 포괄하며 실행하기 마련이다." 이로부터 "**타인을 위한 삶**을 영위"해야 한다는 요구가 생긴다는 사실을 그리스도인들은 분명히 긍정할 것이다. 그러나 그것은 이미 기독교적 신앙의 관점을 전제하며, 특별히 앞 단원에서 논의된 바와 같이 세상의 창조자이자 완성자인 하나님의 사랑의 원형에 따라서 기독교적 사랑의 사상이 근거지워진다는 것을 전제하고 있다.[23] 그런 점에서 볼 때, 한편으로는 단지 "직접적인 자기실현"을 지향하는 삶의 영위와, 다른 한편으로는 타인을 위한 삶이라는 "근본 계명" 사이에서 생기는 "윤리의 근본적 갈등"을 렌토르프가 의심의 여지없이 설득력 있고 적합하게 기술했다. 그러나 다시금 그런 진술들 안에 담겨있는 교의학적인 전제들의 차원이 명료하게 인식되지 않고 있다.

---

22) T. Rendtorff a.a.O. 76.
23) T. Rendtorff a.a.O. 85f.

렌토르프 윤리의 세 번째 근본 요소 – 삶의 반성

이와 더불어서 마지막으로 다음과 같은 질문이 생긴다. 그것은 렌토르프의 윤리적 서술이 삶의 주어짐에서 시작했다가 그 다음에는 "삶을 주는 과제"로 나아갔는데, 이런 서술이 그의 책의 끝에 나오는 "기독교 윤리의 신학적 목표로서의 하나님 나라의 오심,"[24] 곧 종말론과 윤리학의 관계에 대한 진술과 도대체 어떤 관계에 있는지 하는 질문이다. 이때 렌토르프의 생각에서는 "윤리학에 대한 이론적 정당화"[25]를 추후에 특정한 입장에서, 말하자면 기독교 신학의 입장에서 다루는 것으로 보인다. 다시 말해 하나의 메타윤리적 반성의 과제가 다루어지는 것으로 보인다.[26] 여기서 말하는 것은 살아온 삶 자체뿐만 아니라 이러한 삶의 윤리마저도 이미 먼저 주어진 것으로 여기는 메타윤리적 반성이다. 그런데 그런 시각을 견지하게 되면 앞에서 삶의 수용과 수여에 대한 설명에서 깔려있었던 신학적 함의와 전제들의 중요성이 반감되지 않는가? 앞에서 전개된 논증은 끝에서 일종의 추후적인 반성처럼 도입된 신학적 전망과 무관하지 않다.

특별히 윤리의 세 번째 "근본 요소"인 "삶의 재귀성"(Reflexivität des Lebens)(*자신의 삶으로 되돌아와서 살펴본다는 의미에서 '삶의 반성'과 혼

---

24) T. Rendtorff a.a.O. 176ff.

25) T. Rendtorff a.a.O. 156ff.

26) 참조 T. Rendtorff a.a.O. 105f.

용되어 본문에서 사용되고 있음)에 대한 렌토르프의 설명은[27] 책의 마지막에서 종말론과 윤리학의 관계에 대해서 말하는 내용과 밀접한 관계가 있다. 여기서 말하고자 하는 바는 하나님의 미래가 "세상의 모든 상태 및 세상에 관여된 행동의 모든 상태를 임시적인 관점 안으로" 밀어 넣는다는 점에서[28] 윤리학에 대한 종말론의 비판적인 거리 두기의 기능을 갖는다는 것이다. 그렇다고 한다면 삶의 재귀성이라는 것은 인간으로 하여금 "자신의 유한성을 의식하게 만드는" "거리 두기의 과정"이라고 말할 수 있다.[29]

명확하지 않은 점은 "윤리에 대해서 종말론이 가지는 지향적, 격려적 기능"에[30] 대한 설명이 삶의 수용과 수여에 대한 설명과 어떤 관계에 있는가 하는 점이다. 이점에서 나는 렌토르프에게 아쉬움을 느낀다. 만약 그가 다음과 같은 방식으로 종말론의 윤리적 기능과 삶의 수용(받음) 및 수여(줌) 사이에 모종의 연관성을 부여할 수 있었을 것이다. 즉, 앞에서 내가 시도했던 바와 같이, 만약 그가 사랑으로서의 **"타인을 위한 삶"**[31]에 대한 설명에서 사랑의 계명을 예수의 종말론적 선포와 연관지어 제시함으로써 윤리적 논증을 확고하게 만들었더라면 좋았을 것이다. 그랬다

27) T. Rendtorff a.a.O. 93ff.
28) T. Rendtorff a.a.O. 179f.
29) T. Rendtorff a.a.O. 93.
30) T. Rendtorff a.a.O. 180.
31) T. Rendtorff a.a.O. 76. 참조 85ff.

면 당연히 이제 예수의 종말론에서 출발한 윤리적 논증을 전개시키기만 하면 되었을 것이다. 또한 종말론과 윤리학에 대한 관계에 대한 설명을 추후에 부가적인 반성의 형태로 윤리의 근본 요소에 대한 서술에 덧대어 붙이는 모양새와 다르게 렌토르프는 그의 논의를 전개시킬 수 있었을 것이다.

그렇지만 윤리에 대한 "직접적인 규범적 의미"를 종말론에 부여하지 말아야 한다는 렌토르프의 정당한 요구는 여전히 타당하다. 다시 말해 하나님 나라가 "현존하는 세상에 반립 하는 일종의 기독교적 대안 실천"이라는 의미에서의 윤리적 행동을 통해서 실현되어야 할 것처럼[32] 생각해서는 안 된다고 렌토르프는 올바르게 주장하고 있다. 예수의 율법 해석도 같은 입장이었다. 예수의 율법 해석은 개인에게 향한 사랑의 계명을 예수의 출현에서 이루어진 하나님의 미래의 현재화로부터 정당화했기 때문이다. 이때 믿음에서 출발하여 나온 행동과, 다가오고 있는 나라의 완성이 오로지 하나님 자신에 의해서만 이루어지리라고 기대하는 것, 이 둘 사이의 긴장은 남아있었다. 동일한 방식으로 그런 긴장은 기독교 신학의 윤리에서도 유지되어야 한다.

그럼에도 불구하고 이미 예수 자신에게서 종말론으로부터 시작해서 율법 해석으로 이어지는 근본적 연관성이 인식될 수 있으며, 이 근본적 연관성은 전적으로 기독교 신학적 윤리의 근거 제

---

32) T. Rendtorff a.a.O. 179.

시와 정당화 과정에서 핵심이 될 수 있다. 이때 삶은 주어져 있는 것이라는 사실이 예수의 선포 속에 이미 놓여 있는 종말론과 창조신앙의 연관성에서 표현될 것이다. 말하자면 삶은 주어져 있는 것이라는 사실이 호의라는 의미에서 이웃에 대한 전향의 출발점으로 이해될 것이다. 그리고 이 호의는 렌토르프에 따른다면 받았던 삶을 전달해주는 것으로 묘사될 수 있을 것이고, 아울러 피조물로 향하는 하나님의 사랑의 운동에 참여하는 것으로 묘사될 수 있을 것이다. 이런 방식으로 했다면 위에서 삶의 받음과 줌에 대한 렌토르프의 설명에서 보이는 정당화 근거의 결여는 해결될 수 있었으리라 생각한다.

기독교 윤리적 논증의 인간학적 기초와 종말론적 전망

물론 트루츠 렌토르프의 서술방식에는 어떤 주요한 관심사가 인지되고 있는데, 이 관심사는 어떤 신학적 윤리학에서도 결코 등한시되어서는 안 될뿐더러, 또한 여기서 시도된 것처럼 윤리학의 토대를 제시하는 과정에서 - 물론 좀 다른 방식이기는 해도 - 보존되고 있다. 그 관심사란 윤리적 진술을 이미 주어진 신앙적 관점으로부터 전개하지 않고, 도리어 일반적으로 접근 가능한 인간적 삶의 영위라는 콘텍스트에서 전개하려는 것이다. 사실 그것이 바로 교의학과 달리 윤리학이 가지는 특수한 고유 주제이다. 여기 시도된 논증은 물론 윤리적 문제제기를 먼저 철학적 윤리학의 상이한 착안점들에 대한 비판적 논쟁에서 전개하려고 시도

했고, 바로 여기서 시작해서 - 선(善)에 대한 소크라테스 및 플라톤의 물음의 기반 위에서 - 하나님에 대한 사상과 미래적 하나님 나라의 사상으로 걸음을 옮겨가서, 계속된 윤리적 논증에서 주도적 관점이 됨을 논증하려고 시도했다.

윤리적 논증의 인간학적 기초는 먼저 그 자체로서 고찰되어야지, 하나님에 대한 사상의 교의학적 전제들로부터 특정한 방식으로 해석되어서는 안 된다. 윤리학의 근거 제시와 정당화를 신론으로부터 시작하지 않으려고 트루츠 랜토르프는 심혈을 기울였다. 윤리적 주제를 신론과 연관 짓는 작업은 윤리적 논증이 진행되는 과정에서 비로소 이루어지고 해명되어야 한다. 오직 그런 방식으로 해야 기독교적으로 특수한 윤리적 논증이 설득력 있게 보편타당성을 주장할 수 있다. 따라서 윤리적 논증의 기반은 실제로 먼저 인간학에서, 그것도 신학적 판단이 개입되기 이전의 인간학에서 찾아야 한다. 이 기반에서 하나님에 대한 사상이 윤리학에 대해서 가지는 의미가 정당화될 수 있다.

그것은 곧 선(善)에 대한 물음 속에서 이루어지는데, 선이란 인간학에서 전적으로 보편적으로 이미 항상 삶의 성취를 위한 인간적 갈망의 대상이기 때문이다. 인간에게 참으로 선한 것은 하나님 내지 하나님과의 공동체성이지, 칸트의 경우처럼 선의 개념이 도덕주의적으로 좁혀진 바와 같은 그런 "선한 의지"[33]가 아

---

33) I. Kant: *Grundlegung zur Metaphysik der Sitten*, AA IV, 393.

니라는 논제, 이런 논제가 말해지고 또한 강화될 때에 비로소 윤리학에 대한 신학적 근거제시와 정당화로 넘어가게 된다. 그러나 윤리학의 신학적 정당화도 역시 인간학의 논증영역과의 연관성을 계속해서 지속할 것이며 또한 이 논증영역에서 움직여야 한다. 그런 식으로 트루츠 렌토르프는 윤리학을 논증하고 있었다.

물론 이때 윤리학의 신학적 근거 제시와 정당화는 신학적 전망 속에서, 말하자면 인간의 미래로서의 하나님의 통치에 대한 전망 속에서 이루어질 것이다. 그러나 신학적 윤리학은 이 종말론적 전망을 인간의 창조적 현실성과 결부시킬 것인데, 이것은 이미 예수의 선포에서 선례적으로 드러나 있었다. 말하자면 종말론적 미래는 창조의 완성을 그 내용으로 가진다. 그런 점에서 볼 때에 신학적 윤리학에서 참으로 문제가 되는 것이 무엇인지를 트루츠 렌토르프의 표현을 빌려서 말한다면, 그것은 삶을 선물로서 받아들이는 것과 또한 삶을 계속해서 전달해주는 것이다. 왜냐하면 인간의 창조는 그 완성을 하나님과의 공동체성에서 찾기 때문이다. 세상에 대한 하나님의 사랑의 움직임에 참여하는 것에서, 그리고 결과적으로 타인에 대한 호의적 전향(轉向)에서 인간의 창조는 완성된다. 호의에서 인간은 타인을 향해서 자신을 개방시키며 자신의 이기주의적 자기이익을 넘어선다. 이렇게 될 때 타인과의 공동체성에 대한 인간의 규정은 신적인 사랑에 대한 참여를 통해서 실현된다. 물론 이 실현은 잠정적인 형태이다. 왜냐하면 이 세상이 변화되어 신적인 사랑의 구원사가 완성되는 것은 하나님 나라의 미래에 속하기 때문이다.

새로운 인간 정체성과 타인에 대한 호의

인간의 행동이 호의에 의해 이루어지고 있다면 그 어디서나 신적인 사랑의 서광이 드러나며, 또한 이 신적인 사랑과 결부되어 있는 인간성 및 공인간성(公人間性 Mitmenschlichkeit)의 서광이 드러난다. 인간성 및 공인간성의 실현을 위해서 인간은 창조되었는데, 이는 인간이 아담 안에서 하나님 형상으로 창조되었으며, 그 하나님 형상은 예수 그리스도의 인격 안에서 실현되었기 때문이다.[34] 타인에 대한 관심 속에서 순수한 호의가 발생하는 곳에는 항상 이미 바로 자기 중심적이고 자기에게 매어있는 상태, 곧 죄를 넘어서는 고양(高揚)이 인간에게 일어난다.[35] 그러나 그런 고양은 단지 그리스도인에게서만 발견되는 것이 아니다. 다시 말해 참된 인간성의 흐름이 교회 밖에서 발견되지 않는다고 말할 수는 없다. 그러나 믿음과 세례를 통해서 비로소 인간은 **결정적으로** 자기 자신을 넘어서고, 자신에게 매몰되어있는 상태를 넘어선다. 이것은 비록 인간이 자신들의 실제적 행동에서 예전의 죄의 삶에 연루되어 여전히 재차 넘어진다고 해도 그러하다. 세례와 믿음을 통해서 세워진 새로운 정체성은 인간의 행동에 대한 어떤

---

34) 이에 대해서 더 자세한 것을 알고 싶다면 저자의 *Systematische Theologie* 2, 1991, 232-266를 보라.
35) A.a.O. 275ff. 참조 298f.

다른 관점을 갖게 한다. 즉, 어떤 것이 인간에게서 여전히 자아에게 매여 있는 것으로 드러날 때, 그것은 근본적으로 극복된 어떤 상태의 잔여분으로 간주된다.

그리스도 안에 (우리 밖에) 있는 존재라는 새로운 정체성은 그리스도 안에서 계시된 하나님의 사랑을 나누어 가지는 것에 대한 기초가 되기도 한다. 그리스도인들이 그리스도 안에 있는 존재라는 새로운 정체성으로 살고 있다면, 그들은 자신들의 자아에 매어있는 상태로부터 해방되고, 타인을 향한 호의를 위해 해방된 자로서 자신들의 삶을 영위한다. 따라서 그리스도인의 삶은 참으로 자연스러운 삶이라고 말할 수 있다. 여기서 참으로 자연스러운 삶이란 강요되지 않고 자유로운 인간성이라는 인간에 대한 규정성의 실현을 의미한다. 올바른 인간성(Humanität)으로 인도하는 것, 바로 그것이 기독교 윤리의 과제이기도 하다.

트루츠 렌토르프가 삶의 재귀성(*삶의 반성)이라는 제목으로 윤리의 세 번째 근본 요소라고 설명했던 것도 바로 여기에 속한다.[36] 이때 다루어지는 것은 주어진 삶의 유한성에 대한 수용 및 경험인데, 이 경험이 반드시 삶의 충만함을 감사의 마음으로 받아들이는 것과 대립적일 필요는 없다. 양자가 결합되어 있다는 바로 그 이유 때문에 우리의 삶의 유한성이 우리에게 의식되고 있음을 인정할 수 있으며, 그 결과로 우리는 이 삶에 대한 감사

---

36) T. Rendtorff: *Ethik* I, 2. Aufl. 1990, 93ff.

속에서 우리 자신이 하나님 및 타인들로부터 구별되면서도 동시에 하나님 및 타인들과 결부되어 있음을 알게 된다. 이러한 자기 구별에서 우리는 우리 자신의 유한성을 생각하게 되며, 비록 죄와 욕망을 통해서 우리의 삶이나 타인의 삶이 왜곡되어졌음에도 불구하고 우리는 타인들에게도 그들의 삶의 충만함으로 주어진 부분이 있음을 기꺼이 승인하게 된다.

자신의 삶에 대한 감사의 마음속에서 동시에 자신의 삶의 유한성을 생각할 줄 알고, 또한 타인에게도 그들의 삶의 특별한 풍성함을 이루고 있는 어떤 부분을 기꺼이 승인하는 것, 그것이 바로 – 적어도 당분간은 계속해서 – 타인에 대한 호의의 조건이다. 호의는 물론 우리보다 나쁜 상황에 있는 사람들에 대한 동정적인 배려로 끝나는 것이 아니다. 호의는 우리와 동일한 처지에 있는 사람들뿐 아니라 우리보다 나은 처지에 있는 사람들에 대한 관계에도 적용되어야 한다. 그리고 이때 결정적인 것은 호의에는 질투가 배제된다는 점과 호의는 어떤 일을 타인 그 자신을 위한 일로서 기뻐한다는 점이다. 타인에 대한 비판적인 태도도 전적으로 앞에서 말한 그런 태도와 양립할 수 있다. 그러나 그때 이루어져야 할 비판의 형식은 악의나 질투에 의한 것이 아니라, 타인이 원래 자신이 도달할 수 있는 더 좋은 자아상(自我像)에 현재 미치지 못하고 있음을 제시하는 것이어야 한다. 그렇게 되면 그런 비판 자체는 다시금 호의의 정신에서 이루어질 것이다.

4. 사랑과 법률[37)]

우정에서의 호의

지금까지 우리는 개인적 행동의 현상으로서의 호의에 대해서
말했다. 그러나 그때 항상 인간 행동의 사회적 연관성도 이미 시
야로 들어와 있었다. 즉, 호의는 항상 다른 사람들을 지향한다.
경우에 따라서는 다른 생명체와 관련해서 호의를 말할 수도 있
지만, 호의는 일차적으로 다른 사람들을 지향한다.[38)] 그러나 이
런 호의가 우정처럼 상호호혜성에 필연적으로 기반해 있는 것은
아니다. 전향(轉向 Zuwendung, *호의적인 마음으로 관심을 기울이는 것)의
자발성은 바로 전향의 일방향성과 결부되어 있다. 따라서 이미
아리스토텔레스는 호의를 우정과 구분했는데, 그는 우정을 상호
호혜적인 호의로서 정의했다.(Eth. Nic. 1055b 33f) 물론 우정의 사상
에서도 전향의 자발성이 상호호혜성을 해치지 않으면서도 보존
되어 있다. 그러나 이런 사실이 원래 당연한 것은 아니다. 왜냐하
면 우정은 **지속적인** 관계인 반면에 자발성은 순간적인 것이기 때
문이다.

우정의 관계에서는 자발성이 항상 갱신되어야 한다. 물론 항상
그렇게 되는 것은 아니다. 우정은 식을 수 있다. 그러나 우정은

---

37) 이 단락과 관련해서 저자의 다음 글을 참조하라. Christliche Rechtsbegründung, in:
 Handbuch der christlichen Ethik 2, 1978, 323-338, 특히 324ff.

38) 참고 R. Spaemann: *Glück und Wohlwollen*, 1989, 135ff., 153ff.

또한 다시금 새롭게 활력을 얻을 수도 있다. 모든 우정의 역사에는 이런 종류의 변화의 국면들이 있을 것이다. 물론 우의적인 생각의 근본적인 기분과 우정적 결속성에 대한 의식은 지속적으로 존속하고 있다고 하더라도, 상호호혜적인 호의에서 상호 간에 일치하는 자발성은 특별한 순간에나 일어나는 일이기 때문이다. 그러나 우정 관계가 지속되고 있다면, 이것은 호의의 자발성이 항상 다시금 나타나고, 그것도 양쪽의 측면으로부터 항상 다시금 나타나고 있음을 말해주고 있는 셈이다.

지속적인 인간관계에서의 호의

호의의 상호호혜성과 어떤 지속적 관계의 구축은 서로 무관하지 않다. 상호호혜성이 없이는 사람들 간에 지속적인 관계가 생겨나지 않는다. 물론 모든 상호호혜적인 관계들이 우정의 성격을 가지고 있는 것은 아니다. 또한 지속성의 계기가 사랑이나 호의의 모티브에서만 배타적으로 자리 잡고 있는 것이 아니다. 많은 경우에 지속성의 계기는 외적인 삶의 관계들을 통해서 유발되며, 또한 그것은 그 외적인 관계들에 자리 잡고 있는 바, 일정한 개인들이 상호 간에 잘 지내야 하는 필연성으로 표현된다. 가족, 직장생활, 이웃과의 관계가 바로 그런 경우이다. 그런 식으로 상호 간에 잘 지내는 것이 항상 쉬운 것은 아니다. 바로 그 때문에 여기서도 또한 호의가, 그것도 상호호혜적인 호의가 필요하다. 상호호혜적인 호의가 없다면 이웃 간에, 동료 간에, 심지어는 가족 간에 함께 살아가는 것이 지속되기 어렵다. 그럼에도 불구하고 이 모든 관계들에서 우정의 관계가 관건이 아니다. 우정을 위해서는 상호호혜적인 호의(Wohlwollen) 이외에도 상호 간의 호감(Wohlgefallen)이 필요한데, 그것도 사람들을 상호의존적이게 만드는 자연적 관계 내지 사회적 관계에 기반을 두지 않은 자유로운 호감이 필요하다. 바로 이 점에서 아리스토텔레스의 우정 개념은 불충분하다.

인간들 사이에 지속되는 다른 모든 관계들도 상호 간의 호감에 의존한다. 역으로 사랑과 호의도 역시 그 자체로 지속성의 경향을 띠는데, 이는 물론 조금 특별한 방식으로서, 말하자면 사랑과 호의가 타인의 **인격**에 관심을 가지는 한에서 그러하다. 그러나 인격은 시간을 이어주는 자기동일성의 형식에서 지속적인 존재로 실존한다. 사랑이나 호의의 행동에 놓여있는, 타인의 인격에 대한 긍정은 지속성의 경향을 그 시작단계에서부터 가진다. 이때 물론 이 경향성으로부터 시간과 장소의 변화 속에서도 항상 확고함을 유지하는 관계성이 생기는 것은 아니다. 후자의 경우, 즉 확고한 관계성에 해당하는 경우는 바로 우정의 경우이다. 따라서 우정은 상호호혜적인 경향성에 기반을 둔 지속적인 인간관계이다.

우정은 아주 특별한 형태의 인격적 관계이다. 그럼에도 불구하고 우정은 아리스토텔레스에 따르면 인간 일반의 공동적 삶에 대한 보편적 적합성을 가진다. 인간의 공동적 삶의 다른 형태들도 지속적임에 틀림없으며, 그것들도 역시 관여된 자들의 상호호혜적인 호의에 의존한다. 그러나 상호호혜성을 통해서 세워진 인간의 공동적 삶의 그런 형식들이 우정의 경우처럼 자유로운 상호호혜적 경향성, 자유로운 상호호혜적 호감에 기반을 두는 것은 아니다. 그런 관계들은 오히려 개인에게 자연적으로 또는 역사적으로 이미 주어져 있는 것들이다. 마치 가족과의 관계, 국가와의 관계 및 그 기구들 안에서 개인들이 일하게 되는 경우들처럼 말이다.

계약적, 법률적 관계에서의 호의

이런 경우가 아니라면 그런 관계들은 계약관계의 성격을 가진다. 그런 관계들에서는 개인이 다른 사람과 상호 조정을 해야 하는데, 이때 개인적인 호감의 유무(有無)는 상관없다. 그러나 그런 관계에서도 어떻든 간에 호의가 요청된다. 비록 제한된 정도에서라고 하더라도, 다시 말해 타인이 맡은 그때그때의 기능과 역할 속에서 그 타인을 승인해주는 정도라고 하더라도 호의가 요청된다. 다소간 제한된 정도라고 하더라도 호의와 신뢰가 없이는 타인에 대한 승인이 불가능하다. 그리고 그런 상호적인 승인은 일정한 역할을 맡아서 다른 사람들을 대하는 사람들의 모든 법률적 관계들에서 필연적이다. "한 타인이 맡은 역할과 지위에서 그 타인에게 타당성을 부여해주고, 그를 통해서 동시에 그 타인에게 한 인간으로서의 타당성을 부여해주는 승인은 그런 관계들을 통제하는 법률적 규범에 대한 승인의 토대로 항상 놓여있으며,"[39] 그리고 그런 승인은 "인격들과 사물들 간의 관계로까지,"[40] 말하자면 특별히 타인의 소유권으로까지 미친다.

그런 법률적인 관계들은 우정의 관계들과 다른 종류의 것이다. 이 우정의 관계들도 상호호혜적인 인정에서 기인한다. 하지만 이때 승인은 단지 타인이 맡고 있는 그때그때의 역할 속에서의 타인의 인격에 관계하는 것이 아니라 타자의 인격 그 자체에 관계한다. 마찬가지로 친구에게 주어지는 호의와 신뢰도 역시 판매인과 구매인, 임대인과 임차인, 의사와 환자, 선생과 학생, 직장동료 상호 간의 경우보다 포괄적이다. 그럼에도 불구하고 그렇게 법적으로 질서 지워진 관계들에서도 역시 호의와 신뢰는 그때그때의 역할을 넘어서서 타인의 인격에 관여하게 되며, 그 결과 협력의 관계들로부터 항상 다소간 우의적으로 심화된 관계들이 생겨날 수도 있다. 상호 간의 호의가 없이는 어쨌든 법률적으로 정렬된 관계들에서도 인간적으로 유익한 협동이 생겨날 수 없다. 호의라는 요소를 통해서라야 비로소 공동의 삶과 공동의 활동이 생기를 얻는다.

법률과 사랑의 관계

---

39) 앞의 각주 37에서 인용한 글 336쪽을 보라.
40) A.a.O. 337.

법률과 사랑, 그 두 가지가 공히 인간 사이의 공동체성에 관여됨에도 불구하고 그 둘은 대립적인 것으로 여겨져 왔다. 강제의 요소와 결부될 수 있는 법률적 규범의 외면성에 대해서 사랑의 내면성 및 사랑의 자유로운 자발성이 대립되었다. 그런 대립적 관계에 담겨있는 사실성은 여기서 우정적인 관계들과 법률적 관계들 간의 구분을 통해서 수용되었다. 그러나 그 구분으로 다음과 같은 사실을 간과해서는 안 된다. 즉, 법률적 공동체가 존속해야 한다고 하더라도, 그런 법률적 공동체에서의 공동적인 삶에는 역시 인간들 간의 상호호혜적 호의가 필요하다는 점이다. 그리고 역으로 친구와의 상호호혜적인 공동체성이 어떤 확고하고 지속적인 형태를 띠는 것이 사랑에서도 낯선 일이 아니다. 그러나 인간의 공동적 삶의 지속적인 형태는 항상 법률적 성격을 가진다. 그런 형태는 타인에 대한 승인과 신뢰성과 책임성을 내적으로 포괄한다. 또한 사랑은 다른 방식으로 마련된 법률적 관계들을 생기있게 만들 수 있다. 이런 방식으로 사랑은 법률을 가능하게 하며 정당화한다.

5. 하나님의 사랑과 인간 공동체의 구축

하나님의 사랑의 대상으로서의 공동체

하나님의 사랑에 대한 예수의 선포는 먼저 개별적 사람들에게로 향해 있었다. 그리고 그 선포를 통해서 다음과 같은 사실이 드러난다. 유대 백성이 기다려왔던 하나님의 통치를 통한 구원의 미래가 예수를 통해서 하나님의 사랑에 대한 예수의 선포를 들었던 그 개별적 사람들에게서 이미 현재화되었다는 점, 또한 동시에 그들에게 창조주로서의 하나님의 활동이 하나님의 사랑의 표현으로 받아들여지게 되었다는 점이다. 그러나 이때 항상 전제되어 있어야 할 것이 있다. 하나님의 사랑은 하나님에 의해 선택된 백성에게 향해있다는 것이다. 예수는 그의 선포와 더불어서 그가 하나님 백성의 사람들에게 보내어졌다는 것을 알고 있었다. 그의 메시지를 들었던 개별적인 청중들을 넘어서 바로 그 하나님 백성이 예수의 보내심 속에서 계시된 하나님 사랑의 대상이다. 이런 사실은 하나님 백성의 실존의 기반이 선조들과(신 4:37) 그 후손에(신7:8) 대한 하나님의 선택과 사랑에 놓여 있다는 점과 부합한다.

예수 그리스도의 보내심을 통한 하나님의 사랑의 계시는 자신의 백성에 대한 하나님의 선택과 사랑을 강화한다. 하지만 이때 이미 아브라함 이후로 나머지 여타의 인류도 하나님의 선택 행위의 시선 안으로 들어와 있었다. 그리고 이스라엘에 대한 하나님의 구원 행위의 보편적인 중요성은 교회의 이방선교를 통해서 새로운 방식으로 수용되고 계속되었다. 그러나 하나님의 구원 행위의 이런 보편적 지평으로 인해서, 하나님의 사랑은 개인들을 넘어서 일차적으로 하나님이 선택했던 그 백성에게로 향해 있다는 사실이 간과되어서는 안 된다. 그리고 이것은 다음과 같은 것을 함축하고 있다. 세상에 대한 하나님의 사랑에 개인이 참여하게 되는 것은 일차적으로 개인이 하나님 백성의 공동체 내지는 – 신약적으로는 – 교회의 공동체로 편입되는 것을 통해서라야 가능하다는 것이다. 믿는 자들 상호 간의 공동체를 통해서 세상은 하나님에 대한 인식에 이른다.(요 17:23)

하나님의 계명과 인간 공동체의 형성

이런 점으로부터 십계명의 두 돌판의 상호관계가 이해된다. 하나님에 대한 믿음과 고백 안에 신자들의 공동체, 하나님 백성의 공동체가 세워져 있다. 공동으로 하나님을 영화롭게 하는 것은 그 백성의 공동체에서 근본적인 일이다. 그러나 하나님에 대한 관계성으로부터 하나님 백성의 각 개별적 구성원은 여타의 구성원들과 더불어서 공동체를 이루어야 할 의무가 도출된다. 바로 여기로부터 십계명의 두 번째 돌판의 계명들이 연원한다. 이미 앞부분에서(제3장 2절) 밝혔던 바와 같이 십계명의 두 번째 돌판의 계명들은 하나님의 백성의 공동체 안에서 이루어지는 사람들의 사회적인 공동 삶의 기초적 조건들을 정식화해서 표현하고 있다.

초기 기독교에서 이와 비슷한 기능을 감당했던 것은 사도적 권면이었다.[41] 단지 차이가 있다면 사도적 권면들은 믿는 자들의 자유로운 판단을 염두에 두면서 그들로 하여금 스스로 그리

---

41) 이에 대해서 저자의 *Systematische Theologie* 3, 1993, 105f.를 보라. 참조 ebd. 104-113.

스도 안에 있는 자신들의 존재로부터 그들 상호 간의 태도에 대한 결론들을 도출해내도록 이끄는데 있었다. 그런 사도적 권면을 유발시킬 필요가 어떻게든 있었다는 사실은 이미 초기 기독교에 계속해서 어떤 모종의 보조적 가르침을 필요로 하고 있었음을 보여준다.

따라서 하나님의 계명은 하나님에 의해 선택된 백성의 실존으로 향해 있는 하나님의 선택과 사랑 안에 그 토대를 두고 있다. 그리고 이 계명들을 - 특별히 십계명 두 번째 돌판의 계명들을 - 준수한다는 것은 그 백성에게로 향해 있는 이런 하나님의 사랑에 참여한다는 의미를 가진다. 이런 사실은 이미 구약에 대해서도 타당하다. 그러기에 율법이 하나님에 대한 사랑과 이웃에 대한 사랑이라는 이중 계명으로 요약되는 것은, 그의 선택된 백성에 대한 하나님의 사랑 안에 율법이 그 기원을 두고 있다는 사실과 부합한다.

그러므로 예수 자신의 종말론적인 보내짐에서 계시된 하나님의 사랑의 관점으로부터 예수가 율법을 해석하고 또한 그 하나님의 사랑에 근거를 두고 있는 이웃에 대한 사랑의 의미에서 율법을 해석한 것도 역시 구약적인 하나님의 법이 가진 본래적인 의미와 부합한다. 역으로 말한다면 예수의 이런 율법 해석이 애초부터 추상적인 개인주의적 관점에서 이해되어서는 안 된다. 예수의 율법 해석은 하나님의 백성의 공동체성 안에 있는 개인의 삶과 연관되어야 한다. 예수의 율법 해석이 부활 이후의 상황에서는 예수의 식탁 공동체 안에서 세워진 새로운 언약의 공동체

삶과 연관되며, 이 새로운 언약의 공동체는 이제 하나님의 옛 백성에게 제한되어 있지 않고 모든 민족의 사람들을 그 안에서 하나가 되게 할 것이다.

공동체의 토대로서의 신앙

그러나 이런 공동체의 기초는 여전히 하나님께 대한 공동의 송영(頌榮), 한 주님께 대한 공동의 믿음 안에 있다. 각자가 하나님과 가지는 결속성, 각자가 예수 그리스도를 통하여 아버지와 가지는 결속성은 믿는 자들 상호 간의 공동체성의 전제이며 토대이다. 따라서 미래의 하나님 나라에서도 사람들에게서 이루어지는 하나님의 현존은 사람들 상호 간의 공동체성의 근거가 될 것이다. 바로 그와 동일한 방식으로 이미 이사야 2장과 미가 4장의 예언자적 약속은 온 민족들의 세상에 평화와 정의를 실현시킬 미래적인 하나님의 통치를 기대하고 있었다. 그 기대의 성취는 민족들이 시온으로 순례의 길을 와서 이 시온에서 이스라엘의 하나님으로부터 법에 대해서 배우고 또한 하나님으로부터 그들의 법률적 분쟁들이 해결되게 함으로써 이루어지는 것으로 여기고 있었다.

여기서 이제 불가피하게 다음과 같은 질문이 생긴다. 하나님과 예수 그리스도에 대한 공동적인 믿음의 터전 위에 세워진 기독교 윤리가 이런 터전 위에 있지 않은 윤리와는 어떤 관계를 갖는가? 성서적 시각에서는 인간 상호 간의 행동과 태도에 관한 지침들의 구속력(拘束力)이 긴급의 상황에서는 하나님에 대한 공동의 믿음이라는 기초가 없이도 주장되고 실행될 수 있는 것으로 결코 생각될 수 없다. 이와 반대로 인간 상호 간의 행동과 태도에 관한 지침들은 그 구속력의 근거를 하나님에 대한 믿음 안에, 하나님의 선택과 사랑 안에 두고 있다. 하나님의 사랑에 응답하는 인간의 하나님에 대한 사랑, 다시 말해 십계명의 첫 번째 돌판의 계명들의 성취도 역시 결코 인간 상호 간의 계명들에 비해서 하위(下位)의 중요성을 갖지 않는다. 오히려 성서적 전승에서 십계명의 첫 번째 돌판의 계명들은 두 번째 돌판의 계명들보다 우선성을 가진다. 가장 큰 계명이 무엇이냐는 물음에 대한 대답에서 예수도 하나님에 대한 사랑을 이웃에 대한 사랑 앞에 두었다. 그는 그렇게 해서 분명히 하나님의 사랑을 수용한 직접적인 결과로서 이웃 사랑을 파악했던 것이다.

그러나 이렇게 될 때 하나님의 백성의 공동체와 그 안에서 타당성을 가지는 윤리, 다시 말해 하나님에 대한 믿음에 근거한 윤리라는 한 측과 다른 민족들의 세계라는 다른 한 측 사이에 깊은 심연이 벌어져 있는 것처럼 보인다. 이런 상황은 교회와 그 구성원이 비기독교적 세계에 대해서 가지는 관계에 대해서도 타당한 것으로 받아들여야 하는가? 언제나 그렇듯이 성서의 하나님을 하나님으로 인정하는 것에 윤리와 도덕의 기반을 두지 않으려는 비기독교적 세계에 대해서 교회는 깊은 심연을 앞에 두고 이대로 서 있어야 하는가?

5장

기독교 윤리와 인간 보편적 윤리성

1. '특별하게 기독교적인' 윤리가 존재하는가?

기독교 윤리와 관련한 논란거리의 문제가 한 가지 있다. '특별하게 기독교적인' 윤리라는 것이 존재하고 또 존재해야만 하는지, 아니면 단지 인간의 보편적인 판단에 따라서 생각된 선한 것과 옳은 것을 행동으로 옮김에 있어서 특별한 동기부여를 해주는 것이 기독교 신앙이 윤리에 기여하는 부분인지 하는 문제이다.

기독교 윤리와 철학적 윤리의 내용적 일치

만약 후자의 입장이 옳다면 윤리는 그 내용에 따라서 볼 때 오로지 이성으로부터 정당성을 얻게 될 것이고, 이때 신앙은 다만 이성에 의해서 구속성을 띠는 것으로 여겨진 것에 하나님의 권위에 의한 부가적인 승인을 부여해주고, 이로써 선의 실행을 위한 부가적인 동기를 제공하는 역할을 할 뿐이게 된다. 이런 생각은 종교와 윤리의 관계에 대한 칸트만의 생각이 아니었다. 그것은 계몽주의 시대에 광범위하게 유포되었던 생각과도 일치하는 것이었다. 칸트에게서 종교와 윤리의 관계는 다음과 같은 제한성을 가졌다. 도덕적 행위의 동기는 오로지 법에 대한 존경에 있을 뿐이다. 비록 법으로부터 결과적으로 나온 의무들이 하나님의 계명이라고 믿는다고 하더라도 말이다.

종교개혁적 윤리학

그런데 이미 종교개혁적 신학의 전통에서도 하나님의 법에 대한 인식이 모든 사람들에게 유포되어 있는 것으로 판단했으며, 또 그 인식은 양심 안에 자리를 잡고 있는 것이지,(롬 2:15) 하나님의 실증적인 계시에 기반해 있는 것이 아니라고 간주되었다. 신앙이 하는 일은 단지 죄인에게 성취될 수 없는 채로 남아 있는, 영원한 하나님의 의지가 성취되는 것을 가능하게 하는 것이다.[01] 종교개혁적 시각에 따르면, 성서적 계명을 그 내용적인 면에서 본다면, 로마서 2장 15절에 따라서 모든 사람들의 마음속에 심겨져 있는 하나님의 의지에 대한 인식이 역사적으로 특별한 형태를 취한 것이다. 따라서 루터는 이런 영원한 하나님의 의지의 특별한 역사적 형태인 유대 율법을 "유대인들이 소유한 거울"이라고 부를 수 있었다.[02] 하나님의 법에 대한 종교개혁적 가르침은 이로써 십계명을 내용적으로 자연법의 요구와 동일시했던 전통적 입장을 계승한 셈이었다. 이런 점은 도덕법이 단순히 이성을 통해서 인식될 수 있다고 하는 칸트의 생각과 멀리 떨어져 있는 것이 아니다. 그렇다고 한다면 다음과 같은 결론이 도출된다. 기독교 신앙은 적어도 윤리적 규범에 대한 내용적 규정에 관여하지 말아야 한다는 것이다.

---

01) 이에 대한 상세한 설명을 위해서는 저자의 앞 책 94-103를 참고하라.

02) M. Luther WA 18,81, 14. 이에 대해서 다음을 참고하라. P. Althaus: *Die Theologie Luthers*, 1962, 86ff.

슐라이어마허 윤리학

슐라이어마허는 칸트와 달리 자신의 철학적 윤리학 이외에도 또한 기독교 신학적 윤리학을 계획했으며, 이 기독교 신학적 윤리학을 기독교 도덕론이라는 제목으로 1806년 이후 계속 반복해서 강의에서 다루었다.[03] 슐라이어마허의 철학적 윤리학은 자연에 대한 이성의 행위를 그 서술의 대상으로 삼는다. 그리고 이때 자연에 대한 이성의 행위는 이중적 형태를 띠는데, 자연에서 주어진 것들을 인간적 행위의 도구로 변환시키는 조직화 행동이 그 하나이고, 자연적으로 주어진 것을 행위적 이성의 서술의 대상으로 삼는 상징화 행동이 그 다른 하나이다. 이와 유사한 방식으로 기독교 도덕론에서는, **첫째로** 정화적 또는 복구적 행동이 다루어지는데 이것은 기독교 공동체에 관여될뿐더러 외적인 관계에서는 국가와도 관여된다. **둘째로** 확장적 행위, 곧 구원의식의 확장이 다루어지며, 마지막 **셋째로** 교회의 예배적 삶에서의 서술적 행위가 다루어진다.

슐라이어마허의 기독교 도덕론은 자신의 철학적 윤리학을 전제하고 있으며, 그런 점에서 전자는 후자와 대립되지 않는다. 종교 및 종교적 공동체 형성의 개념은 슐라이어마허의 철학적 윤

---

03) 그 작품은 요나스(L. Jonas)에 의해서 편집되었다. *Schleiermachers Sämtliche Werke* I/12: *Die christliche Sitte nach den Grundsätzen der evangelischen Kirche im Zusammenhang dargestellt*, 2. Aufl. 1884. 이에 대해서 다음을 보라. H.-J. Birkner: *Schleiermachers christliche Sittenlehre im Zusammenhang seines philosophisch-theologischen Systems*, 1964.

리학 안에 이미 자리 잡고 있다. 말하자면 다양한 형태의 공동체 형성을 다룰 때에 이미 논해지고 있다. 그러나 이로부터 물론 **"종교의 고유한 기독교적 형태"**가 연역될 수는 없다.[04] 따라서 이런 특별한 형태의 종교가 보편적인 사회적, 문화적 삶에 끼치는 영향에 대한 묘사가 기독교 도덕론에 대한 슐라이어마허의 시각 안에 보유되어 있다.

이때 슐라이어마허는 인도주의적 윤리와 기독교적 윤리 간의 원칙적인 상호 일치를 수용하며,[05] 아울러 문화 및 사회와의 관계에서 기독교가 담당하고 있는 "잘못을 바로 잡는 기능"도 역시 수용한다.[06] 슐라이어마허에게 보이는 기독교와 근대 문화의 관계에 대한 긍정적인 평가는 다음과 같은 그의 인식의 전제 위에 있다. "근대 문화 및 근대 인도주의(人道主義)는 기독교를 통해서 태어난 것으로" 다시 말해 기독교적 영향사의 결과라는 것이다. 그럼에도 불구하고 슐라이어마허는 "말로 다 표현할 수 없는 큰 근심"을 갖고 있었는데, 그것은 "이런 역사적으로 주어진 관계성이 해체되고 나면 결과적으로 기독교가 궁핍해지고 쇠퇴해질 뿐만 아니라 인도주의도 부패해지고 말 것이라"는 염려였다.[07] 이로부터 다음과 같은 결론에 이른다. 슐라이어마허의 생

---

04) F. Schleiermacher: *Die christliche Sitte*, Allg. Einleitung 75.

05) H.-J. Birkner 87ff., 특히 90f.

06) H.-J. Birkner a.a.O. 89. 참조 F. Schleiermacher: *Die christliche Sitte* a.a.O. 674.(1831 년 강의)

07) H.-J. Birkner a.a.O. 92.

각에서 볼 때, 기독교 도덕과 일반적인 문화와 사회의 관계는 오늘날 형성되어 있는 것보다 훨씬 더 긴장감 넘치는 관계로 서술되야 한다는 결론에 다다른다.

슐라이어마허에 대한 평가

에른스트 트뢸치는 슐라이어마허의 이중적 형태의 윤리에 대해서 거친 비판을 했다. 한편으로 그는 "기독교와 문화의 긴장"이 슐라이어마허에게서 과소평가되었다고 비판했다. 그러나 다른 한편으로 트뢸치는 슐라이어마허의 윤리학에서는 근대적인 "사고방식, 즉 윤리로부터 출발해서 종교를 이해하려 하고, 기독교 윤리를 윤리의 보편적인 틀 안으로 편입시키는 사고방식이 포기되었다"고 비판했다. 슐라이어마허는 기독교 윤리학을 오히려 다시금 교의학에 종속시키고 말았다는 것이다. 이는 그가 기독교 윤리학에 설정한 과제에서 드러나는데, 기독교 윤리학의 과제는 교의학에 의해서 묘사된 기독교적 신앙 의식(意識)이 그리스도인의 삶에 미치는 영향을 교회 내부적으로, 그리고 일반적인 문화와의 관계 속에서 탐구하는 것에 있다는 말에서 드러난다.[08]

나는 이런 판단이 부당한 것이라고 생각한다. 슐라이어마허는 기독교 도덕론을 그의 교의학에서 서술된 신앙 의식 위에 세

---

08) E. Troeltsch: *Grundprobleme der Ethik* (1902), *Gesammelte Schriften* II, 1922, 567, 569. 참조 568. 트뢸치는 다음과 같은 신랄한 최종적 평가를 내린다. 따라서 슐라이어마허의 신학적 윤리는 "현대의 생생한 문제들과 더 이상 아무런 관련을 갖지 못한다."(569)

우고 전개해감으로써 오히려 다음과 같은 입장을 위한 착안점을 창출했다. 즉, 그는 일반적 문화와 사회가 기독교에 대해서 가지는 관계가 변화된 상황에서, 기독교 신학적 윤리가 다시금 이 일반적 문화 및 그 도덕적 관점들에 대해서 한층 더 긴장된 관계에 놓이게 하려 한다. 따라서 - 트뢸치의 경우처럼 - 최고선으로서의 하나님 나라의 초월성을 통해서 뿐만 아니라 교회 내부에서 그리고 교회가 맺는 사회와의 관계 속에서 이루어지는 도덕적인 삶의 영위의 형태를 통해서도 세계내적인 문화적 목적들이 상대화된다.

이런 생각은 트뢸치에게서 찾아볼 수 없는 것이다. 이는 그가 "기독교적 문화국가 안으로 교회의 지양(止揚)"을 주장하는 리카르트 로트(Richard Roth)를 전폭적으로 지지하고 있기 때문이다.[09] 트뢸치로서는 물론 1918년 독일 개신교에서 교회와 국가의 일치가 종말을 고했을 때, 종교개혁적 기독교의 입장에서도 역시 교회가 국가와 구분되는 상황에서 그리스도인의 사회적 삶의 형태로서의 의미를 획득할 수 있으리라는 것을 전제할 수 없었다. 그리고 게다가 그렇게 되면 될수록 국가와 사회는 자신들의 역사적 토대가 되는 기독교적 틀로부터 더욱 벗어나게 된다는 것을 트뢸치로서는 전제할 수 없었다. 트뢸치의 윤리학적인 연구들 이후로 흘러간 한 세기의 역사적 경험에 근거해서 살펴볼 때, 기독

---

09) E. Troeltsch a.a.O. 569.

교가 이제 세 번째 천년기(21세기)로 접어드는 전환점에 서있는 오늘날, 슐라이어마허가 감행한 기독교 윤리학의 시도는 트뢸치가 평가했던 것보다 훨씬 더 높은 가치와 중요성을 인정받아야 마땅하다고 생각한다.

바르트의 그리스도론적 윤리학

슐라이어마허에게 반대하면서 트뢸치가 하나님 나라의 세계초월적 선에 초점을 맞추고 있는 기독교적 신앙 의식과 세계내적인 문화적 선들 사이의 긴장을 더욱 날카롭게 강조한 것은 옳은 일이었다. 하지만 이로 인해서 그가 자신의 신념, 즉 윤리(그것도 일반적인 철학적 윤리학)는 사회뿐만 아니라 기독교 신앙론을 이해함에 있어서도 기초가 되어야 한다는 신념을 수정하는 데까지 이르지 못했다. 오늘날의 시각에서 본다면 그런 식의 이해에 깔린 전제들은 이미 붕괴되었다. 이는 윤리이론적 토론의 관점에서 뿐만 아니라 도덕적 직관 일반이 이미 사회통합적 기능을 상실했다고 보는 관점(N. Luhmann)에서도 그렇다.

이에 반해서 기독교 윤리를 교의학 위에 세우고 전개하는 것이 – 슐라이어마허의 경우에는 물론 이것이 다시금 문화적 질서를 철학적 윤리학 위에 보편적으로 세우는 틀 안에서 이루어지고 있지만 – 새로운 가치와 중요성을 획득했다. 이에 대한 탁월한 범례는 바로 칼 바르트가 윤리학을 교의학의 구성요소로 다룬 것에서 발견된다. 바르트에게서 윤리는 그리스도론적으로 확립된

교의학의 한 부분으로 다루어진다. 그리하여 바르트는 각 개별적인 윤리적 진술들은 그리스도론적으로 연역되는 것이라고 여겼다.

그러나 이 지점에서 물론 이런 질문이 생긴다. 윤리를 그리스도론적으로 세우고 전개하는, 그런 소급적 태도는 윤리적 주제의 인도주의적 보편타당성을 간과하게 만들지는 않는가? 바르트는 아마도 그런 질문을 거부했을 것이다. 왜냐하면 그는 그리스도의 계시 자체가 인도주의적 보편타당성을 가진다고 주장했기 때문이다. 그것은 신학적으로도 완전히 정당한 것이었다. 하지만 바르트 신학의 근본적인 문제는, 인간론적 진술뿐만 아니라 윤리적 진술들에 대한 그의 그리스도론적 전개가 오로지 하나의 기독교적 신앙관점의 표출로서만 나타날 뿐이지, 사실적 문제와 관련해서는 피상적으로 머물러 있다는 점이다. 바르트의 인간론적 진술들 및 윤리적 진술들이 가지는 명증성의 정도는 그리스도론적 연역으로부터 확보되는 것이 아니라, 바르트에게서는 종종 다루어지지 않았던 다른 근거들로부터 확보될 수 있다. 그런 식으로 바르트에게서 피상적으로 다루어졌다는 인상이 드는 것은 아울러 다음과 같은 사실과도 적잖게 관련을 가진다. 즉, 바르트는 자신의 인간론적·윤리학적 진술을 그리스도론으로부터 연역하면서, 인간론 및 윤리학의 영역에서 기독교가 끼쳤던 실제적인 영향사, 문화사적으로 입증될 수 있는 기독교의 영향사를 무시해버리고, 그것을 자신의 논증의 기초로 삼지 않았다는 점이다.

트뢸치의 기독교 사회윤리학

바로 여기서 에른스트 트뢸치의 강점이 특별히 그의 『기독교 교회 및 단체에 대한 사회적 이론』(*Die Soziallehren der christlichen Kirchen und Gruppen*, 1912)을 통해 드러난다. 이 작품에서 트뢸치는 노동과 소유, 신분과 직업, 부부와 가족에 대한 견해들에 기독교가 실제적으로 끼쳤던 영향을 조사했다. 그리고 그런 역사적인 탐구로부터 이에 결부된 비판적 숙고들을 위한 불가피한 출발점이 형성되었다. 교회사의 이런 저런 국면에서 신약성서적 메시지에 기초하여 사회적 삶을 새롭게 구성하려는 동기들이 어떤 점들에서 특히 실제적인 필요성에 부합하지 못했는지에 대한 물음이 생겨났다.

고대 교회에서 그것은 사회의 노예제도에 대한 태도에서 또는 가부장적인 가족구성과 관련해서 분명해진다. 가부장적인 사회 구성체 안에서 여성의 지위는 기독교를 통해서 오늘 우리에게 일반적으로 알려진 것보다 훨씬 더 높이 강화되었다. 잘못된 발전과정들도 또한 비판적으로 조망되어야 한다. 예컨대 금욕주의적 삶의 영위의 이상들에서 나타난 것들이 그런 것이다. 또한 인간의 인격성에 대한 기독교적 이해와의 연관성 속에서, 나중에 모든 형태의 정치적 지배와 대조되는 개인적인 인권 사상에 대한 착상이 발전해갔다. 아울러 18세기에 노예제에 대한 신학적 비판이 증가해가는 것도 이와 연관되어 있다.

이런 모든 문제들에 대한 기독교 윤리적 판단 형성에는 기독교의 사회적 영향사에 대한 비평적 작업이 매개되어야 한다. 그렇지 않으면 그때 그때마다의 현재적인 상황에 무비판적으로 적응하거나 아니면 인간적 삶의 영위의 사회적 현실에 피상적으로 반대하는 무기력한 요청에 빠지고 말 것이기 때문이다. 그런 방식의 기독교 윤리적 판단 형성의 절차를 위한 토대들을 트뢸치는 고전적인 방식으로 확립했다. 그러나 그의 윤리관이 가지는 한계점은 사회적 삶을 교의학 대신에 인간학과 윤리학의 기반 위에서 근대적으로 정립하고 정당화할 때 생기는 원리적인 타당성의 범위를 과대평가했다는 점이다. 이런 점에서 바르트가 윤리학과 교의학 간의 근본적 관계를 뒤집어서 교의학에 우선성을 둔 것은 일종의 교정의 역할을 한 것이었다.

사회윤리의 기독교적 뿌리

트뢸치가 서술했던 기독교의 사회윤리적 영향들은 전적으로 교회의 신앙 의식으로부터 발현한 것이었으며, 그런 한에서 그 뿌리는 기독교 교의학에 놓여있다. 이런 근거기반의 연관성은 트뢸치가 서술한 것의 범위를 넘어서서 조심스럽게 재구성될 필요가 있는데, 이것은 또한 기독교 윤리의 체계적 전개와 정당화에 대한 관심에도 부응한다. 17세기 말 이후 윤리가 신앙론으로부터 벗어나서 자립화의 길을 걸어왔는데, 이는 이 시대의 기독교 종파간의 전쟁들 및 이 전쟁들이 남긴 절망적인 상황에 대한 반작용으로 이해될 수 있다.

하지만 이로써 기독교적으로 세워지고 전개된 도덕성이 그 힘의 뿌리로부터 단절되고 마는 결과가 생겼다. 윤리는 전적으로 자립적으로, 다시 말해 신앙론으로부터 독립해서 존속하며 오로지 이성 위에 자신의 기반을 둘 수 있다고 여기는 생각은 역사적으로 치명적인 오류임이 입증되었다. 이 점에서 이미 슐라이어마허는 트뢸치보다 더욱 정확하게 판단했다. 기독교적 뿌리들로부터 자라온 윤리적 시각들은 이 뿌리들로부터 단절되고 난 뒤에도 여전히 두 세기 내지 세 세기 동안 사회적 삶에 영향을 끼치는 힘을 지니고 있었다. 그러나 오늘날에는 이 힘이 소진되었다. 이는 종교적, 윤리적 다원주의의 표식을 달고서 현대 산업사회들에서 전개되고 있는 상황들에서 드러난다. 따라서 기독교적 신앙의식의 힘으로부터 기독교적인 윤리적 판단형성을 쇄신하는 것이 오늘날 시급하게 기독교 세계에게 요구된다.

기독교 윤리의 인도주의적 보편타당성

이때 인도주의적 보편타당성에 대한 주장을 포기할 필요는 없다. 그런 인도주의적 보편타당성에 대한 주장은 확실히 기독교적 신앙의 메시지 그 자체에 이미 내재되어 있다. 기독교적 신앙의 메시지는 이스라엘의 하나님, 예수 그리스도의 아버지를 세상의 창조자이자 모든 인류를 책임지고 있는 한 분이신 하나님으로 선포하고 있다. 고대 기독교는 이런 보편타당성의 주장을 정당화하고자 성서의 하나님 계시와 철학의 하나님에 대한 사상을 결합시켰다. 바로 그런 식으로 초기 기독교의 로고스론은, 예수 그리스도가 창조주 하나님의 최종적 계시라는 기독교적 선포의 주장이 보편타당성을 가지는 것으로 입증했다. 따라서 초기 기독교의 로고스론은 예수의 율법 해석도 역시 예수 안에 출현한 신적인 로고스 자체가 가지는 권위의 표현으로 간주할 수 있었다. 그리고 이런 이해가 초기 기독교 신학자들로서는 확증될 수 있다고 여겼는데, 이는 성서적 도덕계명들 및 예수를 통한 이 계명들의 해석이 자연법의 요구들과 일치하기 때문이라는 것이다.

그런데 이런 방식으로 예수의 율법 해석 및 사도들의 삶의 지침들이 보편타당성을 가진다고 하는 논증이 오늘날에도 여전히 믿을 만한 것으로 받아들여질 수 있을까? 그리고 이런 논증 방식이 예수의 율법 해석에 대해서, 그리고 예수의 율법 해석이 그의 종말론적 메시지와 가지는 연관성에 대해서 오늘날 주석적으로 말해지고 있는 판단들과 부합하는가? 이런 토대 위에서 기독교적 도덕성과 자연법의 결부에 대한 신빙성이 오늘날 새롭게 정당화되어야 한다.[10] 바로 그런 관점에서 오로지 자연법적으로만 구상된 윤리를 특수하게 기독교적으로 변형시키는 것도 역시 그 근거가 입증되어야 한다. 어떤 경우든 간에 그런 고려 사항들

---

10) 이와 관련된 착안점은 위의 4장, 4절에서 다음과 같은 고려를 통해서 전개되었다. 즉 십계명의 두 번째 판의 계명들은 하나님에 의해서 선택된 백성의 공동체 안에서 사람들이 함께 살아가기 위한 조건에 해당하는 것이며, 따라서 그것은 사회적 공동의 삶 일반의 조건으로서의 자연법의 형식에 상응한다는 점이다.

과 더불어서 다시 한 번 윤리학과 교의학의 관계에 대한 물음이 제시된다. 그러나 기독교 신앙론을 보편적인 이성 윤리와의 연관성 속에서 전개하고 정당화하는 것이 더 이상 중요한 문제가 아니다. 이제 그 물음은 '특별하게 기독교적인' 윤리가 그 교의학적 전제에 대해서 가지는 관계에 대한 관점에서 논구될 것이다.

2. 신학적 분과로서 윤리학이 교의학과 가지는 관계성

교의학의 기반 위에 있는 윤리학

현대인들의 일반적인 확신과는 달리, 윤리적 규범 및 그 구속력에 대한 의식은 모든 종교와 무관하게 인간의 자연적 이성에 의해서 밑받침될 수 있는 것이 아니라 도리어 종교에 의존에 있다고 한다면,[11] 다음과 같은 귀결에 접근한다. 기독교 신학 내부에서 윤리학은 교의학의 기반 위에 세워져야 한다는 것이다. 그러나 이때 칼 바르트의 경우처럼, 윤리학이 교의학의 일부로서 교의학의 연관성 안으로 반드시 편입되어야 하는 것은 아니다. 위에서 이미 다루었던 것과 같이 바르트의 경우가 그런 의심을 불러일으키기는 하지만, 그런 의심은 오로지 바르트의 논증에만

---

11) 또한 다음의 글을 참조하라. J. Splett: ≫Wenn es Gott nicht gibt, ist alles erlaubt≪? Zur theologischen Dimension des sittlichen Bewußtseins, in W. Kerber (Hg.): *Das Absolute in der Ethik* 1991.

해당하는 것이지 윤리학의 교의학적 근거 제시와 전개의 시도 일반에 해당하는 것은 아니라고 말할 수 있다.

이런 판단을 할 수 있게 된 근거는 다음과 같다. 예수의 메시지와의 연관성 속에서 그의 율법 해석은 실제로 하나님 및 하나님 통치의 가까움을 말하는 종말론적 메시지에 의해 밑받침되고 있었다. 게다가 하나님의 통치의 미래가 이미 현재적으로 시작되었다는 사실에서 – 다시 말해 예수 자신의 보냄에서 – 계시된 하나님의 사랑이 그 자체로서 이웃 사랑의 계명을 위한 토대가 되며, 이 이웃 사랑은 하나님의 사랑에 참여한 결과이다.[12] 바울도 자신의 사도적인 권면[13]을 그리스도론적으로 밑받침할 수 있었다. 말하자면 하나님께 순종하면서 자신을 낮추는 길을 갔던 예수 그리스도의 본보기를 통해서 밑받침할 수 있었다. "너희 안에 이 마음을 품으라 곧 그리스도 예수의 마음이니."(빌 2:5)

인간학적 · 창조신학적 근거

이 두 유형(*예수와 바울)의 정당화 방식들은 그 자체로서도 신빙성을 가진다. 하지만 이 두 방식들은 그 자체를 넘어서 인도주의적 명증성을 염두에 두고 있다. 즉, 다른 어떤 기초 위에서, 말하자면 인간학의 차원에서 입증되어야 할 인도주의적 명증성을 염

---

12) 위의 4장의 1절을 보라.

13) 이에 대해서 저자의 *Systematische Theologie III*, 1993, 105f. 및 참고문헌을 참조하라.

두에 두고 있다. 그렇게 해야만, 예수의 율법 해석의 종말론적 출발점이 창조주 하나님에 대한 언급에서 가지는 연관성으로 인해서 보편적인 인도주의적 명증성에 대한 기대가 예수의 율법 해석 속에 원래 담겨 있다는 사실이 그 자체로서 주제화될 수 있다. 다른 한편으로는 소크라테스 및 플라톤에게서 윤리학이 발생한 이래로 모든 윤리적 반성이 움직여온 토대가 되는 인간학적 논증의 영역 위에서 전개될 신학적 윤리학의 가능성은 다음과 같은 점을 통해서 정당성을 확보했다. 예수의 메시지의 전체적인 틀 안에는 예수의 보내심에서 계시된 하나님의 사랑의 사상에 대한 종말론적 근거가 창조신학적 근거와 나란히 자리 잡고 있는데, 이 창조신학적 근거는 창조주의 선함을 인간 행동과 태도의 본보기로 제시하고 있다(마 5:45)는 것이다. 물론 예수의 사랑 사상에 대한 종말론적 근거와 마찬가지로 이 창조신학적 근거도 역시 하나님과 그의 행위를 논증의 시작점으로 삼고 있다. 하지만 이 창조신학적 근거는 인간의 피조성의 기반 위에 이루어지는 윤리학적 반성을 위한 여지를 다음과 같이 열어준다.[14]

피조물의 행동 속에서 이루어지는 창조주의 선하심에 대한 모방은 피조물의 본성 및 그 규정과 대립될 수가 없다. 그 모방은 인간학적 숙고의 영역에서도 인간의 본성에 적합한 것으로 입증되어야 한다. 모든 윤리적 논증이 이루어지는 이런 영역 위에서

---

14) 이에 대해서는 위의 4장 3절을 보라.

기독교 신학적 윤리의 논증도 역시 이루어져야 한다. 그렇게 해야 기독교 신학적 윤리의 논증이 예수의 선포에 이미 내포되어 있는 인도주의적 보편타당성에 대한 주장을 명시적으로 내세울 수 있을 것이다.

또한 이런 방식으로 해야 예수의 종말론적 메시지나 예수 자신의 모범에 의한 이웃 사랑의 정당화와 결부되어 생길 수 있는 타율성의 오해가 사라진다. 일반적 인간학의 토대 위에서 필연적으로 움직일 수밖에 없는 윤리적 논증이 윤리적 진술들을 예수 그리스도로부터 시작해서 정당화하는 논증 방식과 갑작스럽게 충돌을 일으키게 해서는 안 된다. 타율성의 소지가 사라지게 하려면 그런 방식의 논증이 가지는 적합성이 바로 인간학의 기반 위에서 입증되어야 한다. 그런 입증은 윤리와 종교의 보편적인 연관성에 대한 숙고를 통해서 이루어진다. 윤리와 종교의 보편적 연관성은 일반적인 문화인류학의 기초 위에서, 동시에 윤리적 논증 자체의 관련성 안에서, 선(善)에 대한 질문이 하나님에 대한 사상과 상호 결부되어 있다는 사실을 통해서 입증될 수 있다. 그리하여 종교적 타율(他律 Heteronomie)의 의심을 벗어나서 윤리적인 자율(自律 Autonomie) 자체가 신율(神律 Theonomie) 안에서 근거를 얻을 수 있다는 점이 드러난다.[15]

---

15) 이 주제에 대해서 다음의 작품들을 참조하라. F.W. Graf: *Theonomie. Fallstudien zum Integrationsanspruch neuzeitlicher Theologie*, 1987. 그리고 틸리히(P. Tillich)의 신율(神律) 문화에 대한 사상에 대해서는 G. Wenz: *Subjekt und Sein. Die Entwicklung der Theologie Paul Tillichs*, 1979, 특히 131ff., 133-142를 참조하라.

교의학에 대한 윤리학의 상대적 자립성

윤리적 논증이 인간학적 기초 위에서 전개되어야 한다는 필연성 때문에 기독교 신학 내부에서 교의학에 대한 윤리학의 상대적 자립성이 승인되어야 한다는 요구가 제기된다. 교의학은 하나님과 그의 행위를 다루며, 그 행위의 결과로서 세상 및 인간의 창조를 다루며, 인간 죄의 사실성과 화해 그리고 마침내 인간의 삶의 성화를 다룬다. 인간의 삶과 죽음을 예수 그리스도가 가진 아버지에 대한 아들의 관계에 결부시키는 인간의 성화(聖化)라는 주제는 교의학이 특별히 기독교 윤리학과 밀착되게 만든다.

인간의 성화와 관련해서도 교의학에서 중요한 것은 여전히 하나님의 행위이다 다시 말해서 인간을 하나님의 행위에 결부시키는 것이 중요하다. 이에 반해서 윤리는 - 기독교 윤리도 마찬가지로 - 인간의 행동만을 그 자체로 대상으로 삼아서, 인간 삶의 영위의 문제 및 과제를 위한 방향 설정에 대한 문제를 다루어야 한다. 기독교 신학적 윤리학은 이때 분명히 인간 삶의 영위의 보편적 상황을 이미 기독교적으로 고유한 관점에서 묘사할 것이다.[16] 물론 이때 기독교 신학적 윤리학은 자신의 진술이 가지는 인류적 보편타당성을 주장해야 할 것이다. 그리고 그 주장의 신빙성은 다시금 윤리적인 주제 일반이 종교라는 주제와 가지는 연관성에 대한 판단에 달려있을 것이다.

---

16) 이와 관련해서는 4장 2절에 나오는 렌토르프의 윤리의 대한 상술을 참고하라.

기독교 신학적 윤리학은 더 나아가서 그리스도인의 신앙의 표현인 그리스도인의 행동과 태도를 특별히 연구 대상으로 삼아야 하는데, 이는 위에서 슐라이어마허와 관련해서 지적했던 바와 같다.[17] 또한 기독교 신학적 윤리학이 그리스도인들에게 신앙의 표현으로서 요구되었던 행위와 태도에 대해서 설명할 때, 그 설명은 항상 인간의 삶의 영위의 보편적인 주제와 늘 연관되어 있어야 하며, 또한 이런 보편적인 윤리적 주제에 대해서 가지는 적합성이라는 관점 하에서 전개되어야 한다. 그러나 이때 그리스도인에게 요구되는 삶의 영위를 서술함에 있어서, 각 문화의 전반적 상황에 따라서 기독교적 삶의 양식이 비기독교적인 사회환경에서 지배적인 삶의 영위의 형식들과 때로는 매우 강하게 대비되게, 또 때로는 다소 약하게 대조를 이루게 해야 한다. 현대의 세속적인 사회가 자신의 기독교적 뿌리로부터 점점 더 멀어져 가는 현재의 상황에서는 기독교적 삶의 양식이 사회적 환경의 지배적인 삶의 영위의 흐름들과 가지는 차별성이, 이전에 사회 전체가 기독교적 규범들을 당연한 것으로 받아들일 줄 알았던 시대보다 더욱 강하게 강조될 것임에 틀림없다.

이 책의 주된 관심사는 신학적 윤리학의 근본 토대에 대한 연구이다. 따라서 마지막 장에 가서 오늘날 세속화된 사회의 상황에서 기독교적으로 고유한 삶의 양식의 특징을 드러내는 작업의

___
17) 위에서 나온 4장 1절을 참고하라.

범례적인 관점들을 몇 가지 전개해 보려 한다. 그러나 먼저 윤리적 논증의 인간학적 기반에 대한 기독교의 고유한 변형에 대한 숙고부터 필요하다. 그런 변형의 필연성에서, 그리고 기독교 사상사에서 실제로 일어났던 이런 변형들에서, 윤리적 논증이 자리 잡고 있는 인간학적 기반 자체와 관련해서 기독교 윤리가 가져야 할 교의학적 전제들이 구체화된다. 이때 다루어지는 것은 단지 좁은 의미에서의 기독교 신학적 인간론의 역사와 이에 선행하는 신학적 교리 구성들만이 아니라, 그를 통해서 초래된 기독교 이전 및 외부의 인간학적 이해의 변화가 에른스트 트뢸치의 대작에 나오는 "사회적 이론"과 더불어서 다루어진다. 그러나 이 책의 현재적 연구의 틀에서는 이런 과제의 전체적인 범위가 포괄적으로 눈에 다 들어올 수는 없다. 단지 기독교적으로 고유한 윤리학의 주제에 대해서 특별히 중요한 몇몇 인간학적 사실들을 언급하려 한다. 이것이 뒤의 6장에서 설명하려는 기독교적으로 고유한 삶의 양식이라는 주제에 대한 예시적인 관점의 틀이 될 것이다.

3. 기독교 윤리의 인간학적 전제

기독교 신학적 윤리학은 교의학적 전제들에 의존하는데, 이때 의존은 무엇보다도 기독교 윤리적 진술들이 움직이는 틀이 되는 인간론의 영역에 관계한다. 그리고 교의학적 인간론의 진술들은 두 가지 주제 영역으로 요약되는데, 하나는 인간에 대한 규정이며 그 다른 하나는 이 규정의 실패로서의 인간의 죄에 대한 규정이다.[18] 만약 사정이 이러하다면, 이런 방식으로 기독교 윤리의 인간론적 기초도 역시 자신의 고유한 기독교적 특징을 획득하게 된다.

하나님과의 공동체성과 인간의 개인적 차원

인간은 하나님과의 공동체성을 형성하도록 되어있다는 – 이것은 기독교 교의적 전통의 용어에서는 인간이 가진 하나님의 형상이라고 말하는데 – 이 규정은 인격적 존엄성에 대한 기독교적 이해의 기반을 이룬다.[19] 기독교적 이해에 따르면 인격적 존엄성은 각 개인이 하나님과 공동체성을 이루도록 규정되어 있다는 점에서 각 개인에게 부여된 것이며, 이로 인해서 그 어떤 다른 근거에 의해서도 각 개인의 생명과 자유에 대한 최종적인 재량권이 그 개인으로부터 탈취될 수 없다. 인간존엄성에 대한 이런 식의 정당화는 인간존엄성을 인간의 이성적 본성에서 그 정당성을 찾으려는 시도들과 달리 인간학적으로 유일하게 타당한 것이라고 기

---

18) 이에 대해서 좀더 정확한 내용을 알고자 한다면 저자의 *Systematische Theologie* 2, 1991, 232–303를 보라.

19) 이에 대한 더 자세한 내용을 위해서는 a.a.O. 204ff.를 보라.

독교 윤리는 주장하며, 또 그 주장을 고수해야 할 것이다.[20] 기독교 윤리는 국가폭력의 전체주의적 권리 주장에 맞서서, 인간들의 개별적인 불가침적 통합성을 보호해주는 유보권리인 인권의 기초를 인간존중에서 발견할 것이다.

인간이 하나님과 공동체성을 이루도록 규정되어 있다는 이 사실은 기독교 신앙의 관점에서 본다면 예수가 하늘에 계신 아버지에 대해서 가지는 아들의 관계에서 그 완전한 실현을 발견하게 되는데, 그리스도인들은 세례와 신앙을 통해서 예수가 가진 그 아들의 관계 안으로 접합된다. 인간에게 정해진 그 규정이 아버지에 대한 아들의 관계에서 실현되었다는 이 사실은 기독교 윤리학에서도 인간의 규정에 대한 진술에서 최종적인 척도가 될 것이다.

하나님과의 공동체성과 인간의 사회적 차원

그러나 하나님과 공동체성을 이루도록 인간이 규정되어 있다는 것은 단지 개별적 인간에게만 해당하는 것이 아니라, 구체적 현실의 사회적 존재로서 존재하는 인간에게도 해당한다. 다시 말해 그것은 타인과의 공동체성 안에 있는 개인에게도 해당하며, 또한 한 사회의 개별적인 구성원과의 관련성 속에 있는 사회질

---

20) 이에 대해서 좀더 자세한 내용은 저자의 Christliche Wurzeln des Gedankens der Menschenwürde, in W. Kerber (Hg.): *Menschenrechte und kulturelle Identität*, 1991, 61-76 를 참조하라.

서 자체에도 해당한다. 개별적 인간이 사회적 존재로서 창조되었다는 사실은, 제사장문서의 창조보도가 하나님의 형상에 따른 인간의 창조를 남자와 여자로서의 인간에 대한 창조의 관점에서 말하고 있다는 점에서(창 1:27) 드러난다. 물론 인간에게 있는 하나님의 형상이 인간 실존의 성(性)적인 이중형태 및 남성과 여성의 상호의존성 바로 그 자체에 있는 것은 아니다.[21] 그러나 인간에게서의 하나님의 형상은 남성과 여성이라는 인간의 존재에 대한 진술로서 이해될 수 있으며, 따라서 남성과 여성이 하나님과의 관계에서 가지는 원리적인 동등성, 다시 말해 인간존중의 원리적인 동일성을 함축하고 있다. 바로 여기에 또한 남성과 여성이 공동체성을 이루어야 한다는 규정성이 그 근거를 가지고 있는데, 이런 규정성은 부부 제도에 표현되어 있으며, 그것도 이 공동체성의 해체불가능성으로 특징지어져 있다. 바로 이것이 예수가 이혼에 대한 바리새인의 질문에 자신의 대답 속에서(막 10:6-9) 강조했던 것이다.[22] 인간의 공동체성의 근거를 남성과 여성으로서의 인간의 창조에 두는 것은 기독교적 인간상(人間像) 일반에 대한 토대가 되었다.

인간들은 상호 간에 공동체성을 이루도록 창조적 차원에서 규정되어있다는 점은 부부 및 가족에서의 공동의 삶의 차원을 넘

---

21) 이런 식으로 바르트는 생각한다. K. Barth *KD* III/l, 205-224. 이에 대한 상세한 비판은 저자의 *Systematische Theologie* 2, 1991, 235f.를 보라.

22) 이런 생각은 창1:27과 창2:24의 결합에서 나온다.

어서 보다 더 큰 차원의 공동체성, 곧 민족의 공동체성 및 민족들 간의 공동체성을 겨냥한다. 그리고 후자의 이 두 공동체성은 하나님에 대한 신앙의 기초 위에서 정의와 평화를 통해서 완성되어야 한다. 민족의 법률공동체(Rechtsgemeinschaft)는 구약에서 하나님의 언약에 기인한다. 이와 마찬가지로 미가 4:1-4 및 이사야 2:2-4에 나오는 예언자적 환상에 따르면, 인간들 사이의 법과 정의의 미래적인 실현과 이에 근거해서 민족들의 세계에서 이루어질 평화의 미래적인 실현은, 시온으로 순례해오는 민족들이 이스라엘 하나님의 권위를 인정하는 것을 기반으로 해서 이루어지는 인류의 법률공동체에서 이루어진다.

이런 방식으로 기독교 윤리에 있어서 법률 및 정치적 법질서에 대한 신학적 착안점은 이미 인간에 대한 규정성과 관련되어 있다. 하나님 나라에서 이 규정성이 실현된다는 점에서 교회의 실존이 국가 질서라는 주제와 맺는 연관성에 대한 신학적 관점이 도출된다. 물론 이때 국가 질서는 단지 인간의 사회적 규정의 임시적 형태로 인정되는 반면에, 하나님 나라에서 비로소 인간의 이런 규정은 그 순수한 실현을 이루게 될 것이다.[23]

국가의 정치적 질서에서는 법질서로 표현되는 인간 상호 간의 공동체적 규정성이 사실상 항상 다소간 인간에 의한 인간의 지배에 항상 수반되는 불의의 문제들과 밀접하게 결부되어 있다.

---

23) 이와 관련해서 하나님의 나라, 교회, 사회에 대한 자세한 설명은 저자의 *Systematische Theologie* 3, 1993, 40-71를 보라.

그러나 다른 한편으로 국가폭력은 죄의 결과로 이해될 수 있는 개인들 상호 간의 적대적인 공격으로부터 법을 보호하는 의무로 인해서 정당화되기도 한다.(참고 롬 13:1-5) 따라서 정치적 형태의 공동체질서는 기독교적 고찰에 따르면 양면성을 가지고 있다. 정치적 형태의 공동체질서가 한편으로는 인간의 공동체적 규정성이 실현되도록 그 종말론적 완성의 관점에서 법률공동체를 전개하고 보호하는 기능을 하는 것으로 특징지을 수 있다. 그러나 다른 한편으로 그것은 국가적인 지배질서로서 인간의 공동체적 삶에서 죄의 파괴적인 영향들을 제한하는 일을 맡는다. 하지만 이때 이 정치적 형태의 공동체질서는 항상 인간의 권력의지 및 권력남용의 형태로 죄의 유혹에 빠지는 위험에 처해있다.

인간의 죄성

이로써 이미 죄라는 주제에 다다르게 되었다. 앞에서 본 것처럼 하나님에 대한 인간의 공동체적 규정성은 개인의 인격존중의 기초가 될 뿐만 아니라 인간의 공동의 삶에서 정의와 평화를 통해서 세워진 사회적인 삶의 질서의 기초가 되었다. 그것이 기독교 윤리의 표준적인 인간학적 관점에서 주목해야 할 첫 번째 주제라고 한다면, 그 두 번째 주제는 바로 죄의 문제이다.

인간은 하나님 및 다른 사람들에게 뿐만 아니라 자신을 둘러싸고 있는 자연세계에 대해서 소외되어 있다. 그리고 이 소외는 자신의 자아를 위한 삶의 충족에 대한 무절제한 욕망으로 인한 것이다.(참고 롬 7:7-11) 인간의 행동과 태도에서 죄의 지배가 편만해 있음을 고려의 대상으로 삼는 것은 기독교적 인간학과 윤리학의 사실주의를 드러낸다.[24] 바울에 따르면 그리스도인들은 물론 세례와 믿음을 통해서 예수 그리스도의 죽음 및 부활과 연합을 이루어 죄의 지배로부터 벗어났다.(롬 6:3-11) 세례에서 이미 선취(先取)된 죽음에 이르기 전까지 이 유한한 삶에서 이루어지는 그리스도인의 삶의 과정에서도 물론 하나님의 영과 죄의 자기본위(自己本位)는 여전히 서로 투쟁하는 가운데 있다.(갈 5:17) 그 결과 사도는 죄가 다시금 그 정욕과 더불어서 우리의 죽을 육체에서 지배하지 못하게 하라는 권면을 해야 함을 느꼈다.(롬 6:12)

이런 관점은 기독교 윤리에 광범위한 결과를 낳았다. 이런 관점에서 신학적 전통은 한편으로 고대의 덕론(德論)들을 수용하기도 하고 또한 변형시키기도 했다. 그리고 다른 한편으로 기독교적 삶의 영위에서 피해야 할 악덕(惡德)에 대해서도 논의했다. 이때 미덕 및 악덕이 개인적인 삶의 문제들에 대해서 뿐만 아니라 사회적인 공동의 삶에 대해서도 영향을 미친다는 점이 주목되었다.

---

24) 기독교의 원죄론이 말하는 이 관점에 대해서 저자의 *Systematische Theologie* 2, 1991, 266-303 특히 281f., 301ff.를 보라.

6장

세속화된 사회적 상황에서의 기독교 윤리의 원칙

기독교 윤리의 대조성

삶의 영위에 대한 이상과 규범들이 기독교 신앙을 통해서 보편적으로 규정되는 사회에서는 보편적인 윤리와 특수한 기독교적인 윤리 사이의 구별이 약하다. 그 구별은 종교적으로 고유한 행동에 국한될 수 있다. 말하자면 교회 생활의 참여나 - 가정과 양육의 영역에서도 - 교회와 공공질서의 관계 등에 국한될 수 있다. 하지만 삶의 영위에 대한 이상들이 기독교 신앙에 대해서 낯선 상황에서 형성되거나 또는 기독교 신앙으로부터 이탈되고 난 후에 형성되는 사회에서는, 기독교적 삶의 영위와 사회적 주변세계의 삶의 양식 사이에 보이는 대조가 기독교 윤리에서 분명하게 주제화되어야 한다. 이를 통해서 기독교 윤리는 각 그리스도인들에게 그런 대조와 차이성이 그들의 개별적인 기독교적 삶의 통합성의 조건이 된다는 의식을 강화시켜주는 역할을 한다. 동시에 기독교 윤리는 또한 그리스도인 공동체가 다음과 같은 과제를 수행해야 한다는 의식을 강하게 가지게 만든다. 필수적인 차이성이 드러나는 삶의 영위 방식과 관련된 문제에서 하나의 공통된 판단이 형성될 수 있게 하며, 이를 통해서 개별적 그리스도인들에게 확신을 심어주어 자신의 고유한 삶의 양식이 그 사회적 주변세계와 구별되는 차이성을 고수하려는 그들의 노력을 밑받침해 주어야 한다. 이때 그들의 개별적인 삶의 영위에서의 특별한 점들만이 아니라 그들에게 공통적으로 기독교적인 것도 다루어진다고 한다면, 교회가 교회를 둘러싼 사회적 세계와의 관계에서

"대조사회"(對照社會 Kontrastgesellschaft)로서 특징을 갖게 되는 것은 정당한 일이었다.[01]

기독교적 뿌리들로부터 점점 더 단절되고 있는 사회에서 이런 관점이 가지는 시사성으로 인해서 기독교 윤리 전체를 교회론과 결합시키려는 시도들이나, 기독교 윤리를 교회론 위에서 정립하려는 시도들은 매력적으로 보일 수 있다.[02] 그러나 그럴 때에 기독교 윤리가 가지는 인도주의적 보편타당성에 대한 물음이 소홀해지거나 혹은 그 보편타당성이 다만 그리스도론적으로 정당화된 요구라는 의미에서만 고려될 우려가 있다. 하지만 예수 그리스도는 둘째 아담, 곧 인간의 종말론적인 최종 형태라고 하는 사실에 단적으로 그 기반을 가지고 있는 그런 그리스도론적 주장의 타당성은 다시금 윤리학의 영역에서 인간의 삶의 영위라는 윤리적 주제와의 연관 속에서 입증되어야 한다. 따라서 만약 기독교 윤리가 하나의 단순한 교회적 관행 그 이상의 것이어야 한다면 기독교 윤리를 교회론적으로 뒷받침하는 것만으로 충분하지

---

01) 이런 입장을 보려면 다음을 참조하라. G. Lohfink: *Wie hat Jesus Gemeinde gewollt? Zur gesellschaftlichen Dimension des christlichen Glaubens*, 1982; ders.: *Wem gilt die Bergpredigt? Beiträge zu einer christlichen Ethik*, 1988. 또한 이런 생각의 수용에 대해서는 다음을 참조하라. R. Hütter: *Evangelische Ethik als kirchliches Zeugnis. Interpretationen zu Schlüsselfragen theologischer Ethik in der Gegenwart*, 1993, 153-185.

02) 이런 방향으로 이미 레만은 움직이고 있다. Lehmann: *Ethics in a Christian Context*, 1963, 특히 45-73. 그리고 무엇보다도 하우워즈(St. Hauerwas)는 이런 문제제기를 성화의 관점에 의해서 변형된 형태로 계속 발전시켰다. St. Hauerwas: *A Community of Character. Toward a Constructive Christian Social Ethics*, 1981. 이에 대해서는 바로 앞의 각주에서 언급한 휘터(R. Hütter)의 박사학위논문을 보라. 이 박사학위논문에서는 윤리에 대한 두 입장 모두의 뿌리를 칼 바르트의 교회교의학에서 윤리학이 다루어지고 있는 부분으로 소급시키고 있다.(a.a.O. 16f., 참조 25-105)

않다. 기독교 윤리가 가지는 보편적인 인도주의적 적합성은, 그리스도인의 삶의 윤리적인 귀결들이 인간의 보편적인 윤리적 삶의 주제와 관련성을 맺을 때에 비로소 규명된다.[03]

물론 기독교 윤리는 이런 보편적인 윤리적 주제에 자신의 고유한 방식으로 변형을 가한다. 이때 개별적 그리스도인의 행동과 태도는 항상 그리스도인들의 공동체성에 결부되어 있다. 그럼에도 불구하고 기독교적 삶의 양식이 가지는 특수성은 일차적으로 개인들의 행위에서 표현된다. 교회 그 자체는 기독교 윤리의 주체가 아니다. 기독교 윤리는 또한 교회의 사역자들에 의해서 일차적으로 구현되는 것이 아니다. 기독교 윤리는 각 개별적인 그리스도인의 사안이다. 물론 교회의 사역자들이 자신들의 개인적인 행동을 통해서 기독교적 삶의 영위에 대한 좋은 본보기를 보여주리라 기대하는 것은 정당한 일이다.

그리스도인의 개인적 삶과 공동적 삶의 윤리적 근본 관점들

이제는 기독교 윤리의 몇몇 근본적인 관점들을 다루려고 한다. 이때 기독교 윤리가 세속화된 사회의 주도적인 삶의 영위의 양식들에 대해서 가지는 차이성을 부각시킬 것이다. 여기서 다루는 윤리적 주제들을 대략적으로 소개하면 다음과 같다. (1) 자신의

---

03) 신약성서의 권면은 특히 가정생활과 관련된 부분에서 주변환경의 사회가 존경 받을만한 삶의 방식에 대해서 가지고 있는 생각들과 놀라울 정도로 광범위하게 일치하고 있다.(참고 빌4:8)

선택에 따라서 이루어지는 개인들의 자기실현이라는 원칙은 세속화된 사회에서 삶의 영위를 위한 표준적인 이상으로 간주된다. 이에 반해서 기독교적 삶의 양식은 먼저 하나님에 대한 봉사 및 이웃에 대한 봉사에 대한 사상을 통해서 규정된다. 여기에는 인간이 오로지 하나님과 이웃에 대한 봉사를 실행하는 가운데서만 삶의 성취에 도달할 수 있다는 확신이 깔려있다. (2) 아울러 인간의 죄성(罪性)에 대한 기독교적 이해는, 인간 안에 자리 잡고 있는 모든 노력들이 동등하게 펼쳐지고 시도되어야 할 정당한 권리를 가지고 있다는 주장에 이의를 제기할 것이다. (3) 인간의 공동적 삶에 대한 응용과 관련해서 볼 때, 특별히 부부와 가족에 대한 높은 평가는 기독교를 통해서 역사적으로 전개되어온 삶의 양식에서 주요한 특징이 되어왔다. 이때 부부에 대한 기독교적 이해는 인간에 대한 규정성을 서술하게 만들 것이다. 인간은 하나님이 그의 백성과 맺은 언약의 관계를 겨냥하도록 규정되며, 또한 예수 그리스도 안에서 성취되는 존재로 규정될 것이다. 이를 통해서 다시금 직접적인 자기실현의 이상에 대한 차이성이 강조된다. (4) 이런 차이성은 마침내 국가에 대한 기독교적 이해에서도 그리고 개별적 그리스도인 및 교회가 국가에 대해서 가지는 관계에서도 드러날 것이다.

1. 자기실현과 봉사

인격권과 자유권

독일 기본법의 기본권 목록 2장 1절(Art. 2,1) 인격권(Persönlich-keitsrechte)의 초두에 다음과 같이 적혀있다. 각 사람은 "자신의 인격을 자유롭게 펼칠 권리"를 가진다. 자유권의 역사에서 이런 생각은 18세기에 출현했다. 1628/29년의 「권리청원」(Petition of Right)과 관련하여 "생명, 자유, 소유"에[04] 대한 각 시민의 권리에 대한 논의가 17세기 영국에서 이루어졌다. 이 논의에서 특별히 「권리청원」의 공동입안자인 에드워드 코크(Edward Coke)의 경우에 자유라는 단어는 법적인 근거가 없는 체포로부터의 안전을 의미하고 있었다.[05] 그 이후의 논의들에서, 특히 1647년의 「인민협정」(Agreement of the people)에 나타나는 크롬웰 군대의 표현들에서 자유 개념은 개인의 자율적 처분의 영역이라는 의미에서의 소유 개념과 연관되어 논의되었다.[06] 이런 의미에서 전통적인 자연법 이론의 판단이나 휴고 그로티우스(Hugo Grotius)의[07] 이해와는 대조적으로 개인적인 자유와 결부된 소유권이 긍정되었다. 이때 물

---

04) 참조 J. Bohatec: Die Vorgeschichte der Menschen- und Bürgerrechte in der englischen Publizistik der ersten Hälfte des 17. Jahrhunderts (1956) in: R. Schnur (Hg.): *Zur Geschichte der Erklärung der Menschenrechte*, 1964, 267-231, 특히 284f., 참조 299.

05) J. Bohatec a.a.O. 285.

06) J. Bohatec a.a.O. 290ff., 298f.

07) J. Bohatec a.a.O. 293f.

론 크롬웰의 사위인 헨리 이레톤(Henry Ireton)은 이미 무제한적 자유의 요구들에 대해서 경고했다. 그는 무제한적 자유가 "원죄를 통해서 유전된 이기주의적 충동, 곧 무제한적 개인주의에서 기인하는 것으로 공동체(공화국)에 대한 배려를 완전히 포기하게 만든다"[08]고 경고했다.

존 로크(John Locke)도 역시 자유 개념은 소유 개념과 밀접하게 결부되어 있는 것으로 보았다. 그는 「시민 통치에 관한 두 편의 논고」(Two Treatises on Civil Government, 1690)의 두 번째 논고에서 인간의 자연상태를 다음과 같이 정의했다. 인간의 자연상태란 "자신들의 행위를 정하고, 아울러 자신들의 소유물과 인격을 자신들이 적합하다고 생각하는 대로 처분하는 완전한 자유의 상태"로서[09] 이레톤이 기독교적 죄론의 관점에서 말한 바와 같은 유보가 없는 상태라고 보았다. 로크에게서 자유와 법률은 상호 대립적 관계가 아니다. 왜냐하면 "자유는 타인으로부터의 속박과 폭력이 없는 것을 말하는데, 이는 법이 없는 곳에서는 가능하지 않기"[10] 때문이다. 로크에 따르면 인간의 자유는 인간의 이성적 본성에 근거해 있으며, 이런 사실을 통해서 법률과 자유는 상호 결부되어 있다.[11] 따라서 자유에서 비합리적인 자의성과 같은

---

08) J. Bohatec a.a.O. 297.

09) J. Locke: *Two Treatises on Civil Government* (1690) II, 2, 4.

10) J. Locke a.a.O. II, 6, 57.

11) J. Locke a.a.O. II, 6, 63; vgl. 59.

것은 생각될 수 없다. 이런 이유로 로크는 정치적 지배의 사회적 상황을, 토마스 홉스(Thomas Hobbes)와는 달리 긍정적으로 인간들의 자연적인 자유와 연관시킬 수 있었다. 그는 이런 자유의 보호에 대한 관심을 정치적 지배와 결부시켰다. 사람들은 "자신들의 생명, 자유 및 재산이라고 부르는 소유물을 상호 간 보존하기 위해서"[12] 서로 연합한다.

1776년의 북아메리카 독립선언에서는 이렇게 말하고 있다. 모든 인간은 창조주에 의해서 부여된 양도 불가능한 권리들을 가지고 있는데, 여기에 속하는 것으로 "생명, 자유, 행복의 추구"가 있으며, 이 권리들의 보호를 위해서 인간들 사이에 정부가 세워졌다. 이런 표현의 정형화는 막 조금 전에 결별을 고했던 버지니아 헌법으로부터 물려받은 것이다.[13] 독립선언에서는 소유 개념 대신에 "행복의 추구"라는 표현이 출현했다.[14] 재산획득은 물론 행복 추구의 한 부분으로 이해될 수 있었다. 독일 기본법 2장 1절에서 각 개인이 가진 기본적인 인격권을 "자기 인격의 자유로운 계발"[15]이라고 표현한 것도 역시 바로 앞서 정형화된 표현에 역사적 기원을 두고 있다.

---

12) J. Locke a.a.O. II, 9, 123.

13) G. Jellinek: *Die Erklärung der Menschen- und Bürgerrechte*, nach der 4. Aufl. 1927 in R. Schnur a.a.O. 1-77, 특히 10.

14) 버지니아 헌법에는 소유의 권리와 더불어서 "행복 추구"의 권리가 나란히 병립해있다.

15) 참고 G. Oestreich: *Die Idee der Menschenrechte in ihrer geschichtlichen Entwicklung*, 1963; ders. In: *Die Grundrechte. Handbuch der Theorie und Praxis der Grundrechte*, hg. K.A. Bettermann, F.L. Neumann und H.C. Nipperdey I, 1966.

자유권의 제약

이미 앞에서 언급한 대로 (앞의 1장 2절을 보라) 독일 기본법에는 인격의 자유로운 계발의 권리가 이미 타인의 권리들에 의해서, 그리고 헌정질서 및 "도덕법"에 의해서 제약되어 있으며, 더 나아가서 그 권리는 불가침의 인간존엄성(독일 기본법 1장 1절)보다 하위에 놓여 있다. 그러나 이런 제약들 중에서 헌정 현실에서 여전히 실효를 발휘하고 있는 것은 오로지 국가의 실증 법질서에 대한 결속이다. 이때 물론 몇몇 경우에는 – 예를 들어 낙태 문제의 경우 – 이미 인격의 자유로운 계발의 권리와 인간존엄의 불가침의 원리 사이에 충돌이 나타난다. 그런 충돌에는 기본권의 정형화에 자리 잡고 있는 상이한 문화적 뿌리들이 영향을 미친다.

인간존엄의 불가침에 대한 보장은 최종적으로 성서적·기독교적 원천에 연원을 두고있다. 왜냐하면 그것은 인간이 가진 하나님 형상에 대한 성서적 사상에 기인하기 때문이다.[16] 그에 반해서 인격의 자유로운 계발에 대한 권리라는 생각은 18세기 자유주의로 소급된다. 18세기 자유주의는 기독교의 원죄론을 거부하면서, 다양한 개인적인 추구와 노력들이 보편적인 복지의 산출로 수렴된다고 하는 생각을 수용했다. 이런 생각의 고전적인 형태는 아담 스미스의『국부론』에 묘사되어 있다.

프라이부르그의 역사학자 게르하르트 리터(Gerhard Ritter)가

---

16) 이미 207쪽에 나온 각주 20에서 인용된 저자의 논문을 보라. Christliche Wurzeln des Gedankens der Menschenwürde, a.a.O. 61ff., 68ff.

1948년에 주장했던 대로, 바로 이 점에서 "인권에 대한 아메리카의 선언은 일반적인 기독교적 전통으로부터 이미 이탈했다."[17] 왜냐하면 "기독교적 이해에 따르면 인간에 대한 최고의 규정은 … 행복해지는 것이 아니라, 하나님의 뜻을 행하는 것, 다시 말해 자기 자신을 공동체 안에서 도덕적 인격으로 입증하는 것이기" 때문이다.[18] 좀 더 정확하게 말하면 지복에 대한 희망은 하나님과의 일치 및 그의 뜻과의 일치에 결부되어 있다. 지복(至福)의 추구 그 자체, 다시 말해 선의 요청에 종속되고 또한 그 선의 척도인 하나님께 종속되어야 한다는 요구를 고려하지 않는 지복의 추구는 기독교적 시각에서 본다면 아메리카의 선언에서 말하는 것처럼 피조물인 인간에게 수여된 권리라고 말할 수 없다.

무엇보다도 기독교적 시각에서는 각 개인이 자신의 행복에 대해서 가지는 임의적인 생각들에 따라서 행동하는 그런 권리와 같은 것은 인정될 수 없다. 하나님과 결부되지 않고, 인간에게 미리 주어진 선에 대한 규범과 결부되지 않고 철저하게 무제한적으로 인간이 자기 마음대로 할 수 있다고 하는 것은 하나님의 창조를 통해서 인간에게 부여된 권리가 아니다. 그것은 오히려 인간 죄의 표출이다. 그것은 창세기 3장 5절에 따르면 인간 자신이 (자기 자신에 대해서, 그리고 타인에 대해서) 선과 악을 결정함으로써 하나님

---

17) G. Ritter: *Ursprung und Wesen der Menschenrechte*, zit. nach dem von R. Schnur hg. Band 202-237, 223.

18) G. Ritter a.a.O. 220.

처럼 되려는 인간 죄의 표출이다.

하나님과 이웃에 대한 봉사

현대 서구 민주주의 사회의 헌정 속에서 자기의 고유한 인격의 자유로운 계발은 많은 사람들에게 인간의 절대적인 기본권으로 여겨진다. 이와 달리 기독교적 이해에서 삶의 영위에서의 중심적 주제는 무제한적 행복의 추구라는 의미에서의 자기실현이 아니라 봉사, 즉 하나님에 대한 봉사 및 다른 사람들에 대한 봉사에 있다. 말하자면 하나님은 인간들이 하나님 자신과 공동체를 형성하기를 원하시며, 이를 통해서 매개되는 인간 상호 간의 공동체성을 원하시는데 바로 이런 하나님에 대한 봉사가 한편으로 요구된다. 또한 인간은 하나님과의 공동체성을 이루도록 규정되어 있다는 관점 속에서 이루어지는 인간에 대한 봉사가 다른 한편으로 요구된다. 하나님에 대한 봉사와 인간에 대한 봉사가 삶의 영위에서의 기독교적 중심 주제이다.

하나님 및 하나님이 인간에 대해서 가지는 그의 뜻에 대한 봉사 그리고 인간에 대한 봉사 이 둘 사이의 연관성은 중요하다. 이 연관성으로부터 다음과 같은 결론이 도출된다. 기독교적 이웃 사랑이라는 것은 우리가 우리 이웃 인간의 죄악된 욕망들에 대한 봉사자가 되어야 한다는 것을 뜻하는 것이 아니다. 기독교적 이웃 사랑에서 중요한 것은 하나님의 사랑의 의지라는 의미에서, 아울러 인간은 하나님과 공동체성을 이루도록 규정되어 있다는 시각 속에서 이루어지는 사랑이다.

봉사로서의 그리스도인의 삶이 인간의 자유와 대립 관계에 있는 것은 아니다. 봉사는 오히려 루터에 따르면 자유의 표현이다. 만약 우리가 신앙을 통해서 이루어진 하나님과의 공동체성을 통해서 인간적 권위에 대한 모든 최종적 속박으로부터 벗어나서 자유롭다면, 우리는 바로 하나님을 위해서 이제는 모든 사람들에게 "섬기는 종이 되며 모든 사람들의 아래에 있게 된다."[19] 그리스도인들의 그런 태도는 바울이 빌립보서 2장 5절에서 쓰고 있는 것처럼 그리스도 자신의 본을 따르는 것이다. "너희 안에 이 마음을 품어라, 곧 그리스도 예수의 마음이니, 그는 자신을 낮추었고, (루터가 부가한 표현에 따른다면) 우리를 위해서 종이 되었다."[20] 루터가 빌립보서 2장 4절을 해석한 것에 따르면 그리스도의 본보기에 따라서 "각 사람은 다른 사람에게 봉사해야 하며, 각자는 자기 자신이나 자기 자신의 일에 마음을 두지 말고, 타인을 돌보며 자신의 것이 아닌 일에 마음을 두어야 한다."[21] 그러므로 인간을 향한 하나님의 사랑의 의지에 대한 봉사는 그리스도의 순종의 본보기에 따라서 그리스도인의 삶이 봉사로 규정되도록 만든다.

---

19) M. Luther *WA* 7,30,8f.
20) M. Luther *WA* 7,35,18f.
21) M. Luther *WA* 7,35,7-9.

보편적 봉사와 특정 직무의 봉사

이런 연관성이 신약성서에서는 아직 봉사(diakonia)의 정신으로 표현되지 않았다. 대신에 그것은 "서로의 아래에 있음"으로 묘사되었는데, 가장 근본적으로는 에베소서에 묘사되어 있다. "그리스도를 경외함으로 피차 복종하라."(엡 5:21) 그리스도에 대한 경외라는 표현은 이때 아마도 그가 재림할 때 심판자로서 가지는 미래적 기능에 대한 지시로 이해될 수 있을 것이다.[22] 아무튼 그리스도의 권위는 에베소서의 이어지는 구절에서 묘사하고 있는 행동들을 향해서 믿는 자들을 움직이게 만든다. 아내들이 남편들에게 복종해야 할 뿐만 아니라 남편들도 아내를 사랑하기를 "그리스도께서 교회를 사랑하시고 그 교회를 위하여 자신을 주심 같이"(엡 5:25) 해야 한다. 동일한 방식으로 부모와 자식의 관계(6:1-4) 및 종과 주인의 관계(6:5-9)도 상호 복종의 관점에서 설정된다.

이러한 포괄적인 의미에서 봉사(디아코니아 Diakonie)의 개념도 이해되어야 한다. 자기 자신을 낮추셨던 그리스도의 태도를 바울이 신자들의 본보기라고 지칭했을 때,(빌 2:5) 그것은 바로 예수 자신이 섬김에 대해서 하신 말씀과 일치한다. "인자가 온 것은 섬김을 받으려 함이 아니라 도리어 섬기려 하고 자기 목숨을 많은 사람의 대속물로 주려 함이니라."(막 10:45 및 평행구) 이것은 바로 이 구절과 결부되어 있는 제자들을 향한 지침과 일치한다. "너희 중

---

22) 참고 H. Schlier: *Der Brief an die Epheser. Ein Kommentar*, 1957, 252.

에 누구든지 크고자 하는 자는 너희를 섬기는 자가 되고 너희 중에 누구든지 으뜸이 되고자 하는 자는 모든 사람의 종이 되어야 하리라."(막 10:43f. 및 평행구)

그러나 그리스도인들 상호 관계의 근본 규칙으로 나타나는 섬김의 이런 보편성이 이미 원시 기독교에서 디아콘(집사, Diakon) 및 디아코니아(Diakonie)와 같은 제한적인 언어용법을 통해서 억제되었다. 이는 누가의 사도행전에서 가난한 자들과 과부들을 먹이는 일이 "매일의 구제"(tägliche Diakonie, 행 6:1)라고 지칭되며, 또한 집사(디아콘)의 직무로 특별히 식탁봉사가 배정된 것에서 드러난다. 물론 나중에는 집사(디아콘)의 직무가 감독 제도로 편입되면서 더욱 포괄적으로 하나의 특별한 봉사의 직무로 파악될 수 있었다. 점차로 디아코니아 개념은 교회의 자선활동이라는 특별한 영역을 지칭하는 용어로 되었다.[23] 이와 달리 섬김이라는 것은 그리스도인의 삶의 양식에 대한 포괄적인 묘사라고 하는 점이 새롭게 주목되어야 한다.

루터의 소명론

이런 이해가 루터의 소명(Beruf)에 관한 가르침에서 구체화되었다.[24] 루터는 중세 기독교가 무엇보다도 종교적 신분, 특히 수

---

23) 롬12:7는 이렇게 말하고 있다. 참고 U. Wilckens: *Der Brief an die Römer* 3, 1982, 14f. 계속된 전개에 대해서는 P. Philippi Art. Diakonie TRE 8, 1981, 621-644를 보라.

24) 이에 대해서는 렌토르프가 *Hist. WB Philos.* 1, 1971, 833-835에 쓴 항목「직업」(Beruf)

도사로의 소명을 염두에 두고 이해했던, 몇 사람들에 대한 특별한 소명을 보편화시켰다. 이때 그는 고린도전서 7장 20절과 같은 성서적 진술과의 연관 속에서 소명에 대한 생각을 모든 그리스도인들의 세상 활동들과 결부시켰다.[25] 이럴 때 루터는 의심의 여지없이 바울의 고린도전서 7장 20절("각 사람은 부르심을 받은 그 부르심 그대로 지내라")의 의미를 넘어섰다. 이 말씀을 통해서 바울은 공동체의 각 구성원이 믿음으로 부름을 받았을 때 처해있던 각각의 상태,(고전 7:17) 예를 들어 유대인이나 이방인 또는 종이나 자유인으로서의 각각의 상태를 염두에 두고 있었다.

루터는 이로부터 바로 섬김을 도출해 내었고, 그 섬김을 **위해서** 우리가 부름을 받았다고 해석한다. 이런 해석은 고린도전서 7장 20절을 고린도전서 12장의 은사론과 결부시킨 표현으로서 이해될 수 있다. 그런 한에서 이런 해석이 고린도전서 7장 20절만을 따로 두고서 파악할 수 있는 바울의 말의 의미와는 상응하지 않을지 몰라도, 일반적인 바울 사상의 경향성에 잘 부합할 뿐만 아니라 에베소서에서 상호 복종이 주창되는 것과도 잘 부합한다.(엡 5:21) 루터의 소명론에서는 각 그리스도인들이 믿음으로

을 참고하라. 그리고 또한 Rendtorff, *Ethik* II (1981) 2. Aufl. 1991, 52ff.에 나오는 단원 "Arbeit als Beruf"를 참고하라. 더 나아가서 또한 빈그렌(G. Wingren)이 *TRE* 5, 1980, 657-671, 특히 660ff.에 쓴 항목인 「직업 II」(Beruf II)과, 또한 동일인의 Luthers Lehre vom Beruf, 1952를 보라.

25) 이에 대해서 K. Holl: *Die Geschichte des Wortes Beruf* (1924), *in Ges. Aufs. zur Kirchengeschichte* 3, 1928, 189-219를 보라. 특히 *Luthers Schrift De votis monasticis*, 1521, 및 그의 Postille von 1522.에 대해서 쓴 부분을 보라.

부름 받는다는 사실과 또한 그들이 세상에서 사람들에게 봉사하는, 어떤 특별한 활동의 수행을 통해서 공동의 삶에 특정한 기여를 하도록 부름 받는다는 사실이 결합되어 있다. 이런 의미에서 루터의 소명론, 곧 그의 직업 사상은 개신교의 역사에서 놀라울 정도로 큰 영향을 끼쳐왔다. 노동 분화가 이루어진 사회에서 각자가 맡은 세상의 직업 노동은 신앙적 부름의 결과로서 초래된, 사람들에 대한 봉사의 구체적인 형태로 이해되어야 한다고 가르쳤다.

오늘날 사람들의 의식 속에서 봉사의 사상은 매우 상당히 잊혀져 있다. 삶의 영위에 대한 주제는 다른 사람들에 대한 봉사보다는 자기실현을 다룬다. 따라서 이른바 봉사 수행 또는 봉사를 위한 직업에 대한 평가는 공공의 가치평가에서 낮은 자리를 차지하고 있으며, 이런 현상은 인도주의적 가치를 추구하는 공공의 영역에서도 마찬가지다. 직업(소명 Beruf)은 종종 단지 인간의 자기실현이라는 목표를 위한 물질적 수단을 창출하는 일거리(Job)로 여겨지며, 인간의 자기실현은 직업 노동 이외의 영역에서 추구된다.

타인에 대한 봉사를 통한 자기실현

이에 반해서 기독교적 삶의 영위는 다음과 같은 특징을 지닌다. 기독교적 삶의 영위는 하나님에 대한 봉사 그리고 하나님의 창조물을 위한 그분의 뜻에 대한 봉사의 틀 안에서 이루어지는 이웃 사람에 대한 봉사라는 특징을 지닌다. 그런 봉사는 특별한 자선 활동들에서 비로소 시작되는 것이 아니다. 그런 봉사는 각자가 성취해야 하는 각각의 사회적 역할들에서 실행된다. 봉사로서의 삶은 트루츠 렌토르프의 말대로, "삶의 질서들 안에서 선한 일을 하는 것으로 구체화"되고, 그런 점에서 "삶의 내어줌"(Geben des Lebens)으로 규정되는 "타인을 위한 삶"으로 묘사될 수 있을 것이다.[26] 그런데 만약에 그렇다고 한다면, 거기에는 삶을 수용하는 것, 삶의 "주어짐", 즉 주어진 삶의 받아들임(Annahme)이 이미 항상 전제되어 있다는 사실도 역시 명백하다.

다시 말해 자신의 삶은 자신이 받아들인 것이라고 인정하고 자신이 받아들인 그 삶에 대해서 감사하기를 기뻐하는 자만이 또한 다른 사람에게 자신의 삶을 자유롭고도 기꺼이 내어 준다. 따라서 봉사라는 형태로 삶의 영위를 이해한다고 해서 결코 삶의 기쁨이 배제되는 것이 아니다. 그것은 또한 삶의 성취와 대립되지 않는다. 아니, 전적으로 그 반대이다. 타인에 대한 봉사로 이해되는 삶은 항상 성취된 삶이 될 것이다. 오로지 자신만의 자기실현에 매진하는 삶은 그와 반대로 종종 공허하고 불만족스러운 채로 남는다. 선을 위한 봉사에 바쳐진 삶은, 그런 삶을 사는 사람들이 행복해지는데 도움이 되지만, 직접적으로 행복을 겨냥하는 노력을 기울이는 사람들은 그 목표에 도달하지 못한다는

---

26) T. Rendtorff: *Ethik* I, 2. Aufl. 1990, 76.

플라톤의 통찰은[27] 여기에도 꼭 맞아 떨어진다.

이와 관련해서 트루츠 렌토르프가 강조하는 것은 "근본적인 윤리적 충돌"이다. 그것은 "각자의 고유한 삶이 삶의 일반과 동일시되는" 입장과 관련해서 일어난다.[28] 윤리학은 "행동을 통한 궁극적인 정당화와 자기실현의 도모는 모순에 빠지고 마는 잘못된 길임을 드러내 보여야" 한다.[29] 이 길은 모순에 빠지고 만다. 왜냐하면 여기서는 인간이 "이미 항상 갖기" 마련인 삶의 주어짐이 간과될 뿐만 아니라 타인에 대한 봉사의 과제도 간과되기 때문이다. 그리스도인에게서는 언제나 그의 정체성이 자신의 모든 행동보다 선행하는 세례를 통해서 기반을 얻게 되며(우리 밖에 그리스도 안에서, extra nos in Christo), 또한 믿음 안에서 확고해진다. 그 결과 그리스도인의 행위들은 더 이상 자기실현의 기능을 할 수 없고, 오로지 자신의 고유한 정체성을 구체화시키고 입증하는 기능만을 할 수 있을 뿐이다. 자기 자신의 정체성에 대한 물음이 그리스도인들에게서는 그들에 대한 하나님의 행위를 통해서 이미 대답되었다. 바로 이 이유로 인해서 그들은 그들의 삶의 영위에서 타인들에 대한 봉사를 위해서 자유롭다.

이런 근본적인 사상에서 트루츠 렌토르프의 윤리는 고유하게 기독교적이며 개신교적인 윤리학의 특성을 확보한다. 따라서 그

---

27) 앞에 나온 2장 1절 앞부분을 보라.
28) T. Rendtorff: *Ethik* I, 2. Aufl. 1990, 77.
29) T. Rendtorff a.a.O. 87.

는 『윤리학』 제2권의 "구체적인 문제"에 대한 논구 속에서 자기실현의 사상에 대한 논쟁을 벌인다. 바로 그런 점에서 만약 부부가 서로의 관계를 "자율적인 자기실현을 위한 기능"이라는 관점에서 이해한다면, 삶의 공동체로서 부부가 가지는 의미는 놓치고 만다고 렌토르프는 주장한다.[30] 정치적인 삶에서의 책임적인 자기 규정은 오로지 개인적인 자유의 전개라는 의미에서 자기실현에 도움이 되는 직접적인 자기 규정과 구분되어야 한다.[31] 마찬가지로 다른 한편으로 "인간의 궁극적인 자기실현을 국가와 정치로부터 기대하는" 것도 역시 잘못이다.[32] 양육과 교육의 영역에서 개인의 직접적인 자기실현의 이상은 학교가 피할 수 없는 "근본적인 교육적 비판거리"가 된다.[33] 직접적인 자기실현의 이상은 개인적인 행동의 모든 양식에서 제도화에 반대하는 모양으로 영향을 끼치는데, 이런 현상은 종교의 영역에서도 마찬가지다.[34]

따라서 렌토르프에 따르면 오늘날 그렇게도 광범위하게 퍼진 자기실현의 추구는 전적으로 인간적 삶의 영위에서 윤리적 과제들을 간과하게 만들 뿐 아니라 아울러 우리는 우리 자신의 존재

---

30) T. Rendtorff: *Ethik* II, 2. Aufl. 1991, 19, 참조 100, 186.
31) T. Rendtorff: *Ethik* II, 49.
32) T. Rendtorff a.a.O. 78.
33) T. Rendtorff a.a.O. 59.
34) T. Rendtorff a.a.O. 63.

를 오로지 항상 수용할 수 있을 뿐이라는 근본적인 사태마저도 간과하게 만든다. 분명히 자기 존재의 전개도 또한 삶의 영위의 수행 속에서 이루어진다. 그러나 그것은 오로지 간접적으로만 이루어진다. 즉, 우리 자신이 헌신하는 과제들에 대한 봉사를 통해서 간접적으로 이루어진다. 만약 우리가 일차적으로 자신의 고유한 자기실현이라는 관점에서 그 과제들에 접근한다면 그 과제들은 축소되어 그 진정한 의미를 다 드러내지 못한다.

봉사의 차별성과 우선성

기독교적 삶의 양식이 봉사의 정신에 의해서 특징지어져야 한다고 할 때 주의해야 할 점이 있다. 그것은 로버트 슈패만(Robert Spaemann)이 아우구스티누스에 근거해서 사랑의 질서(ordo amoris)라고 이름 부쳤던 것으로서 이른바, 사랑의 "보편적인 호의에서의 계층적인 우선 순위"이다.[35] 인간 현존재의 유한성으로 인해서 우리를 둘러싸고 있는 모든 사람들에게 우리의 관심이 동시적이고도 동일한 방식으로 주어질 수 있는 것은 아니다. 확연히 가까이 있는 존재와 확연히 멀리 있는 존재에 대한 구별이 존재한다. 그러나 물론 누가 내게 가장 가까이 있는 "나의 이웃인가"(눅 10:29) 하는 문제를 단번에 항구적으로 확정하는 확실한 범주와 같은 것은 없다. 도움이 필요한 상황에서 그리고 도움을 주려는

---

35) R. Spaemann: *Glück und Wohlwollen. Versuch über Ethik*, 1989, 146, 141-156.

관심 표명의 과정에서 우리에게 지금까지 멀리 서있던 자가 적어도 당분간 이웃이 될 수도 있다. 가까이 있는 자들과 멀리 있는 자들 간의 구분에 대한 그런 유동성이 있기는 하지만, 그런 유동성으로 인해 구분 자체가 폐지되는 것은 아니다. 애정의 관심을 보이는 행동 그 자체에 이미 강력한 구분이 놓여있다. 말하자면 애정의 관심이 향해진 자와 그렇지 않은 여타의 모든 사람들 사이에 "차별"이 존속한다.

이런 상황은 타인에 대한 봉사에서도 마찬가지다. 타인에 대한 봉사도 역시 모든 사람들에게 동시적으로 수행될 수 없다. 봉사에도 관심의 우선성이 결정되기 마련이다. 신적인 사랑에서조차도 그 신적인 사랑이 선택하는 사람들과 각각의 선택적 사랑의 행위에서 당장은 간과된 사람들 사이에 구별이 있다. 이런 구별들을 통해서 우리는 다음과 같은 사실을 인식해야 한다. 당연히 인간들의 호의는 창조주의 태도에 상응하게 원칙적으로 모든 사람에게 해당된다고 하더라도(*마 5:44-46 및 그 평행구절들) 사랑에서 평등의 원칙이 결정적인 것이 아니라는 점이다.

에베소서 5장 21절 이하에서 말하고 있는 상호 복종은 특히 그리스도인 상호 간의 태도와 관계가 있다. 마찬가지로 요한복음에서 나오는 예수님의 사랑의 계명도 믿는 자들 상호 간의 사랑을 지향하고 있다.(요 13:34; 참고 요 15:12,17) 예수님에 의해서 명해진 원수 사랑은 물론 그것을 넘어선다.(마 5:44-46) 그러나 사도의 문서들은 사랑의 계명을 일차적으로 그리스도인 상호 간의 관계에 적용시켰다. 예를 들자면 바울의 로마서 12장 10절, 13장 8절 등이 그렇다. 그럼에도 불구하고 바울은 신자들이 모든 사람들에게 선을 행해야 한다고 요청한다. 그러나 이때 다음과 같은 내용을 추가한다. "모든 이에게 하되 더욱 믿음을 통해서 너희와 결합된 자들에게"(갈 6:10 - 역자가 바로 잡음) 그렇게 하라.

오늘날의 관점에서 본다면 이웃 사랑이나 타인에 대한 봉사의 의무에서 그런 구별은 이해하기 어려워 보인다. 우리 시대의 도덕적 성향은 평등에 대한 추상적인 생각으로 각인되어 있기 때문이다. 그러나 사랑의 행위에서만 이미 항상 강력한 구별의 계기가 있는 것이 아니다. 그런 구별은 하나님에 대한 관계와 이웃에 대한 봉사의 상호 일치성에서도 그 실질적인 근거를 가진다. 따라서 하나님에 대한 믿음과 예수 그리스도 안에서 계시된 그의 사랑에 대한 믿음 위에 세워진 교회 공동체 내부에서 그리스도인 상호 간의 복종이 가지는 우선성의 의미가 도출된다. 코이노니아(koinonia), 공동체성에 대해서 바울이 말할 때, 그는 오로지 그리스도인 상호 간의 관계에 대한 관점에서 말을 했지, 그리스도인 공동체 외부의 사람들에 대한 관계와 관련해서 말했던 것이 아니다.[36] 따라서 "너희가 서로를 받으라"(롬 15:7)고 하는 그의 권면도 오로지 그리스도인 상호 간의 관계에 해당하는 것이지, 사람

---

36) 이에 대해서 다음을 보라. J. Reumann: Koinonia in Scripture: Survey of Biblical Text, in Th. Best und G. Gassmann (Hg.): *On the Way to Fuller Koinonia* (Santiago di Compostela 1993), Genf 1994, 37-69. 특히 고후6:14에 대해서 48, 52f.를 보라.

들의 신앙 및 삶의 영위와 무관하며, 모든 사람들에 대한 관계에 해당하는 것이 아니다.

그리스도인들 상호 간의 연대성이 가지는 이런 우선성은, 신앙이라는 것 자체에 무관심하게 되었기에 종교의 차이성들을 무차별적으로 판단하는 세상에서 살아가는 오늘날 우리 그리스도인들이 새로이 배워야 할 내용이다. 오늘날 기독교적 사랑과 기독교적 봉사가 차별 없이 - 특히 신앙에 대한 구분 없이 - 모든 사람들에게 미쳐야 한다는 요청이 강조되는 상황이다. 하지만 이런 상황에서 문제가 되는 것은 종교를 무차별화시키는 세속주의에 불합당하게 순응해버리는 일이다. 그리스도인들이 그들의 삶을 의식적으로 하나님에 대한 봉사 및 사람들에 대한 봉사로 영위함으로써 그런 무차별화에 대항한다고 해서, 기독교적인 봉사(디아코니아)가 비(非)그리스도인들에게도 미칠 수 있다(롬 12:17 이하)는 사실이 배제되지 않는다. 물론 이때 이런 일이 신앙의 증언으로부터 분리되지 않고, 오히려 항상 신앙의 증언과 결부되어 있는 상황에서 일어날 수 있다. 이런 사실은 세속화된 사회의 분화된 노동의 기능들을 맡고 있는 그리스도인들의 직업 활동에 대해서도 마찬가지로 타당하다.

2. 자기 통제

현대적 인간 이해와 기독교적 인간 이해

오늘날 삶의 영위의 주도적 동기로 여겨지는 자기실현의 이상은 종종 다음과 같은 생각과 결부되어 있다. 그것은 모든 사람이 자신 안에 있는 모든 노력과 가능성을 개발시킬 권리를 가지고 있다는 생각이다. 이런 생각은 정신분석의 영향력이 증가하면서 더욱 강화되었다. 정신분석은 충동의 억압이 인간의 정신 건강에 끼치는 위험들을 의식화시켰다. 물론 프로이트(Freud)도 충동의 승화라는 긍정적인 가능성에 대해서 말하기도 했다. 그가 너무 엄격해진 초자아(超自我)에 대해서 기꺼이 경고를 했지만, 그도 초자아의 문화규범에 방향이 맞추어져 있는 자아의 실재원리를 통해서 충동적 삶을 통제할 필요성이 있음을 근본적으로 부인하지 않았다.

그러나 세속화된 사회의 공공의 일반적인 의식에서 무엇보다도 충동의 억압이 가지는 유해성에 대한 관점은 개인의 자아계발의 권리에 대한 생각과 결합되면서 상당한 영향력을 끼치게 되었다. 이전에는 사회에 어울리지 않는 것으로 느껴졌고, 부담스러운 것으로 느껴졌던 행동양식을 전개하는 것이 이제는 더 이상 비도덕적인 것으로 보여지지 않는다. 만약 그런 행동양식들이 개인들의 자유로운 자아계발의 표현으로 나타나는 경우라고 한다면, 그런 행동양식들을 제지하는 것이 오히려 비도덕적인 것으로 간주된다. 이런 생각은 이웃 사람들이 관용을 베풀어줄 것에 대한 기대와 결부되어 있는데, 이때 이웃 사람들에게 요구되는 관용적 자세가 종종 상당히 부담이 될 정도이다.

여기서 기독교 윤리는 이와 다른 판단을 할 수 밖에 없을 것임에 틀림없다. 인간에게 있는 모든 기제(機制)들과 가능성을 자유롭게 전개하는 권리에 대한 주장은 인간의 자연적 본성과 그 자연적 본성에 기인하는 모든 기제들이 모든 방면에서 펼쳐질 가치가 있다는 것을 전제하고 있다. 이런 전제는 인간의 죄성에 대한 기독교적 인식과 상충한다. 기독교적 인간론의 견지에서 볼 때 인간은 자신들의 이기적인 경향성으로 인해서 다른 사람들의 권리와 자유를 방해할 뿐만 아니라 자기 자신의 참된 규정성도 가로막는다. 이때 기독교적 가르침이 인간들에게 감사나 호의에 대한 자연적인 충동, 타인에 대한 동정의 자연적인 충동과 같은 것이 있다는 사실을 부인하지 않는다. 그러나 기독교적 가르침은 인간이 자신의 더 선한 노력들에도 불구하고 자신의 이기적인 경향성에 말려들게 하는 유혹의 끊임없는 영향 아래에 있으며, 게다가 인간 자신의 힘으로는 도저히 이로부터 벗어날 수 없는 상황에 있음을 주시하고 있다.[37]

이런 점은 비록 하나님의 은혜를 통해서 인간들 사이에서 이

---

37) 동인(動因)들의 위계질서에서 거역의 "경향성"(Hang)에 대해서 가진 칸트의 생각에 대해서 다음과 같은 저자의 설명을 참조하라. *Systematische Theologie* 2, 1991, 294. 또한 거기에서 이런 생각이 아우구스티누스에게서 연원을 가짐을 설명하고 있는 279ff.도 참조하라.

루어지는 선한 일이라고 하더라도 다를 바가 없다. 왜냐하면 그것도 역시 인간이 자신의 이기적 경향성에 연루된 채로 일어나기 때문이다. 따라서 사람들은 자신들을 통해서 일어나는 선이라고 하더라도, 그것을 자기 자신의 것으로 여겨서는 안 되고 하나님의 은혜로 돌려야 한다. 당연히 다시금 인간의 교만과 자기를 영화롭게 하려는 인간의 경향성은 하나님과 맞서게 된다. 자신의 자아를 만물의 중심이 되게 하려는 경향성에 빠지지 않게 하는 데에는 오로지 다음과 같은 극단적인 수단이 도움을 준다. 말하자면 기독교의 세례에서 상징적으로 일어나는 것처럼 자기 자신의 이기적인 삶이 죽게 하는 것이다. 세례에서 수세자(受洗者)를 그리스도의 죽음과 결합시키기 위해서 수세자의 미래적 죽음이 상징적으로 선취(先取)된다. 이와 동시에 세례에서 부활한 그리스도의 새로운 삶에 참여할 것에 대한 희망이 수세자에게 전수된다. 그리고 이런 희망에서 그리스도인은 그리스도의 영의 능력 안에서 이미 현재에서 새로운 삶을 영위해야 한다.(롬6:8-11) 이런 방식으로 설정된 삶은 이미 이 현재적 삶 안에서 세례를 통해서 선취된 죽음으로 끝날 때까지 영향을 미칠 것이다. 이로 인해서 마침내 죄의 권세가 깨뜨려지고 더 이상 지배력을 발휘하지 못한다.(롬 6:14) 이제는 오로지 그리스도의 영을 통해서 하나님의 뜻만이 지배하게 될 것이다.

이기적인 욕구의 제어

이런 의미에서 기독교적 삶의 영위의 과제는 자기 통제라는 사상을 통해서 다음과 같이 부정적으로 표현될 수 있다. "육"의 "욕구", 즉 죽게 될 삶의 이기적인 충동을 다스리고 길들이는 과제가 그리스도인에게 부여되어 있다. 이것은 현대인의 정서에 확실히 별로 매력적이지 않은 기독교적 삶의 영위의 과제에 대한 묘사이다. 이때 현대인들은 삶에 대해서 적대적인 것으로 보이는 고대 후기의 금욕에 대한 이상을 자연스레 머리에 떠올릴 것이다.

그러나 기독교적 금욕이 현재적 삶 전반에 대한 부정으로 귀결될 것으로 볼 필요가 없다. 왜냐하면 현재적 삶과 이에 속하는 모든 것은 오히려 하나님의 창조물로서 긍정되어야 하며, 그래서 매일 감사의 마음으로 받아들여야 하는 것이기 때문이다. 기독교적 금욕은 단지 유한한 삶을 죄의 삶으로 왜곡시키는 자아속박적 구조에 대해서 이의를 제기하는 것이다. 이런 의미에서 기독교적 금욕은 신자들이 인간에 주어진 삶의 피조성을 수용하도록 그들을 해방시켜 주는 것을 의미한다. 그것도 바로 자신의 육체성 안에서 그렇게 되는 것을 의미한다.

기독교 신앙은 육체에 대해 적대적이지 않다. 기독교에서 부활의 희망은 이 지상적 삶의 "변용"(變容)을 의도하는 것이지, 그것의 제거를 의도하는 것이 아니다. 마찬가지로 부활한 그리스도의 삶에 대한 희망에 동기 부여된 그리스도인의 삶의 영위는 현재적 삶과 그 가능성들을 긍정적으로 수용할 것이다. 그러나 이제는 물론 새로운 전망 속에서, 즉 더 이상 이기주의에 결정적으로 매여 있지 않으며, 아울러 그를 통해서 죽음에 떨어지지 않는 새로운 전망 속에서 그렇게 할 것이다. 하나님 나라에서의 새로운 삶에 대한 이런 전망으로부터 그리스도인의 삶의 영위는 이제 "육"의 욕구들의 이기적인 본성과 반대되는 통일성을 확보해야 한다. 이런 의미에서 기독교적 삶의 영위는 자기 통제라는 과제와 결부되어 있다. 이때 기독교 윤리는 윤리학 일반의 정립 시도에서 나타나는 보편적인 인간학의 문제들과 접하게 된다.

자기 절제와 그 목적

빌헬름 헤르만(Wilhelm Herrmann)의 윤리학 서술에서 자기 통제의 과제는 중심 주제다. 그의 논증은 다음과 같다. 인간은 자기 자신을 의식하는 존재로서 모든 다른 여타의 생명체들과 마찬가지로 현존재에서의 자기주장, 즉 자기유지를 자신의 활동의 주제로 삼는다.[38] 그러나 이때 육체적인 현존의 유지뿐만 아니라 자신의 삶의 통일성, 자기 자신의 존재의 정체성도 중요하다.[39] 한

---

38) W. Herrmann: *Ethik* (1901), 5. Aufl. 1913, 12ff. 한 의식적 존재의 자기이해에 대한 근대적 주제의 근본형식이 되는 자기보존이라는 주제에 대해서 D. Henrich: Die Grundstruktur der modernen Philosophie, in H. Ebeling (Hg.): *Subjektivität und Selbsterhaltung. Beiträge zur Diagnose der Moderne*, 1976, 67-121를 참조하라. 이에 대해서 또한 저자의 *Anthropologie in theologischer Perspektive*, 1983, 96ff.를 참조하라.

39) 이에 대한 상세한 설명은 W. Herrmann a.a.O. 15ff.를 보라. 특히 의지를 "자기 자신을 지향하는 행위"라고 규정하고 있다.(17)

삶의 시간적 경과에서 삶을 통일체로 통합시키는 자기 존재의 통일성은 계속해서 형태를 갖추어 가는 도중에 있으며, 바로 그런 이유로 그 통일성은 의지의 지향적인 목표로 드러난다.[40] 이로부터 헤르만은 자신의 중심 개념인 자기 통제에 도달한다. "우리가 원하는 것을 알고 있다면 우리는 새로운 충동에 이끌려서 우리의 길을 벗어나지 않을 것이다. 어떤 목적에 대한 생각으로 집중되어 있는 의식이 감정을 이와 같은 방식으로 지배하고 있는 것을 우리는 자기 통제라고 부른다."[41] 따라서 자기 통제라는 개념은 의지가 집중하고 있는 목적이 삶의 영위와의 관계에서 통일성을 만들어내고 있는 과정과 작용을 묘사하고 있다.[42]

이와 마찬가지로 바울에 따르면 세례받은 자의 새로운 삶과

---

40) 이 부분에서 헤르만의 논증은 다음과 같은 질문과 관련해서 모호함을 보인다. 인간의 의지는 목적으로서의 자기 자신에게 직접적으로 관계하는가, 아니면 세계연관성의 매개를 통해서 관계하는가? 즉 자기 자신과는 다른 그 무엇, 말하자면 추구되는 선, 특별히 최고선 (이에 대해서는 Hermann 25ff.)으로서 자기존재의 구성을 위한 매개체가 되는 그 어떤 것에 대한 관계를 매개로 해서 자신에게 관계하는가? 그렇다면 추구되는 목표는 자기 자신의 존재가 아니라, 아마도 최고선이 될 것이다. 헤르만에게서 윤리학의 근거 마련을 위한 논증은 자기 연관성이라는 주요사상에서 난점을 드러낸다. 자기 연관성이라는 주요사상은 추구되는 선들이 가지는 객관성에 대해서 오로지 하부적인 의미만을 부여하고 말기 때문이다. 이와 반대되는 입장을 취하는 에른스트 트뢸치는 이 부분에서 헤르만을 비판했다.(*Grundprobleme der Ethik* (1902), *in Gesammelte Schriften* II, 552-672, 특히 621ff.) 오히려 선을 향하는 의지의 지향성을 자기 연관성보다 우선적 위치에 두는 것을 통해서 – 플라톤적 의미에서 본다면 선을 선으로부터 얻는 쾌락보다 우선적 위치에 두는 것인데 – 이로부터 근거 지워진 자아의 정체성은 헤르만의 의미에서의 삶의 영위라는 주요 동기로서 믿을만한 것으로 남을 것이다.

41) W. Herrmann a.a.O. 19.

42) 여기서 우리는 헤르만의 사상적 전개에서 "참으로 통일적인 의지"(a.a.O. 21)가 오로지 도덕적 의지로서, 그리고 그것도 칸트의 도덕법적 의미에서 가능한 지에 대해서는 더 이상 추적해나갈 필요가 없다. 자기 통제에 대한 헤르만의 사상은 로마서 6장에서 세례를 통해서 가능해진 새로운 삶이 죄를 지배하는 것에 대해서 바울이 설명하고 있는 것에도 또한 직접적으로 적용될 수 있다.

예수 그리스도의 부활 생명에 참여할 것에 대한 희망은, 세례받은 자가 현세의 죽게 될 삶에서 영위하는 삶에 대해서도 영향을 끼치기 마련이다. 우리가 삶 속에서 행하는 모든 것은 미래적인 삶을 위한 것이어야 하며, 미래적인 삶을 방해하는 모든 것은 도태되어야 한다. 고린도전서에서 사도는 자기 자신의 삶의 영위를, 시합에서 경주를 전적으로 목표로 하는 스포츠인의 삶의 영위와 비교한다. "경기에 나서는 사람은 모든 일에 절제를 합니다. 그런데 그들은 썩어질 월계관을 얻으려고 절제를 하는 것이지만, 우리는 썩어지지 않을 월계관을 얻으려고 하는 것입니다."(고전 9:25) 따라서 그리스도 안에서 얻게 될 구원을 목표로 하고서 자신의 삶을 훈련하는 것이 바로 기독교적 금욕의 의미이다. 기독교적 금욕에서 절제 그 자체가 목적이 아니다. 그것은 우리의 삶에 통일성을 부여해주며, 또 우리의 삶을 채워줄 우리 현존재의 지배적인 목적 아래로 모든 삶의 계기들을 복종시키는 것에 대한 표현이다.

우리의 현재적 삶이 복종하도록 만들어야 할 그 목적은 예수가 선포하고 또 그 스스로 그렇게 삶으로써 보여주었던 것처럼 하나님과 그의 나라 그 자체이다. 아버지의 나라를 위해서 섬기고, 사람들에게 그 나라의 오심과 가까움을 증언하는 것, 이를 위해서 예수가 보내졌으며, 또한 이것이 바로 아들이 순종해야 할 내용이었다. 마찬가지로 그리스도인은 하나님과 그의 나라에 대한 봉사를 위한 특별한 부름을 각자 받는다. 그 소명 속에서 그는 동시에 다른 사람들에게 봉사하면서, 그들이 하나님의 나라에 참여하도록 겨냥한다. 기독교적 삶의 영위의 지배적 목적은 단지 하나님과의 공동체성 속에서 누리게 될 자신만의 사적인 행복이 아니라, 다른 사람들도 하나님의 통치에 참여하게 된다는 조망 속에서 다른 사람들과도 항상 연관되어 있다.

이때 기독교적 금욕은 지배적인 목적을 통해서 삶을 통제함에 대한 그늘진 배후 면에 불과하다. 삶의 한 가능성에 대한 결정은 언제나 다른 가능성에 대한 동시적인 선택을 배제하게 만든다. 그런 방식으로 삶의 영위는 그 지배적 목적에 의해서 자신의 구조를 형성한다. 절제는 그 자체로서 중심적인 주제가 아니다. 그것은 단지 하나님과 사람들에 대한 봉사의 지표 속에서 이루어지는 삶의 영위에서 동반되는 계기이며, 그래서 결과적으로 당연한 것으로 여겨지는 계기에 불과하다.

죄에 대한 지배와 덕론

기독교적 삶의 영위에 부과된 과제인 죄에 대한 지배는 기독교 윤리가 고대의 덕론(德論)을 받아들이는 직접적인 동기가 되었다. 플라톤의 덕론 이래로 덕에서 중요한 문제는 나쁜 것들로 향하려는 영혼의 경향성을 극복함으로써 영혼과 그 능력을 완성하는 것에 있다. 특히 스토아 학파의 윤리에서 감각적인 인상, 일탈(逸脫), 욕구에 대한 정신의 지배가 덕론의 중심적 주제가 되었다. 감각적인 것에 대한 정신의 지배라는 이 주제에 기독교 윤리가 접목될 수 있었다. 다양한 욕구들에서 밖으로 드러나는 죄를 지배하려는 기독교적 삶의 과제가 헬라·로마 문화세계의 삶의 양식과 일치점을 찾지 못했다. 그러나 철학적 윤리의 통찰들과는 - 플라톤적인 것이든 스토아주의적인 것이든 간에 - 일치점을 찾았다. 이런 상황은 각 개인이 자기가 원하는 대로 자신을 전개시키는 것을 최고의 가치로 여기는 근·현대의 세속화된 문화세계에 기독교가 처해있는 상황과는 완전히 다른 것이었다.

고대 철학에서, 특히 스토아주의에서 덕목 중 으뜸은 지혜였다. 왜냐하면 모든 덕들은 이성에 의해서 지배되는 삶의 영위에 대한 형식들로 이해되었기 때문이다. 반면에 토마스 아퀴나스의 경우처럼 기독교 덕론이 조성되면서 결과적으로 믿음이 덕목 중 으뜸의 자리를 차지했다. 믿음으로부터 희망과 사랑이 나오며, 사랑으로부터 지혜가 나온다.[43] 지혜에 대한 논의는 다시금 정의, 용기, 절제로 넘어간다. 이때 각 덕목은 이에 상응하는 악습과의 대비 속에서 다루어진다.

믿음은 불신앙과의 대립에서, 희망은 두려움과의 대립에서, 사랑은 증오, 나태, 질투, 불화와의 대립에서, 지혜는 어리석음, 성급함 및 자신의 유익만을 생각하는 육체적 똑똑함과의 대립에서 다루어진다. 정의에 대립되는 것으로는 부적절한 개인적 편애, 살인과 상해, 도적질과 강도질, 불의한 고발과 악의적 중상, 조롱,

---

43) Thomas von Aquin S. *theol*. II/II 45, 2. Vgl. 45, 1 ad. 2, sowie II/I, 62,4.

사기와 착취가 다루어진다. 용기에 대립되는 것으로는 두려움, 소심(小心), 겁 많음과 아울러 경솔함, 거만함, 야심, 공명심(功名心)이 논해진다. 마지막으로 사람에게 요구되는 절제에 대립되는 것으로는 상이한 종류의 방탕과 무절제에서부터 분노, 잔인함 및 교만까지 다루어진다. 이미 이런 열거만으로도 우리는 전통적인 기독교적 덕론이, 악습들로 돌출되는 행동 경향들(* 죄)에 대한 지배라는 관점에서 형성되었다는 것을 알 수 있다.

공동체적 삶의 형태

단지 덕 개념에만 집중하는 윤리는 물론 상당히 일방적으로 오로지 개인적인 행동 양식만을 주제화시키는 경향을 가진다. 그렇게 되면 개인적인 삶의 영위의 과제들을 공동체적 삶의 객관적인 문화적 산물들과 연관시키거나 또 후자로부터 전자를 설명하려는 시도 등을 하지 않는다. 기껏해야 개인적 덕들을 다룸에 있어서 공동체적 삶의 근본 형식들이 전제되어 있을 따름이다. 그러나 그 근원들은 그렇게 해서 접근되지 않는다. 이를 위해서는 보다 광범위한 인간학적 기초가 필요하다. 이런 점에서 에른스트 트뢸치(Ernst Troeltsch)가 슐라이어마허와의 접목 속에서 객관적, 문화적 산물이 윤리에 대해서 가지는 근본적인 중요성을 강조했던 것은 옳은 일이었다.[44] 이런 이치에 따라서 고유한 기독

---

44) E. Troeltsch: *Gesammelte Schriften* 2, 623ff., 참고 617ff. 이 주장을 위해서 트뢸치가 623쪽에서 단지 짧게 언급했던 헤겔을 끌어 들었더라면, 그의 법철학에서 전개된 것처

교적 윤리에서 개인 구원은 인간의 공동체적 삶의 완성으로 하나님 통치의 미래와 결부되어 있다. 개인들의 구원은 하나님 나라의 공동체에 참여하는 것에 있다. 신자들의 새로운 삶은 세례에서 선취적으로 얻어졌으며, 그것은 기독교적 삶의 영위를 위한 출발점이 된다. 그리고 이 새로운 삶은 하나님 나라에서 이루어질 인류의 종말론적 미래에 이미 뿌리를 두고 있다.

따라서 기독교 윤리에서 자기 통제라는 주제 그리고 이와 결부되어 있는 덕 및 악습에 대한 통찰은 하나님의 통치에 대한 봉사라는 주제에 대한 하부 주제로 머물러 있어야 한다. 하나님과의 공동체성 속에서 이루어질 미래적인 완성에 인간이 도달하도록 규정되어 있다는 조망 속에서, 자기 통제라는 주제는 인간 및 인간의 공동체에 대한 봉사라는 주제에 대한 하부 주제로 머물러 있어야 한다.

이로부터 규정되는, 타인에 대한 봉사가 관여되는 가장 넓은 범위는 양 편으로 포착된다. 그 한편은 인간의 공동적 삶의 포괄적 질서다. 국가들의 정치적 삶의 질서에서 그 임시적인 형태가 드러난다. 그리고 그 다른 한편은 국가 질서와 대비되는 교회 공동체다. 그러나 개인에게 가장 가까이 있는 인간의 공동체적 삶의 형태는 부부 공동체 및 이와 결부된 가족이다. 부부와 가족이라는 공동체적 삶의 형태는 기독교 윤리의 시각에서 볼 때 그 자

럼, 칸트 윤리학의 추상적 도덕성에 대립되는 구체적 도덕성이라는 개념을 끌어왔더라면 더 좋았을 것이라는 아쉬움이 남는다.

체로서 이미 하나님의 통치의 미래에 연관되어 있으며, 그런 점에서 특별한 가치를 얻는다. 부부와 가족은 현대의 세속화된 대중 사회의 개인주의적 경향성들로 인해서 상당한 정도로 붕괴될 조짐을 보이고 있다. 바로 이런 이유로 인해서 부부와 가족 문제는 기독교 윤리가 더 주목해야 할 필요가 있으며, 또한 그 문제에 대해서 교회는 정치적인 공공의 영역에서 입장을 확고히 표명할 필요가 있다.

3. 부부와 가족[45)]

가족결속과 가족관계

가족은 가장 오래된 인간 공동체적 삶의 제도이다. 진화 과정에 기원을 둔 가족제도는 인간의 생성보다 앞서 있다. 여타 인간의 공동적 삶의 형식들과 달리 가족은 자연적 토대에 근거해 있다. 트루츠 렌토르프는 이런 사실을 정확하게 지적했다. 그에 따르면 가족은 "누가 구성원으로 속할 수 있는지가 항상 이미 사전에 결정되어 있는 사회적인 삶의 형식"이기에, 그 구성원들 간에 생기는 갈등마저도 가족 공동체의 귀속 자격을 해체하지 못

---

45) 이 단락에 대해서는 저자의 *Anthropologie in theologischer Perspektive*, 1983, 415-431 를 보라.

한다.[46] 인류의 다양한 문화들에서 가족의 법적인 형태는 매우 상이하게 발전되어 왔다. (모계적 형태 또는 부계적 형태가 있어 왔는데, 후자가 종종 가족생활의 가부장적인 법질서와 결부되었다.) 그러나 이때 자연적 토대는 항상 먼저 주어져 있었다. 비록 입양을 통해서 어떤 사람이 태생적으로 자신이 속하지 않은 한 가족의 구성원이 되는 경우가 있다고 하더라도 말이다.

가족결속이 자연적 토대 위에 자리 잡고 있다는 사실은 또한 다음과 같은 점을 의미한다. 가족결속은 윤리의 대상이 아니라 윤리의 전제에 속한다. 마치 인간 일반의 실존 자체나 성(性)의 상이성이 그런 것처럼 말이다. 신학적 윤리는 그런 전제들을 창조질서라는 개념으로 부른다. 하지만 이를 통해서, 전적으로 규정된 형태의 가족관계가 가지는 불변성을 확정하려고 해서는 안된다. 가족 구성원들 간의 관계들은 상이한 문화적 형성의 대상, 다시 말해 법질서와 그 역사의 대상이 되어왔으며, 아울러 또한 윤리의 대상이 되어왔다. 가족관계는 원칙적으로 변화 가능한 것이다.

가족과 사회화

그러나 이때 항상 숙고되어야 할 것이 있다. 그것은 가족관계가 커가는 젊은이들에게 일차적인 사회화의 장소이며, 따라서 가

---

46) T. Rendtorff: *Ethik* II, 2. Aufl. 1991, 160.

족관계는 부모에게도 여타 모든 인간관계들보다 우선시되어야 한다는 사실이다. 물론 그것은 이른바 핵가족에게만 해당하는 것이지, 현대사회의 개인적 삶의 영위에서 상당히 의미를 상실한 광의적 가족관계에 해당하는 것은 아니다. 하지만 현대 시민사회에서 증가하고 있는 핵가족에서 가사를 도와주는 인력들이 축소된 결과, 아이들은 더 이상 유모에게 맡겨지지 않으면서 무엇보다 어머니 자신의 특별한 보살핌의 대상이 되었다. 이런 과정은 오늘날 여성들의 직업 활동으로 인해 부분적으로 다시 쇠퇴하고 있다.

핵가족은 물론 개인적인 안전의 장소가 될 뿐만 아니라 또한 특별히 민감한 방식으로 개인의 인간적 발전을 저해하고 해치는 일이 생기는 영역이 되기도 한다. 신경증적으로 문제가 있는 많은 경우들이 여기로부터 기인한다. 또한 바로 직접적으로 이런 경우에 해당하는 것은 아니거나, 언급할 가치가 있는 범위에 속하지 않을지 모르지만 협소한 가족적 구속력으로부터의 해방이 젊은이들에게는 자립적인 자기정체성의 확립의 조건이 될 수 있다. 그렇게 되면 가족구성원의 친밀성은 고차원적인 상호 간의 인정 위에서만 보존되고 갱신될 수 있다.

새로운 세대를 위한 원초적인 사회화의 장소인 가족은 전통적으로 더욱 큰 공동체적 형성, 정치적인 공동체적 형성의 측면에서 특별한 주목을 받아온 것은 정당한 일이었다. 가족제도가 젊은이들의 자립적인 인격형성을 돕는 기능을 수행할 수 있도록 국가는 가족제도를 장려할 수 있다. 전체주의적 국가들에서는 그런 인격적인 자립성이 원칙적으로 달갑게 여겨지지 않았고, 그래서 전체주의적 국가들은 가족제도 안에서 발생하는 교육을 획일화시키거나 아니면 아이들의 교육을 조기에 국가기관에 이양시키게끔 시도했다. 이에 반해서 국가와 사회에 대한 자유주의적 이해를 가진 쪽에서는 가족 내부에서 일어나는 사회화와 가족 외부에서 일어나는 사회화 사이의 긴장 속에서 인격적인 자립성의 형성을 위한 긍정적인 기회에 주목한다.

부부의 우선성과 해체불가성

가족질서에 대한 기독교적 이해에서 근본을 이루는 것은 부부가 가족의 다른 범위보다 우선성을 누린다는 점이다. 부부는 고유한 자기 가치를 가진 제도로서, 그 자체가 바로 가족의 삶을 위한 기초와 틀이 된다. 그러나 부부의 우선성이 자명하게 이해되는 것은 아니다. 많은 문화들에서 그리고 특히 가부장적인 가족질서를 가진 문화들에서 한편으로는 아버지를 가족의 수장으로서 간주하고, 다른 한편으로는 부인을 (또는 부인들을) 가족의 수장이 소유하는 소유물로서 간주하는 한, 부부는 역으로 가족을 구성하는 하위요소로 파악되었다.

그런 사고방식은 가족 진흥을 주제로 벌이는 오늘날 토론의 장에서도 다시금 인지된다. 한 명의 또는 여럿의 양육권자와 몇 명의 아이들의 현존이 한 가족의 존속의 **표식**으로 인정될 때가 바로 그런 경우다. 그렇게 되면 전통적인 의미에서 보았을 때 (부모 중의 한 명만 있기에) 불완전한 가족들뿐만 아니라 부부관계 안에서 태어나지 않은 아이들과 이루어지는 삶의 공동체들과, 부부관계 안에서 태어나지 않은 아이들을 양육하고 있는 편부나 편모도 완전히 문자적 의미에서 가족으로서 인정받게 된다. 그렇게 되면 아울러 동성(同性)의 삶의 공동체들도 아이들을 입양한다면 역시 가족으로 판단되고 다루어져야 하는 것이 아닌가 하는 질문이 생기는 것은 놀라운 일이 아니다.

앞에서 말한 바와 같이 기독교적 견지에서 본다면 부부가 그리고 그것도 일부일처의 부부가 가족 공동체의 토대이다. 마가복음 10장 6-9절에 나오는 예수의 말씀에 따르면 인간 실존의 성적(性的)인 차별성은 창조 때부터 이미 남자와 여자 사이에 이루어져야 할 부부 공동체를 지향하도록 의도되었다. 따라서 공동체도 역시 해체될 수 없는 것으로 여겨진다. "하나님이 짝지어 주신 것을 사람이 나누지 못할지니라."(막 10:9) 이미 야웨문서의 창조기사에서도 인간 실존의 성적인 분화는 상호 간의 보충을 향하도록 되어있다는 점이 표현되고 있다.(창 2:18; 2:23f.) 예수님 말씀은 이 상호 간의 보충이 부부에서 실현된다고 보고 있다. 하지만 왜 여기에 해체될 수 없다는 원칙이 부가되어 있는가? 이때 예언(호세아 1장 이하)에 연원을 두고 있는 부부 계약과 하나님 계약 간의 평행성이 배경을 이루고 있는 것인가? 이 평행성에 의해서 에베소서 5장 29절 이하의 말씀에서 남편과 아내의 부부 공동체가 유형론적으로 예수 그리스도가 그의 교회에 대해서 가지는 관계에서 완성된 하나님의 계약행위와 연관되어 있는 점을 설명할 수 있을 것이다.

인간의 사회성과 부부

오늘날 우리의 이해에서 부부가 해체되어서는 안 된다는 생각은 삶의 영위 전반에 관계된, 인간의 자기정체성의 형성이라는 과제와 결부되어 있다. 다시 말해 인간의 인격성이 다른 사람과의 관계에서 가지는 의미는 남편과 아내로 이루어진 부부 공동체의 해체불가에서 구체적인 형태를 발견한다. 부부에 대한 기독교적 이해는 부부를 그 어떤 의도에서든 도구화시키는 것을 금지하고 있다. 부부가 가지는 의의는 단지 후손을 태어나게 하는 것에 있는 것이 아니다. 부부는 후손의 생성을 위함이라는 생각이 계속해서 기독교적 부부론의 역사에서 오랫동안 주장되어 오기는 했지만, 이런 생각이 부부에 대한 기독교적 이해에서 허용되지 않는다. 또한 부부가 가지는 의의가 부부관계를 맺는 개인들의 자기실현에 있는 것도 아니다.

부부는 "개인적인 인격체의 사회적 삶의 형태"로서 오히려 "자신 안에 그 자체적인 '목적성'"을 지니고 있다.[47] 부부는 개인으로 하여금 "그 누구도 스스로 혼자서는 실현할 수 없는 어떤 삶

---

[47] 이런 방식으로 렌토르프가 말한 것은 옳았다. T. Rendtorff: *Ethik* II, 2. Aufl. 1991, 17.

의 형태에 참여하도록 주선한다. 부부는 그 누구도 자신으로부터 그리고 홀로 할 수 없는 삶의 확장을 가능하게 한다. 그 삶의 확장이 남자와 여자인 인간에게 주어지는 것은 비로소 이 삶의 형태를 통해서이다. 그런 한에서 부부는 인간의 인격성과 개별성이 자기 자신의 가능성을 뛰어넘어 간 곳이다."[48]

이런 사실은 현실적인 사회적 삶에서 많은 부부들이 실패하고 있다는 점에도 불구하고 달라지지 않는다. 오히려 1955년에 헬무트 쉘스키(Helmut Schelsky)가 썼던 것처럼, **"기독교와 같은 구원의 종교가 엄격한 일부일처의 원리를 주창하고 있는데, 이런 점은** … 비록 그 실현이 거의 드물고 또한 신빙성 있게 보이지 않는다고 주장하는 많은 통계적 증거와 심리학적 증거가 제시되었음에도 불구하고, 남자와 여자의 관계에 대한 최종적인 요구로서 우리 문화에서 상실되지 않고 남아있다."[49]

부부관계에 대한 윤리적 고찰

광범위하게 나타나는 부부관계의 실패는 물론 심리적으로나 목회적으로 부부에 관한 조언이 필요함을 말해줄 뿐만 아니라, 그에 대한 윤리적 반성도 필요함을 말해주고 있다. 이때 다음과 같은 세 가지 사항이 고려되어야 한다.

---

48) T. Rendtorff a.a.O. II, 19.

49) H. Schelsky: *Soziologie der Sexualität*, 1955, 34.

첫째로 고려되어야 할 것은 부부관계의 출발점은 부부관계를 맺으려는 사람들 사이의 성적인 매력에 있어야 한다는 것이다. 물론 부부관계가 항속적으로 첫 번째 충동의 힘으로 유지될 수 있는 것은 아니다. 그러나 부부는 사랑 위에 세워져야 한다는 낭만주의적인 주장은 제한적이기는 하지만 정당성을 가진다. 젊은 사람들 상호 간의 결합이 그들의 부모나 부족의 수장들을 통해서 결정되고, 정작 당사자 자신들의 성향은 묻지도 않고 결정이 이루어졌던 예전의 상황과 비교해보면 확실히 그런 낭만주의적 주장은 정당성을 가진다. 이런 예전의 관행은 사회적 관계성에 깊이 뿌리를 두고서 계속해서 내려오고 있다. 하지만 이런 관행에 대한 저항은 이미 중세교회에서 부부관계의 맺음에 대해서 당사자에게 의견의 일치를 요구한 것에서 발견된다. 한 남자와 한 여자가 일생 동안 깨어지지 않는 공동체의 관계로 들어갈 것을 자유롭게 결정하는 것이야말로 부부관계의 불가결한 전제조건이다. 그러나 순간적으로 폭발하는 열정 그 자체로는 부부관계의 지속성을 보장하지 못한다. 더욱이 상호 간의 연정(戀情)은 항상 다시금 상호귀속 의식을 통해서 새로워져야 하는데, 이 상호귀속 의식은 깊은 인격적 실존에 근거해 있으며, 특히 그리스도인으로 맺어진 부부에서는 하나님에 대한 공동의 믿음에 그 기반을 두고 있다.

따라서 **둘째로** 부부의 결속성을 결코 자명한 것으로 여겨서는 안 된다는 사실을 인정해야 한다. 부부의 결속성은 오히려 항속적인 주의와 보살핌을 필요로 한다. 물론 양쪽 모두로부터의 주의와 보살핌이 필요하다.

거기에 더해서 **셋째로** 부부가 서로에게 피차 복종해야 한다는 성서적 요구(엡 5:21 이하)는 부부관계가 단지 법적 구속력에 근거한 공동체가 아니라, 사랑의 공동체로서 존속한다는 사실에 대해서 큰 의미를 가진다. 상호 간의 복종이라는 관점은 그리스도인 부부에게 파트너십의 성격을 부여해 왔는데, 이는 이 파트너십이라는 용어가 유행어가 되기 오래전부터 그렇다. 이런 관점이 부부의 법률적 형태로 관철된 것은 물론 근래에 이르러서였다. 그럼에도 불구하고 일방적인 (남성 측으로부터의) 이혼 금지는 이미 기독교에서 여성의 지위를 확고히 한다는 의미에서 활로를 열었다. 이런 상황은 부부관계를 맺을 때에 요구되는 부부 당사자의 의견 합일에 대한 요구를 통해서 보완되었으며, 또한 가부장(pater familias)이 가지는 가족구성원에 대한 생사여탈권을 제거함으로써 더욱 보완되었다. 더욱이 여성이 법적으로 남편의 소유물의 한 부분이 되는 일이 중지되었다. 이렇게 해서 부부관계에서 남성과 여성 간의 자유로운 인격적 상관관계에 대한 성서적 사상이 그 분명한 형태를 드러내게 된 셈이었다.

부부와 성(性)

부부 공동체가 성적(性的) 행위의 유일한 형식으로 존속해 온 것은 아니었다. 그러나 기독교 윤리적 판단에서 확실히 부부 공동체는 성적인 행위의 모든 다른 형식들을 판단하는 규범이 된다. 곧 부부관계 밖에서 이루어지는 성적 관계뿐만 아니라 부부관계 이전의 관계에 대해서도, 아울러 동성 간의 관계와 같은 일탈적인 성적인 행동방식의 분야에 대해서도 부부 공동체는 판단 규범이 된다. 부부가 규범이 되는 근거는 다음과 같은 점에 있다. 인간 실존의 성적인 분화는 인간의 인격성과 결부되었고, 그 인격성은 바로 항속적으로 일생에 걸쳐서 요구되는 남녀 간의 공동체라는 부부 안에서 표현되고 있기 때문이다. 부부 이외의 여러 형식들 속에서도 그런 공동체성을 향한 열망은 작동하고 있지만, 이는 종종 실패한 부부관계를 배경으로 한 경우에 그러하다. 그러나 오로지 부부관계에서만 그런 공동체성을 향한 열망은 충족될 수 있다.

성적인 행동이 그 목표와 규범이 되는 부부와의 연관성이 약화되면, 다른 형태의 성적인 관계들에서도 그 인격적 깊이가 함께 사라진다. 따라서 기독교 윤리는 다음과 같은 점을 분명히 해야 할 것이다. 교회의 의식(意識)에서 뿐만 아니라 국가의 법에서도 규범과 규범일탈적인 행동 사이의 차이가 나타날 때, 개인적인 인격성의 자기계발의 모든 형식들이 동등한 가치를 가진다는 부적절한 생각을 통해서 이런 차이는 사라지지 않고 유지되고 있다. 그런 생각에 따르면 그 계발된 내용에 대한 평가의 판단은 오로지 해당 개인들 자신들의 몫이며 권리라는 것이다.

하지만 개인의 인격적 결정에서 선한 삶에 대한 규범들은 이미 먼저 주어져 있는 것이지, 개인적인 입장 설정을 통해서 비로소 선한 삶에 대한 규범들이 그 근거를 얻게 되는 것이 아니다. 이것은 물론 규범에 어긋나는 행동을 한 사람들은 정죄되어도 된다는 것을 의미하는 것이 아니다. 부부관계에 실패했거나 또는 사랑의 정신이 사라지고 냉랭한 부부관계의 감옥에 살고 있는 사람들에게 동정심을 가져야 하는 만큼이나, 규범에 어긋나는 행동을 한 사람들에게도 역시 동일한 정도로 동정심을 가져야 한다.

부부관계와 하나님과의 공동체성

마지막으로 언급해둘 것은 부부가 인간의 인격적 규정성이 실현될 수 있는 유일한 형태는 아니라는 것이다. 인간의 인격적 규정성이 실현될 수 있는 유일한 형태는 오로지 하나님과의 공동체이다. 모든 각 사람은 하나님과의 공동체를 지향하도록 규정되어 있으며 또한 이로부터 각 인간의 삶은 그 가치를 얻는다. 사람들은 부부관계에 들어가지 않고도 하나님 앞에서 인격들로서 존속할 수 있다. 그리고 실패한 부부관계 또는 위태로운 부부관계에서 빈번히 발생하는 부부 상호 간의 테러는 사람들이 하나님과의 관계성에서 규정된 대로 살아가려는 것을 방해할 수도 있다. 사람들은 다른 것을 이루기 위해서 많은 것을 포기하기도 한다. (이것이 바로 금욕에 대한 합리적이고도 자연스러운 의미이다.) 이와 마찬가지로 사람들이 부부관계를 의식적으로 포기할 수도 있다. 물론 성적인 관계의 자유분방한 변화에 걸림이 되는 구속성을 피하고자 부부관계를 포기하는 것이라면, 그것은 윤리적 가치를 가질 수 없다. 하지만 부부관계로 들어가지 않음이 기독교적 전통에서나 종교개혁적 전통에서[50] 윤리적 가치를 획득할 수 있는 경우도 있다. 즉, 부부관계를 맺지 않는다는 것이, 성적인 행위 일반이 완전한 인간적 삶의 영위를 위해서 불가피한 것으로 간주되어서는 안 된다는 것을 표현하고 있는 한에서는 그렇다. 부부관계도 하나님과 공동체를 이루도록 되어있는 인간의 인격적인 규정성에 대한 하나의 표식이다. 그리고 이 표식을 통해서 이 규정성은 인간들의 공동적 삶에서 구체적인 형태를 얻으며, 또 얻을 수 있을 것이다.

부부와 가족

이 단원의 결론은 다시금 부부와 가족의 관계로 돌아와야 하겠다. 남자와 여자의 인격적인 삶의 공동체인 부부는 가족과의 관계에서 우선성을 가지며 그 고유한 가치를 가진다. 이것은 바로 가족의 공동체에 대한 부부의 중요성을 입증하고 있다. 한 그리스도인 부부를 중심으로 형성된 가족은 부모 상호 간의 관계를 규정하고 있는 바로 그 상호 간의 관심과 헌신의 정신을 통해서 채색된다. 그런 분위기 속에서 아이들이 성장하게 되면, 아이들 자신의 발전에서의 자유도 또한 사랑의 상호호혜성의 정신

---

50) 아욱스부르크 고백 23, 28의 설명부분에서 동정녀의 삶에 대한 은사가 부부보다 더 높은 것으로 여겨지고 있다.

에서 촉진된다. 그리고 이것이야말로 신약성서적 권면의 가르침에서 부모와 아이들 사이에 이루어져야 할 관계이기도 하다.

이때 가족생활과 관련하여 기독교 윤리적으로 한 가지 더 마지막으로 고려해야 할 것이 있다. 그것은 가족이 또한 일차적인 종교적 사회화의 장소라는 것이다. 바로 종교개혁자들도 공동의 성서읽기, 기도, 찬송을 통해서 이루어진 예배적 삶으로서 가족 공동체가 가지는 의미를 강조했다. 따라서 가족은, 신자들의 만인사제설을 주장하는 종교개혁적 가르침의 의미에서 개별적 그리스도인의 영적인 역량이 훈련되는 사회적 장소이다. 현대 개신교가 당면한 위기도 또한 가족들 안에서 더 이상 매일 성서를 읽지 않을뿐더러, 아침저녁으로 그리고 식사 때에 기도하지 않고 있다는 사실과 연관이 있다. 개신교 역사에서 가족 안에서 이루어지는 예배의 삶은 교회에서 평신도들이 가지는 영적인 자립성을 위한 기반이 되었다.

가족관계 안에서 이루어지는 예배적 삶의 실행은 다음과 같은 일들을 가능하게 해준다. 꼭 신앙에 대한 의심을 할 필요가 없이도 한번쯤 훌륭하지 않은 설교들도 경험해볼 수 있게 해준다. 그리고 아이들로서도 부모들이 함께 또는 각자 부모 자신에 대한 결정권을 가질뿐더러, 부모가 부모 자신에 대해서나 가족의 모든 구성원에 대해서 책임을 지는 부모의 권위에 대해서도 인정할 수 있게 해준다. 또한 부모도 자신들의 능력과 성과의 한계 및 자신들의 실패까지도 인정할 수 있는 자리가 제공된다. 아이들이 인격적인 자립을 이루도록 성장하기 위해서는 그런 경험들이 적잖게 중요하다. 아이들이 어른이 되어서 얼른 더 넓은 세상에서 참으로 자유로운 공기를 또는 더욱 자유로운 공기를 누리고자 도망치게 만드는 주된 요인 중의 하나는 강요된 경건성에 기인하는 편협함이다. 가족 안에서의 예배의 삶에 대한 경험들이 이런 강요된 경건성의 편협함과 덜 결부될수록, 그런 경험들은 더욱 가치 있는 것이 될 것이다.

그러나 아무리 최선의 경우라고 하더라도 가족이 구성원들을 공동체의 경계 안에 붙들어두려 해서는 안 된다. 부부는 평생토록 지속되는 공동체로서, 그 본질상 해체되지 않는 공동체이다. 하지만 가족은 그렇지 않다. 가족 구성원들은 자립을 위해서 각자 자기의 길을 갈 수 있도록 상호 간에 자유롭게 길을 터주어야 한다. 그것은 일차적으로 자녀들에 대한 부모의 관계에 해당되는 것으로서, 부모가 자녀들을 언제나 자신들 곁에 묶어두고 세상으로부터 보호하려고 해서는 안 된다. 그러나 그것은 또한 자녀들에게도 해당하는 것으로, 특별히 장성한 자녀들이 그들의 부모와 가져야 하는 관계에도 해당하는 것이다. 부부와 비교해보면 특히 핵가족은 다소 임시적인 성격을 가진다. 짧은 몇 년간의 기간 동안 아이들이 있으면서, 가족 공동체가 중심점을 이룬다. 그러나 그후에 각자 다른 길로 흩어진다. 이와 마찬가지로 성서적 전승에 따르면 각 개인에게 향하는 하나님의 부름은 아브라함 이래로(창 12:1) 그 개인을 가족 연관성으로부터 해체시

켜서, 그 개인이 홀로 하나님 앞에서 자신의 삶을 영위하게 하고 있다.[51]

4. 세속적 국가에서의 기독교적 행위

국가적 질서는 개인의 이익에 대해서 상당히 이질적인 지배 질서로 여겨질 수 있다. 이 질서에 대해서 시민 개인은 대개 거의 영향을 끼칠 수 없다고 여기며, 그러기에 이에 대해서 무관심하거나 아니면 억압된 감정으로 대한다. 그것은 특별히 모든 형태의 외세적 지배의 경우에 그러하다. 이에 반해서 민족국가들의 강점은 사람들이 외부인들에 의해서가 아니라 자기들과 같은 사람들에 의해서 통치되고 있다는 점에 있다. 하지만 더욱 중요한 것은 국가적 지배의 시행이 정의의 원칙에 따라서 이루어지고 있다고 느끼는 것이다. 사람들 상호 간 다툼이 있는 법적인 요구들과 관련해서 모든 사람들에 의해서 또는 거의 모든 사람들에 의해서 정의롭다고 느껴지는 상태들을 찾아보기는 물론 어렵다. 그러나 시민들이 그들의 국가와의 관계에서 내적인 평화를 이루면서 살 수 있기 위해서는, 그 관계들이 대체로 공정한 것으로 인정될 수

---

51) 또한 세베대의 아들들의 부름(막 1:20)이나, 죽은 아버지의 장사와 같은 조의(弔意)의 의무들보다 제자도가 우선성을 가진다는 진술(눅 9:62, 마 8:21f.)이나, 마지막으로 자기 자신의 가족에 대한 예수님의 태도(막 3:33ff.)를 참고하라.

있어야 한다. 법률과 질서가 없이는 인간들의 공동적 삶은 불가능하다. 그렇기 때문에 원칙적으로 비록 여러 관점에서 불만족스러운 것이 여전히 있음에도 불구하고, 질서가 잡힌 상태, 곧 국가의 권력을 통해서 안정이 보장된 상태가 불법의 상태나 아노미 상태보다는 항상 계속해서 훨씬 선호될 수 있었다.

국가 질서와 인간의 본성

정치적 질서의 발생과 정치적 지배형식의 형성은 인간의 본성에 속하는가? 아리스토텔레스는 이 물음에 대해서 긍정적으로 대답했다. 인간은 본성상 정치적 동물(zoon politikon)이다.[52] 다시 말해 인간은 자신과 같은 종류의 타자들과의 공동체성을 지향하도록 되어있는 생명체인데, 이러한 인간의 사회적 기제(機制)가 완전히 실현되는 곳은 국가다. 왜냐하면 인간의 공동체 형성은 국가에서 처음으로 완전한 자립성, 자급자족(Autarkie)에 도달하기 때문이다.[53] 아리스토텔레스가 일차적으로 염두에 두고 있었던 것은 그리스의 도시국가였다. 도시국가는 헬레니즘 시대나 로마시대 및 중세나 근대의 영토국가와는 차이를 가진다는 사실이 지적되기는 하지만, 아리스토텔레스의 주장은 근본적으로 타당하다. 한 공동체가 어떤 일정한 규모에 도달해야 비로소 가능

---

52) Aristoteles *Polit.* 1253a 2 u. 9.

53) Aristoteles a.a.O. 1252b 29f. 이에 대해서 저자의 *Anthropologie in theologischer Perspektive*, 1983, 431ff.를 참조하라.

해지는 자급자족이라는 기준은 국가의 이해에서 결정적이기 때문이다.

아리스토텔레스나 플라톤과 반대되는 입장이 강력하게 옹호되기도 하는데, 이것은 정치적인 통치가 본질적으로 억압적인 것으로 나타나는 곳에서 그러하다.[54] 이때 인간은 본성상 공동체를 지향하도록 되어있다는 사실이 반박되는 것이 아니라, 인간적 본성에 상응하는 공동체 형식들이 강제성이 없이 스스로 형성되는 것으로 여기는 생각이 반박된다. 오히려 국가적 지배는 강제력을 그 특징으로 가진다고 주장된다.[55] 이때 계속해서 다음과 같은 질문에 대한 판단에서 견해의 차이가 드러난다. 공동체의 질서가 보존되어야 하는 경우라면 국가적 억압은 불가피한 것으로 인정되어야 하는가? 아니면 이런 가정이 거절되어야 하는가? 모든 국가적 억압에 대한 근본적인 거부가 분명하게 정당성을 얻을 수 있는 경우라고 한다면, 그것은 인간이 자연적으로 선한 존재로 간주되어 국가의 폭력이 없이도 상호 조절하면서 사는 경우일 것이다. 그에 반해서 만약 선한 사람들에 대한 악한 사람들의 공격이나, 약한 자들에 대한 강한 자들의 공격으로 인해서 상위질서를 가진 권위기관이 요구되고, 그래서 그것이 악한 자들을 처벌하고 선한 자들을 격려하면서 법질서의 유지를 도모하게 되

---

54) 이에 대해서는 저자의 *Anthropologie in theologischer Perspektive*, 1983, 446f.를 보고, 아울러 그 책의 "권력과 지배"라는 단락 전체(440ff.)를 보라.

55) 이에 대해서 인용된 작품의 445f.도 보라.

는 경우가 가정된다면, 국가적 억압은 필수불가결한 것으로 여겨질 것이다.

창조질서 혹은 보존질서

인간적 본성에 대한 상이한 판단에 따른 시각 차이에서 생기는, 국가 질서에 대한 상반된 평가는 개신교적 국가윤리에서 다음과 같은 물음에 대한 토론에 반영되어 나타난다. 즉, 국가는 **창조질서**로 판단되어야 하는가, 아니면 **보존질서**로 판단되어야 하는가?

다음과 같은 경우라면 국가는 창조질서로 여겨질 것이다. 즉, 국가가 인간의 본성에 근거해 있는 공동체적 지향성의 실현으로 판단되는 경우라면 말이다. 물론 그리스도인으로서는 아리스토텔레스의 자급자족 사상의 의미에서가 아니다. 왜냐하면 기독교 신앙의 견지에서 본다면 인간은 하나님과의 관계성 속에서 일차적으로 자신의 공동체적 규정성을 발견하기 때문이다. 그럼에도 불구하고 국가에 대한 인간론적 해석에 대한 기독교적 평가는 다음과 같은 점에서 아리스토텔레스와 의견을 같이할 것이다. 즉, 자유주의적인 사회이론과 상반되게 공동체성은 개인의 자기정체성의 필수적 구성요소로 간주되어야 한다는 점이다.[56] 공동체가 개인의 자기정체성에 대해서 가지는 근원적인 의의는 그 원

---

56) 이 질문과 관련해서 R. Niebuhr: *Die Kinder des Lichts und die Kinder der Finsternis* (1945), dt. 1947, 41를 참조하라.

초적인 형태를 가족 안에서 가지며, 가족이라는 원초적인 형태는 다시금 그 자체의 측면에서 본다면 민족과 그 정치적 조직이라는 더 큰 공동체 안에서 존립하고 있음을 지시해주고 있다. 그렇게 본다면 국가는 각기 좀 더 큰 공동체들에게 구체적인 형태를 부여해주는 질서형식이다.

이에 반해서 국가의 억압에 대한 관점이 국가의 기능에 대한 생각과 관련해서 전면에 부각된다면, 사람들은 국가를 신학적으로 보존질서로 파악하려는 경향을 보인다. 즉, 국가는 하나님의 원초적인 창조에서 인간에 대한 의도에 기반을 가지고 있는 장치는 아니지만, 인간의 공동의 삶에서 죄의 파괴적인 결과들을 제한하고자 마련된 장치라는 것이다.[57]

세상 권력의 과제에 대한 루터의 가르침, 즉 세상 권력에게 "세상의 칼과 법"이 맡겨진 것은 "악한 자들을 벌하고, 경건한 자들을 보호하기 위한 것"이라는 주장은[58] 의심의 여지없이 죄와 그 결과를 한정시키기 위해서 마련된 보존질서라는 관점에서 국가를 이해하고 있다. 제후들은 "하나님의 형벌집행자이며 사형집행자"로서 "악한 자들을 벌하고 외적인 평화를 유지하기" 위해서

---

57) W. Künneth: *Politik zwischen Dämon und Gott. Eine christliche Sicht des Politischen*, 1954, 135ff. 국가를 창조질서로 파악하는 것에 대한 비판에 대해서는 그 책의 120ff.를 보라.

58) M. Luther: *Von weltlicher Obrigkeit, wieweit man ihr Gehorsam schuldig sei*, 1523, *WA* 11, 248, 30f. 이에 대해서 H.-J. Gänssler: *Evangelium und weltliches Schwert. Hintergrund, Entstehungsgeschichte und Anlaß von Luthers Scheidung zweier Reiche oder Regimente*, 1983, 64ff.를 참조하라.

세워진다.[59] 국가의 기능에 대한 이런 생각의 근거로 루터가 베드로전서 2장 14절과 로마서 13장 3절 이하를 제시했던 것은 정당한 것이었다. 물론 이 구절들이 국가의 본질에 대한 완전한 개념을 전달해주는 것은 아니다.[60] 첫째로 이 본문들에서 다루어지는 것은 "정확히 말하자면, 질서와 법을 유지해야 하는 권력자들"이지, 국가 자체가 아니다.[61] 둘째로 현존하는 권력 관계들에 대한 "복종"의 권면은[62] 특별히 이방 로마 국가의 관청 공무원들에 대해서 그리스도인들이 가져야 할 관계에 대한 것이다. 그리스도인들이 내적인 거리감을 가지고서 대하고 있는 국가 질서의 경우라고 하더라도, 여전히 그 법질서는 착한 사람들을 보호하고, 악한 사람들을 처벌하는 기능을 통해서 참된 하나님의 의지를 위해서 봉사하고 있다는 사실은 변함이 없다.

국가와 종교

현존하는 법질서에 그리스도인들이 순응해야 한다는 신약성서의 권면에서 국가와 종교의 관계가 주제화되고 있는 것은 아니다. 점차 형성되고 있는 로마의 황제 제의(祭儀)라는 관점에서 이 주제가 초기 기독교에서 고찰되었을 때, 강한 거부감을 가진 판

---

59) M. Luther *WA* 11, 268, 4f.

60) E. Lohse: *Theologische Ethik des Neuen Testaments*, 1988, 85.

61) L. Goppelt: *Der erste Petrusbrief*, 1978, 176.

62) *hypotassesthai* 개념에 대해서는 L. Goppelt a.a.O. 174ff.를 참조하라.

단들이 발견된다.(계 12:18B-13:18) 이런 관점에서 볼 때에 로마서 13장 3절 이하와 베드로전서 2장 14절 등에서 말하는 법질서에 대한 순종의 권면은 로마 국가에 대한 기독교적 평가에 대한 물음과 관련해서 제한적인 적합성을 분명히 가진다. 그럼에도 불구하고 이후 시대에는 요한계시록 13장으로부터 기인하는 로마제국에 대한 기독교적 판단형성의 전통적인 흐름 외에도, 무엇보다도 오리겐에 - 후에 순교자가 되었다고 하는데 - 의해서 마련된 다른 시각도 존속해왔다. 그것은 곧 로마제국의 지상적 평화질서(아우구스티투스)와 그리스도의 평화나라 사이에 어떤 섭리적인 수렴과 일치가 있을 것이라는 시각이다. 이런 시각으로 인해서 콘스탄티누스 황제의 회심 이후에 기독교 자체가 국가 질서의 종교적 기초로 이해될 수 있는 기틀이 마련되었다.[63]

인류문화사를 보면 국가 질서와 정치 지배는 거의 언제나 종교에 그 기반을 두어왔음을 발견할 수 있다. 그렇게 해야만 인간 위에 군림하는 인간의 지배 및 지배자들의 자의적인 통치가 취약한 기반을 가지고 있다는 인상을 피할 수 있었다. 이런 인상을 피하고자 사회적 질서와 우주적 질서 간의 일치에 대한 생각들이 제시되었다. 지배자에게는 이 우주적 질서의 지상적 대행의 기능, 곧 우주적 질서를 다스리는 신적인 권력들을 지상에서 대행하는

---

63) 이에 대한 상세한 설명을 위해서는 저자의 *Die Bestimmung des Menschen*, 1978, 64ff. 를 보라.

기능이 부여되었다.[64] 바로 여기에 또한 신약성서에서 그리스도 인들의 국가에 대한 관계를 언급할 때 주된 관심사로 여겼던, 법과 정의를 보존하는 통치자의 기능도 그 기반을 두고 있다. 신정정치론(神政政治論)에 입각한 정치 지배의 정당화는 고대문화에서 광범위하게 국가적인 억압을 포기하게 만드는데 기여했다. 왜냐하면 시민들과 통치자들은 신앙 안에서, 그리고 그들 모두 위에 놓여있는 지고(至高)의 권위에 대한 관계 안에서 상호 결부되어 있었기 때문이다.

국가와 교회

기독교 역사에서 종교와 정치적 통치의 관계 규정에서 특징을 띠는 것은 국가와 교회 또는 세상적 힘과 영적 힘 사이의 차이성을 공고히 기구화(機構化)시키는 것이었다. 이것은 다가오는 하나님 나라의 궁극성과 모든 현재적 사회질서의 임시성을 구분하는 기독교의 종말론적 의식으로 표출되었다.[65] 이런 구분은 초기 기독교가 이방 제국의 법질서에 대해서 그리고 그 관리를 통해서 법질서가 보존되는 것에 대해서 긍정적으로 평가하게 하는 것을 가능하게 했다. 이방 제국의 법질서가 기독교에서 통용될 만한 정치적 질서의 요소로 수용되었다. 그러나 이것은 먼저 제국이

---

64) 이에 대한 더욱 자세한 내용을 보려면 저자의 *Anthropologie in theologischer Perspektive*, 1983, 453ff.에 나오는 설명을 참조하라.

65) 이에 대해서는 저자의 *Systematische Theologie* 3, 1993, 62ff.를 보라.

기독교적 신앙고백의 바탕 위에서 새롭게 되는 것을 통해서 가능했다. 따라서 국가 질서의 세속화는 원초적으로 전체 사회체계가 기독교의 고유한 방식으로 정립되고서 이루어진 산물이자 그 표출로서 평가되어야 한다. 이런 식으로 세워진 전통 안에서 루터도 세상적 통치와 영적 통치를 구분하고 상호 간에 질서를 부여하고 있다. 물론 이때 루터는 이런 전제에 대해서 결코 명시적인 태도나 언급을 보인 것은 아니었다. 하지만 적어도 이따금씩 행한 그의 진술들에서 저 구분이 문화 전반에 걸쳐서 갖는 타당성을 전제하고 있었음을 보게 된다.

법질서와 국가 권력의 세속화는 다른 영역의 공공문화들의 세속화와 마찬가지로 기독교적 토양에서는 결코 하나님의 계명으로부터의 독립을 의미할 수 없으며, 교회의 예배 대상인 그리스도의 감춰진 통치로부터의 독립을 의미할 수도 없다. 국가 및 국가 질서의 세속화는 오히려 그리스도 통치가 가지는 종말론적 특성에 기반을 두고 있다. 다시 말해 다시 오시는 그리스도의 미래와의 관계로부터 귀결되는 국가 질서의 임시성에 세속화의 기반이 놓여있다.

근대의 세속적 국가와 기독교

이와 반대로 현대의 세속적 사회는 근대사의 전개과정에서 덩치를 키워온 해방, 곧 기독교 기반으로부터의 해방이라는 특징을 가진다. 이 해방이라는 것이 처음에는 단지 종파 간에 대립을 보이는 교회의 가르침들에 대해서 중립성을 띠는 것으로 이해되었다. 하지만 그것은 점차 기독교 자체에 대해서 무관심해지는 것으로 바뀌었다. 전자의 입장로부터 후자의 입장이 필연적으로 귀결되는 것은 아니다. 교회들의 상이성에 대한 중립은, 근대 국가의 뿌리를 이루는 기독교적인 문화적 전통에 대한 의식과 매우 잘 결합될 수 있다. 기독교의 종파적 특색에 대한 중립성은 게다가 오히려 기독교적으로 규정된 동기의 표현일 수 있다. 즉, 그것은 신앙의 자유에 대한 요청에 부응하고 있는 셈이다.[66]

그러나 근대국가 및 근대적인 공공문화에 대한 세속화는 오래 전부터 모든 종교에 대한 무관심, 특별히 자신의 기독교적 근원에 대한 무관심의 표현이 되었다. 종교와 기독교는 단지 개별 시민의 사적(私的) 사안으로 간주된다. 기독교의 신앙고백이 인구의 다수를 점하고 있어도 상황은 마찬가지다. 이런 종교적 요소가 인구의 문화적 공동체에서 중요한 기능을 수행하고 있음에도 불구하고, 기독교가 국가 질서의 문화적 토대의 구성요소로서 또한 아울러 국가의 문화적 정체성의 구성요소로서 가지는 가치를 정치적으로 인정받은 적이 거의 없다.

---

66) 종교문제에서의 국가의 중립성이라는 주제에 대해서는 캄펜하우젠의 상세한 비교설명을 보라. A. Frhr. v. Campenhausen: Der heutige Verfassungsstaat und Religion, in J.Listel und D.Pirson: *Handbuch des Staatskirchenrechts der Bundesrepublik Deutschland I*, 2. Aufl. 1994, 47-85, 특히. 77ff. 아울러 63ff.에 나오는 국가와 교회의 분리의 주제에 대한 입장들의 비교도 주목하라. 미국과 관련해서 말하기를, 국가와 교회의 분리는 원래 종교적인 신앙고백의 자유로운 전개를 촉진시키기 위한 것이었지(66), 종교를 공적인 삶으로부터 배제시키려고 의도했던 것은 아니었다고 강조한 것은 옳은 지적이었다.

그리스도인들이 근대의 세속적 국가에 대해서 가지는 태도에 있어서 그리고 그들이 근대의 세속적 국가가 마련한 기구들에 관여함에 있어서 국가가 기독교에 대해서 가지는 관계를 명확히 하는 것이 중요하다. 초기 기독교 시절에 이방 로마가 그랬던 것처럼, 기독교 신앙에 대해서 이질적인 기반 위에 서있는 국가들에서조차도 그리스도인들은 법질서에 순종할 의무를 가진다. 그러나 그리스도인들이 이런 점을 넘어서, 도대체 국가 및 국가의 헌정의 형식과 내적으로 자기 동화를 이룰 수 있겠는지 하는 물음에 대한 대답은 다음과 같은 조건들에 달려있다. 첫째로 도대체 그리고 얼마만큼 국가의 헌정에서 인간에 대한 기독교적 이해와 유사성이 인식되는가 하는 점이다. 둘째로 국가의 헌정이 얼마만큼 기독교적 메시지와 교회의 삶을 위해서 공간을 제공하는가 하는 점이다. 그리고 셋째로 도대체 한 국가의 헌정이 기독교적 견지에서 볼 때에 다른 대안적인 정치질서 모델들보다 더 나은 우선성을 부여 받을 만한가 하는 점이다. 이런 세 가지 기준들의 적용을 통해서 어떤 정치질서 모델이 기독교 신앙에 얼마나 가까운지가 드러나며, 기독교적 견지에서 국가 질서에 대해서 얼마만큼 동의를 표할 수 있는지가 드러난다.

민주주의와 자유사상
근대의 세속적 사회는 대개 대의의회민주제를 표방하고, 간혹 입헌군주제를 표방하는데, 후자의 경우라고 하더라도 공공의 삶의 나머지 부분에서는 민주제 질서의 토대 위에 있다. 그런 것이 기독교 신앙에 얼마나 가까운지 하는 문제와 관련해서 기독교는 자신의 입장에서 군주체제나 귀족·과두정치체제의 국가형태를 확정적으로 지지해주지도 않으며, 민주제의 국가형태를 확정적으로 지지해주지도 않았다.[67] 기독교는 수세기 동안 군주체제의 국가들 안에서 살아왔다. 이 군주체제의 국가들은 그들의 권위를 명백히 기독교 신앙의 하나님으로부터 이끌어 왔으며, 아울러 이 국가들은 통치 행위 및 법질서에 대한 평가를 위해서 기독교적 척도들을 받아들였다.

근대의 민주적인 입헌국가의 초기에도 사람들은 명백히 기독교적 원리들을 그 근거로서 끌어들였다. 특별히 기독교적 자유에 대한 종교개혁적 사상을 끌어들였다. 하지만 근대의 정치적 삶과 사상에서 매우 근본적인 의미를 지닌다고 하는 바로 그 자유사상에서 물론 곧장 자연법적 기초로 옮아가는 움직임이 발생했다.[68] 예를 들어 존 로크가 바로 그런 경우였다. 그리하여 자유라는 것은 자신의 선택에 따라서 인격성을 계발하는 것으로 해석되었고, 이로 인해 자유가 그 목적 개념인 선(善)에 대해서 가지는 지향적 연관성은 뒷전으로 물러나게 되었다. 동시에 죄로부터

---

67) 이런 식으로 독일개신교회협의회(EKD)의 백서도 주장한다. EKD: *Evangelische Kirche und freiheitliche Demokratie. Der Staat des Grundgesetzes als Angebot und Aufgabe. Eine Denkschrift der Evangelischen Kirche in Deutschland*, 1985, 12.

68) 이에 대해서 그리고 잇달아 나오는 내용에 대해서는 위의 책 96ff.를 보라.

해방된 진리의 토대 위에서 자유를 이해하고자 하는 신약성서적 입장과의 연관성(요 8:32 이하)도 뒷전으로 물러나게 되었다. 이와 더불어 민주주의적 사회의 삶의 현실에서 그런 방식의 자유가 임의대로 실행되는 것을 막도록 고안된 제한 장치들이 점차로 광범위하게 무력화되어 왔다. 독일 헌정에서도 예컨대 도덕법의 개념이라든지, 타인들의 권리에 대한 배려가 무력화되어 왔다. 물론 타인들의 권리가 국가의 법질서를 통해서 보호받고 있다. 하지만 타인들의 권리에 대한 배려라는 제한 장치는 오늘날 완전히 효력을 상실했다.

자연법에 입각한 자유 사상의 정당화에 대해서 기독교적 사고방식은 반대한다. 기독교적 확신에 따르면 인간은 자연적으로 자유로운 존재가 아니다. 오히려 인간은 아들(그리스도)을 통해서 참된 진리를 향하도록 해방되어야 한다. 그리스도인들은 또한 인간은 창조 때부터 (하나님과의 공동체성 안에서) 자유를 향해서 부름을 받았을 뿐 아니라 아울러 인간은 그들 사이에 사실적으로 존재하는 불평등들에도 불구하고 하나님 앞에서의 평등을 향하여 부름 받았다고 믿는다. 그러나 이런 기독교적 확신들은 자연법에 입각해서 현대 민주제에서 모든 사람들이 가지는 자유와 평등을 주창하는 사상들과는 단지 부분적으로 생각을 공유하며, 또 그런 사상들이 현대 사회에서 가지는 적합성과 관련해서도

단지 부분적으로 동의할 수 있을 뿐이다.[69]

민주주의와 인간존엄성

현대 민주제의 이념들과 기독교적 인간상 간에 보이는 가장 명확한 일치는 인간존엄성의 불가침해성에 대한 기본권리에 대한 생각에 있다. 이 기본권리의 역사적 뿌리는 인간이 가지는 하나님의 형상에 대한 성서적 사상에 있다. 인간이 가진 하나님의 형상으로부터 인간 생명의 불가침해성이 도출된다.(창 9:6)[70] 그리고 이런 정당화 작업은 이성적 존재로서의 인간의 가치에 대한 호소에 의해서 대체되지 않는다.[71] 특별한 가치라는 생각이 물론 이미 키케로에 의해서 인간의 이성적 본성과 결부되어 왔다. 그러나 인간의 이성적 본성으로부터 개인적 생명의 불가침해성이 도출될 것이라는 의미에서 키케로가 그렇게 한 것은 아니었다. 인간이 하나님 형상을 가진다는 생각이 인간존엄성의 개념과 기독교적으로 연계되면서, 비로소 개인적 생명의 불가침해가 인간존

---

69) 각주 288에서 인용한 독일개신교회협의회 회보는 이 부분에서(a.a.O. 14) 그 문제를 보다 비판적으로 다루었어야 했다. 그 비판적 서술은 1993년 8월 6일자로 자유와 진리의 관계에 대해 공표된 교황의 회칙(回勅)「*Veritatis splendor*」에서 정당하게 이루어졌다.(*Verlautbarungen des apostolischen Stuhles* 111, 1993, Nr. 31ff., 또한 84ff., 특히 88)

70) 이런 상황은 정당하게 독일개신교회협의회의 백서 *Evangelische Kirche und freiheitliche Demokratie. Der Staat des Grundgesetzes als Angebot und Aufgabe*, 1985, 13f.에서 강조되고 있다.

71) 이에 대해서 저자의 Christliche Wurzeln des Gedankens der Menschenwürde, in W. Kerber (Hg.): *Menschenrechte und kulturelle Identität*, 1991, 61-76, 특히 64-70를 보라. 이에 대해서 좀더 광범위한 연관성을 보려면 저자의 *Systematische Theologie* 2, 1991, 203ff.도 보라.

엄성 개념의 내용적 계기가 되었으며, 더 나아가 그 개념의 법률적인 적합성을 결정하는 내용적인 계기가 되었다. 인간존엄성이라는 이 개념이 가지는 광범위한 귀결과 관련해서 본다면, 그리스도인은 현대 민주주의 시민으로서 특별히 이 헌정적 근본원칙이 여타의 모든 헌정규범들보다 상위를 유지하도록 노력하며, 또한 이 척도에 준해서 여타의 기본권들이 해석되도록 노력해야 한다.

현대 민주주의의 헌법 권리의 내용들 중에서 기독교적 근원을 가진 사상들과 인접해 있는 것들로서 앞에서 언급한 것 외에도 다양한 다른 내용들도 있다. 그런 것에 속하는 것으로서는 부부와 가족의 보호를 위한 원칙들 외에[72] 무엇보다도 법치국가의 원리 자체가 언급될 수 있다. 국가 법치주의의 원리는 입법, 행정, 사법의 권리분립에 기반을 두면서, 정치적인 영향에 대한 사법부의 독립에서 표출된다. 이 후자는 다음과 같은 기독교적 확신에 일치한다. 즉, 기독교적 확신에 따르면 어떤 개별적인 인간적 기구에도 포괄적인 통치권이 부여되지 않는다. 하지만 비록 세속국가의 법이 모든 점에서 성서적인 하나님의 법의 척도들에 부응하는 것은 아닐지라도, 현대 법치국가의 법률에 의한 통치와 성서적 하나님의 법률적 의지 사이에는 광범위한 일치가 있다.[73]

---

72) 저자의 상세한 설명은 다음을 참고하라. Christliche Rechtsüberzeugungen im Kontext einer pluralistischen Gesellschaft, *ZEE* 37, 1993, 256-266, 특히 263ff.

73) 국가의 통치질서를 법률에 묶어두는 것에 대해서, 그리고 법률규범들이 실제로 계속해

국민 주권

현대 민주주의 제도의 다른 요소들은 기독교 신앙에 별로 근접해 있지 않다. 거기에 속하는 것으로 먼저 국민 주권 사상을 들 수 있다. 이 사상은 기독교 신앙에 낯설다. 왜냐하면 기독교 신앙에서 주권성은 궁극적으로 하나님께 있는 것이지, 백성에게 있는 것이 아니다. 역사적으로 보았을 때 근대의 국민 주권 사상은 하나님 주권 사상에 압박을 가해 왔으며, 그래서 아예 후자의 자리를 대신하거나 아니면 이와 동등한 것으로 여겨졌다.[74] 현대의 많은 헌법들에서 물론 국민 주권은 헌법 입법자가 국민에 대해서 가지는 책임뿐만 아니라 일차적으로 하나님에 대해서 가지는 책임에 대한 강조를 통해서 제한된다. 국민 전체가 잘못할 수도 있다. 그리고 이런 잘못의 가능성은 국민 주권의 구체적 표현이라고 할 수 있는 다수의 의지와 관련해서 더욱 잘 일어날 수 있다. 이와 관련해서 세속적 법치국가에는 물론 중요한 제한 수단이 있다. 그것은 다수에 의한 지배를 공공복리(Gemeinwohl)라는 잣대에 묶어두는 것이다. 그러나 이 공공복리라는 것은 다시금 일차적으로 지배적인 다수에 의해서 정의되기 마련이다. 물론 그것은 공공의 의견에 의해서 견제를 받는다. 그러나 공공의 의

서 변하고 있는 상황에서 정치에 대해서 법률이 우선성을 유지시키는 것의 어려움에 대해서 저자의 *Anthropologie in theologischer Perspektive*, 1983, 451ff.를 참고하라.

74) 이에 대해서 저자의 a.a.O. 455에서 인용된 바 있는, 루소(Rousseau)에 대한 비르텐베르거(Th. Würtenberger)의 평가를 보라.

견이라는 것은 대개 특권층의 담론 주도자들의 의견이 널리 퍼진 것으로 이해된다. 그리고 이 특권층의 담론 주도자들은 종종 사적인 관점들을 그들의 의견 표명에 반영시킨다.

국민 통치라는 표상은 그 자체가 현대 민주주의적 헌법국가에서 비판을 필요로 하는 요소들 중의 하나이다. 이런 표상이 가지는 이데올로기적 성격으로 인해서 비판이 요청된다. 요컨대 실제로는 국민이 통치하는 것이 아니라는 것이다. 오히려 자신들을 국민의 대표자들로 이해하고 있는 개인들이 통치를 수행하고 있는 셈이다. 물론 이런 개인들은 국민의 선택된 대리자라고 하지만, 후보자들을 먼저 선택하는 것은 국민의 몫이 아니라 정당들의 몫이다. 그렇게 되면 그 후보자들 가운데서 국민이 접하는 결정이라는 것은 사전의 선택을 통해서 제한된 것일 수밖에 없다. 정당들 및 그 위계적 지도부의 영향으로 인해서 나타나는 결과는 다음과 같다. 선택된 대표자들은 거의 예외 없이 이 정당들의 구성원들이며 직업 정치인들이다. 하지만 이런 점은 민주주의의 이념에 반하는 것이라는 사실을 주목할 만하다. 실제에 있어서 그들은 대개 그들을 후보자로 뽑아줘서 은택을 베푼 정당의 흐름을 따라가게 마련이며, 공공복리의 요구사항들에 대한 판단에 있어서 정당의 흐름을 벗어나지 않는다. 그러면 현대 민주주의 제도가 실제로는 국민투표의 요소를 갖춘 과두통치체계에 불과한 것처럼 보인다. 이런 문제가 해결될 수 있는 가능성은 오로지 다음과 같은 경우에만 생각될 듯하다. 즉, 정치적 의지를 형성함에 있어서 "함께 활동하는" 정당들이[75] 선거 후보자들을 그들 자신의 계보로부터 세우려 하지 않는 경우일 것이다.

국민 선거

그럼에도 불구하고 민주주의적인 입헌국가는 국민 선거의 원리를 통해서 평화적인 정권교체의 가능성을 제공하며, 시민들에게 선거권의 행사를 통해서 그런 교체에 영향을 미치거나 또는 그런 교체를 저지하는 기회를 부여한다. 이것이 현대의 민주주의적 입헌국가가 대개의 다른 정치적 헌정체제들과 구분되는 점이다. 비록 시민 개인이 선거권을 통해서 정치적 관계들에 대해서 단지 조금밖에 영향을 못 끼친다고 하더라도, 그 파급효과는 상당하다. 확정되어 있는 선거 기간들이 끼치는 가장 중요한 효과는 아마도 다음과 같은 것이다. 지배정당들은 그들의 통치행위를 통해서 가능한 많은 시민들이 그들의 정치적 행위의 원칙들에 대해서 그리고 수권자(受權者)의 능력에 대해서 확신을 가질 수 있게 하고자 애쓸 수밖에 없다. 그리고 이때 공적인 토론의 장을 통해서 정치적 반대자들에게는 현행 정권의 약점을 드러낼 가능성이 주어진다.

선거 주기가 짧아서 재선을 원하는 정권은 다수의 희망 사항

---

75) 정당들의 협동에 대해서 「독일기본법」 21항 1절은 말하고 있다. 이로부터 헌정 현실에서는 정당들이 결정적으로 정치적 의지형성을 규정하는 결과에 이르게 되었다. 이에 대해서는 또한 독일개신교회협의회 민주주의 백서에 나오는 비판적 설명들을 보라.(EKD a.a.O. 33)

들을 늘 의식하지 않을 수 없게 만든다고 해서, 이런 상황이 통치자들로 하여금 공공복리를 위해서 헌신하도록 하는 것에 물론 항상 용이한 것은 아니다. 그러나 다수의 동의를 얻고자 하는 노력의 강요는 비판적인 개방성의 활성화와 연계되어 권력 수행에 대한 분명한 통제의 역할을 감당한다. 물론 그런 통제가 항상 진실에 대한 관심 속에서 일어나는 것은 아니다. 종종 그것은 편향적인 선판단(先判斷)들에 의해서 규정된다. 그것은 또한 항상 소수자의 관심사에 대한 적절한 배려를 보장하지 않는다. 그럼에도 불구하고 그런 통제는 그때그때의 다수라는 틀 안에서 권력 수행에 대해 다소간 효과적인 견제를 이룬다.

민주주의 입헌제에서 기독교의 역할

민주주의 입헌국가는 종교를 사적 사안으로 만들어버림으로써, 공공의 영역에서 기독교적 가르침의 진리 주장을 대변하기 어려운 정신적인 분위기를 조성한다. 또한 민주주의적 입헌국가는 다수의 목소리가 기독교에 대해서 낯설게 되거나, 더 나아가서 기독교에 반대하지 않도록 하는 것과 관련해서 어떤 보장도 제공하지 않는다. 그러나 이런 국가는 자유로운 법치국가로서 다른 종교공동체와 마찬가지로 기독교 교회들에게도 더 넓은 활동 공간을 마련해준다.

이때 기독교가 얻을 수 있는 공적인 중요성은 기독교적 메시지로부터 발현되는 확신의 강도에 달려있으며 또한 그것이 사람들에게 미치는 영향의 범위에 달려있다. 이런 영향력 발휘의 강화를 통해서 모든 기독교적 시민들은 현대 민주제의 기독교적 뿌리에 대한 의식이 (특히 인간존엄성에 대한 사상에서) 사회에서 강화되게 하고, 또한 현대 사회 및 민주적인 헌법국가의 뿌리가 놓여있는 문화적 전통에 대해서 기독교가 가지는 의의에 대한 새로운 숙고가 생기게 하는 일에 기여할 수 있다. 기독교가 문화에 끼치는 총체적인 중요성에 대한 숙고는 또한 다음과 같은 형태로도 표현되어야 할 것이다. 기독교와 그 문화적 영향들에 대한 기초적인 지식에 대한 전수는 단지 신앙고백적인 종교 수업에만 떠넘겨져야 할 것이 아니라 학교 교육의 다른 과목들에서도, 무엇보다 역사개론과 유럽 문학개론 등에서도 성과를 거두어야 할 것이다.

국가 질서의 종교적 기반 혹은 이데올로기적 기반

국가 질서는 종교적인 기반 또는 유사종교적인 (이데올로기적인) 기반 없이는 지속될 수 없다. 정치적 지배의 실제적인 수행이 그 정치적 지배에 복속되어 있는 사람들에게 받아들여질 수 있게 되려면, 모든 인간적인 자의성이 배제되고 사람들의 공동생활의 기반이 되는 어떤 최종적 권위 위에 그 정치적 지배가 세워진 것으로 간주될 수 있어야 하기 때문이다. 현존하는 정치질서가 시민 개인들에 대해서 가지는 구속력이 종교적 기반 외에 어떤 다른 곳에 연원을 둘 수 있겠는가? 하지만 이런 사실이 현대의 서구 국가들에서 17세기의 종교전쟁들 이후로 점차 형성되어온 공적인 자의식에서 약화되어 왔다.

하지만 정치적 지배질서가 세계관에 대해서 완전히 중립을 취할 수 있다거나, 종교에 대해서 완전히 중립을 취할 수 있다고 하는 가정은 환상에 불과하다. 그리고 이런 환상은 현대의 민주주의 입헌국가가 가지는 주요 약점이다.[76] 이것이 약점이 되는 것은, 시민들을 정치적 공동체로 통합하는 역할을 하는 요소들이 세속화된 국가들의 공적인 의식에서는 종종 매우 불충분하게 평가되며, 또한 부주의하게 그 요소들이 점차적인 침식작용으로 노출되거나 아니면 떠밀려나기도 하기 때문이다.

이런 상황에서 국가 질서를 이데올로기적으로 정초하는 경쟁적 개념들에 찬동하는 경향성이 생겨날 수 있었다. 실제로 현대의 세속국가에서 기독교적 근원과 자연법적 근원에 기인한 동기들 외에도 이데올로기적 표상들, 예컨대 국민 주권 및 국민 통치에 대한 사상들이 효력을 발휘하고 있다. 그런데 이 이데올로기적 표상들은 민족주의와의 결합을 통해서 주민의 정치적 통합력을 가진다. 근대의 정치사를 보면, 어떤 잠재적인 위험성이 이런 생각에 들어있는지를 알 수 있다.(*나치주의가 전형적인 사례로 생각될 수 있다) 따라서 한 국가의 주민들이 가지는 공속적(公屬的) 감정은 단지 민족 공동체에 기인하는 것보다 더욱 깊은 어떤 기반들에 기인하는 것이 바람직하다.

---

76) 이 주제에 대한 논구에서 기초가 되는 것은 R.J. Neuhaus: *The Naked Public Square. Religion and Democracy in America*, 1984이다.

국가에 대한 그리스도인들의 역할

현대의 세속화된 국가의 이데올로기적 기반들에 대해서 유보적 태도를 취한다고 하더라도, 기독교 시민들은 국가의 안정화에 기여할 수 있다. 이런 일은 기독교 시민들이 세속 국가의 다른 동기들과는 전적으로 다른 어떤 동기들에서 국가의 법질서를 존중할 때에 가능하다. 즉, 기독교인들이 그 국가 질서 안에서 비록 불완전하다고 하더라도 하나님 나라의 의지의 어떤 표현을 인식하기 때문에 국가의 법질서를 존중하는 것이다. 게다가 그리스도인들은 국가 질서의 안정성을 강화할 수 있다. 이는 다른 원천들 외에도, 세속적 국가가 뿌리를 내리고 있는 기독교적 근원들을 그리스도인들이 생생하게 보존하는 것을 통해서 가능하다.

무엇보다도 그리스도인들은 타인을 위해 기꺼이 봉사하려는 자세를 통해서, 개별적인 자기실현의 자의성에 한계를 설정해주고, 동시에 개인의 행동에 대한 방향설정을 제공하는 연대성(連帶性)의 의무에 대한 신빙성을 높이는 데 기여한다. 그리스도인들에게 자유는 단지 개별적인 삶의 형성에서의 기호(嗜好)에 결부된 것이 아니라, 하나님의 뜻에 대한 일치와 연관되어 있는데, 하나님은 또한 인간 상호 간의 공동체를 원하시는 분이다. 이런 이유로 인해서 그리스도인들은 세속적 국가의 삶에서도 정치적인 자결(自決)이 공공복리의 요구사항들을 지향하는 가운데서 실행되

게 할 수 있다.[77]

이때 그리스도인들은 정치적 행위나 정치적 개혁들을 통해서 사람들의 공동적 삶에서 어떤 것이 개선될 수 있는가 하는 전망과 관련해서 침착한 마음을 잃지 않게 하는데 기여할 수 있다. 왜냐하면 기독교 신앙은 사람들 사이에 이루어지는 공동체의 최종적인 형태는 국가를 통해서 실현되는 것이 아니라, 오로지 하나님 나라를 통해서 실현된다는 것을 알고 있기 때문이다. 다른 한편으로는 이런 기독교적 희망이 보다 더 나은 정의에 대한 가능성들을 인식하게 하는 영감의 원천이 될 수 있다. 왜냐하면 국가의 정치적 공동체에서 이루어지는 인간의 공동적 삶은 항상 임시적이라는 제한 속에 있기 때문이다. 그러나 하나님 나라의 궁극성과 모든 정치적 해결들이 처한 임시성 사이에 있는 차이에 대한 의식은 그리스도인들에게 또한 관용의 마음이 생길 수 있게 만든다. 현존하는 질서가 가지는 불완전성들에 대해서 뿐만 아니라 국가와 법질서 안에서 이루어질 수 있는 사람들의 정치적 공동체의 발전에 대해서 가질 수 있는 다른 생각들에 대해서도 관용을 가지게 해줄 것이다.[78]

---

77) 이에 대해서는 T. Rendtorff: *Ethik* II, 2. Aufl. 1991, 47ff., 특히 49를 보라.

78) T. Rendtorff a.a.O. II, 120ff. 여기서 렌토르프는 "다원주의를 위한 준비 및 그것을 위한 능력이 되는 관용"에 대해서 말하고 있는데(123), 이것은 옳은 지적이다. 이때 관용은 삶의 영위의 규범에 대해서 가지는 차이성들에도 불구하고 타인을 승인하는 것을 의미한다.

INDEX

ㄱ

가부장 256
가부장적 195
가언명령 93
가장 좋은 것(最善) 58
가족 125, 177, 208, 218, 247, 248, 259, 261, 266, 276
가족결속 249
가족관계 249
가치 64, 65, 132
가치들 63
가치윤리학 62, 101
갈등 40
감각적 쾌락 59
감사 160, 172, 230
감정 63
강제력 264
강제성 264
개별성 104
개성 33
개성의 자유로운 전개 33
개인 131, 167
개인적 삶 130
개인적인 29
개인주의 117, 220, 248
게르하르트 리터(Gerhard Ritter) 222
게르하르트 에벨링(Gerhard Ebeling) 25
격정 86, 95
결의론 114, 115
겸양 89
경향 154
경향성 153
경험주 62
계명 54, 77, 78, 83, 84, 85, 89, 90, 91, 97, 111, 118, 146, 149, 182, 187
계명윤리 83, 109
계시 188
계약 177
고결 87
고결함 87, 89
공공복리 277, 280
공동선 104, 123
공동의 삶 31, 36, 113, 115, 118
공동의 선 48
공동의 이성 123
공동적 27, 117
공동적 삶 116, 119
공동체 113, 116, 117, 118, 140, 181, 283
공동체성 118, 182, 183, 265
공동체적 삶 246, 247
공리주 102
공리주의 101
공인간성 171
공적 30
공통의 이성 125
관습 26, 37, 40, 43
관용 33, 88, 284
관행 27, 40, 158
교리 26
교의 17, 199, 205
교의학 15, 25, 163, 164, 168, 191, 193, 199, 200, 203, 205

교회 129, 130, 181, 192, 209, 217, 218, 247,
   269
교회론 216
구속력 28, 32, 77, 119, 143, 184
국가 110, 121, 122, 125, 157, 177, 189, 192,
   209, 218, 247, 251, 263, 266, 269, 283
국가의 권력 263
국가의 억압 266
국가의 폭력 264
국가 질서 265, 267, 281
국가폭력 110, 210
국민 선거 279
국민 주권 277
국민 통치 278
국민투표 278
군주체 273
권리 223
규범의 상실 27
규칙 158
규칙공리주의 102
그리스도론 134, 135, 194, 200, 216
그리스도인 204
근대 사회 15
금욕 240, 243, 244, 258
금욕주의 195
기독교 280
기독교 공동체 189
기독교 시민 283
기독교의 윤리적 시대 17, 23, 24
기본 32, 222
기본권 28, 224

ㄴ

낙태 29
남성 208
낭만주의 255
내세의 지복 74
내적인 반성 33
노모스(Nomos) 46
노예제도 195
누림 71, 73, 74, 75, 80
능숙함 121
니콜라이 하르트만(Nicolai Hartmann) 63, 64,
   101
니클라스 루만(Niklas Luhmann) 27

ㄷ

다원주의 28
담 28
당위 52
대조사회 216
대중 57
덕 59, 61, 69, 73, 97, 121, 122
덕론 67, 68, 79, 80, 81, 104, 131
덕론(德論) 49, 57, 211, 244
덕목 80, 85, 86, 88, 89
데모크리토스 57, 58
도덕 30, 32, 34
도덕계명 119
도덕법 188
도덕 비판 21
도덕성 29
도덕적 계명 109, 110

도덕적 기반　　　　　　　　33
도덕적 노예봉기　　　　　　22
도덕적 분개　　　　　　　　31
도덕적인 동기　　　　　　　29
도덕적 토대　　　　　　　　28
디아코니아　　　　226, 227, 236
디트리히 본회퍼(Dietrich Bonhoeffer)　161

ㄹ

라이프니츠　　　　　　152, 154
렌토르프　134, 137, 138, 162, 163, 164, 167,
　232
로고스　　　　85, 86, 87, 96, 98, 158
로도스의 파나이티오스(Panaitios aus Rho-
　dos)　　　　　　　　　86
로버트 슈패만(Robert Spaemann)　152, 233
로베르트 무질　　　　　　　39
루터　　134, 137, 225, 229, 266, 267, 270
리카르트 로트(Richard Roth)　192

ㅁ

마음의 평정　　　　　　　73
막스 베버　　　　　　35, 103
막스 셸러(Max Scheler)　63, 101, 108
만족　　　　　　　　66, 67
메타윤리　　　　　　　　165
명령윤리　　　　　　　　83
목적　　　　　　　　60, 132
목적론　　　　　　　61, 130
목표　　　　　　　　66, 67
몰트만(Jürgen Moltmann)　135

무임승차　　　　　34, 107, 120
문화　　　　190, 191, 192, 204
미덕　　　　　　　　211
미래　　　　　　　　159
미래의 개방　　　　　　　160
미래의 지복　　　　　　　74
미래적인 지복　　　　　　73
민족　　　　　　　　209
민족주의　　　　　　　282
민주제　　　　　　　273
민주주의　　　272, 276, 279, 280
믿음　　　　　　81, 231, 245

ㅂ

바울　　　　　53, 55, 56, 109
바이쓰　　　　　　　132
배려　　　　　　　　33
법　　　　　　　　83
법률　　　43, 104, 179, 209, 220
법률공동체　　　　　　　209
법률적 관계　　　　　　　177
법질서　　　　　32, 33, 272, 283
법치주의　　　　　　　276
법칙　　　　　　　　153
보존질서　　　　　　265, 266
보편적인 도덕　　　　　　28
보편타당성　　　197, 202, 203, 216
복종　　　　　　　　243
봉사　218, 224, 225, 226, 229, 230, 231, 234,
　244, 247, 283
부부　117, 208, 218, 247, 251, 253, 259, 261,

276

부부 계약 252
부부 공동체 252, 257
분화 27
불의 209
불평등 39, 115
빌헬름 딜타이(Wilhelm Dilthey) 15
빌헬름 라이히(Wilhelm Reich) 27

ㅅ

사랑 74, 76, 77, 81, 152, 153, 154, 156, 170,
 179, 234, 245
사랑의 계명 77, 85, 154, 155, 166, 167
사랑의 이중계명 149
사랑의 질서 233
사실주의 211
사용 77
사회 36, 131, 140
사회윤리학 195
사회적 삶 113
사회적 존재 207, 208
사회 체계의 통합 29
사회화 249, 250
산상수훈 150
삶의 능동성 164
삶의 반성 165
삶의 수용성 161
삶의 영위 35, 215, 218
삶의 재귀 165, 166, 172
삶의 주어짐 231
상징화 189

상호 간의 승인 37
상호 복종 226, 228, 234
상호호혜 96, 107, 112, 113, 114, 116, 117,
 119, 156, 174, 175, 179, 259
생명 206
샤프테스부리(Schaftesbury) 56, 151
선 49, 50, 51, 52, 53, 54, 55, 56, 59, 60, 61,
 62, 65, 66, 68, 69, 70, 72, 74, 78, 80,
 120, 121, 122, 124, 125, 126, 129, 136,
 138, 143, 157, 158, 159, 169, 202, 242
선론 49, 85
선의 다수성 63
선의 이데아 61, 71
선의지(善意志) 92
선한 의지 169
섬김 226, 227, 228
섭리 89
성(性) 256
성화 203
세계개방 159
세례 171, 207, 211, 231, 239, 242, 243
세속 270
세속적 270
세속적 국가 272
세속주의 236
세속화 237, 271, 282
소망 81
소명 227, 228, 229
소외 210
소유 110, 116, 124, 220, 221
소유권 178, 219

소크라테스 46, 50, 52, 53, 55, 57, 60, 159, 169, 201

소크라테스주의자 56

소피스트 48

송영 183

순종 268

쉐마 146

쉘러 64, 73

쉴러(Schiller) 154

슐라이어마허 17, 101, 103, 104, 123, 125, 126, 127, 128, 129, 130, 139, 189, 190, 193, 197, 204, 246

스콜라 90, 120

스토아 57, 68, 73, 84, 85, 86, 87, 90, 95, 96, 97, 110, 244, 245

스토아주의자 90

습성(habitus) 80

승인 37, 177

시간적인 법 78

신론 162, 163, 169

신뢰 88

신앙 236

신율 202

신적인 권력 268

신적인 법 46

신적인 사랑 171

신정정치론 269

신학적 덕목 80

신학적 인간 162, 163

신학적 인간론 162, 163

실정법 32

심정윤리 103

십계명 78, 79, 97, 109, 110, 116, 118, 140, 150, 181, 184, 188

ㅇ

아가페 156

아담 스미스 222

아돌프 아이히만(Adolf Eichmann) 105

아리스토텔레스 48, 56, 57, 66, 67, 68, 71, 79, 85, 156, 157, 174, 176, 263, 265

아우구스티누스 69, 70, 72, 74, 75, 76, 77, 80, 82, 83, 84, 85, 91, 120, 139, 233

아이히만 106

아퀴나스 79

악덕(惡德) 211

악습 245

안티폰(Antiphon) 47

알래스데어 매킨타이어 18

암브로시우스 88, 90

야코비 103

양심 188

엄격주의 62, 109

에드워드 코크(Edward Coke) 219

에로스 155

에른스트 트뢸치 17, 110, 111, 131, 133, 136, 137, 191, 192, 195, 197, 205, 242, 246

에밀 브룬너(Emil Brunner) 111

에벨링 25, 26

에토스 37

에피쿠르스 57, 58

여성 208
역사법학파 112
역할 38
영원성 73
영원한 법(lex aeterna) 78, 79, 82, 90
영혼 ·67
영혼의 선 58
영혼의 안정 68
예배 260
예수 85, 168
오리겐 268
오트프리드 회폐(Ottofried Höffe) 28
왜곡 66
외적인 강압 34
외적인 조심 33
요한네스 바이쓰 132
요한네스 알투시우스(Johannes Althusius) 111
욕구 245
욕망 54
용기 81, 88, 246
우선 234
우선성 235, 236
우정 156, 157, 174, 176, 178
원상 60
원수사랑 148
원죄 222
위르겐 하버마스(Jürgen Habermas) 27
유다이모니아(eudaimonia) 57
유한성 166
육체 240
육체의 선 58

윤리 45
윤리의 발생 46
윤리학 45
율 149, 167, 200
율리우스 슈텐첼(Julius Stenzel) 60
율법 53, 82, 109, 150, 188, 198, 201
은혜 154
의견 143
의무 57, 84, 86, 88, 89, 90, 91, 92, 94, 95, 104, 105, 109, 153, 187
의무론 83, 84, 85, 86, 88, 91, 104
의무윤리 154
이기심 21
이기적 93, 239
이기주의 151
이데아 60, 61
이데올로기 281, 282
이성 90, 92, 93, 95, 105, 109, 122, 123, 124, 127, 189, 199, 220
이성윤리 102, 151
이성의 법 93
이성의 보편성 127, 151
이성적 126
이성적 인식 60
이성적 존재 94
이용 75, 76, 80
이웃 사랑 76, 149, 155, 156, 157, 184, 200, 202, 224
이혼 208
인간 62, 66, 127, 158, 194, 202, 238
인간론 159, 162, 163, 206

인간법(lex humana) 82
인간성 171, 172
인간에 대한 봉사 224
인간의 법 47
인간의 본성 158, 163
인간의 자연적 본성 156, 158
인간의 행동 148, 149
인간적인 법 47
인간존엄성 206, 222, 275, 276, 281
인간존중 208
인간학 15, 169, 200, 203, 205
인간학적 23
인격 36, 38, 176, 178, 220, 222
인격권 219, 221
인격의 통일성 39
인권 28, 195, 207, 223
인권선언 158
인도주의 190, 194, 197, 200, 201, 202, 216, 217
인류 209
일부일처 252, 254
입법 45

ㅈ

자급자족 263
자기 동일성 39
자기 보존 86
자기 사랑 93
자기 실현 218, 224, 229, 232, 233, 283
자기 통제 240, 242, 247
자립 261

자비 89
자선 230
자연 47, 86, 87, 110, 123, 124, 189
자연법 15, 79, 82, 84, 85, 90, 91, 95, 97, 106, 107, 108, 109, 110, 111, 112, 113, 114, 115, 116, 118, 119, 120, 140, 188, 198, 219, 273
자연상태 220
자연적 본성 48
자연주의 51
자연주의적 오류 51
자유 94, 114, 206, 219, 220, 225, 273, 283
자유권 219, 222
자유주의 111, 222, 265
자율 94, 96, 97, 151, 202
적법성 34
전통 사회 43
전향 174
절제 81, 243, 244, 246
정신분석 237
정언명령 93, 94, 95, 105, 106, 107, 114
정의 81, 88, 114, 115, 118, 121, 122, 209, 245, 262
정의주의(情意主義) 18, 19, 20
정치적 동물 113, 263
정치적 질서 209
제임스 우름슨(James O. Urmson) 102
조지 에드워드 무어 51
존 로크(John Locke) 111, 220, 273
존 롤스(John Rawls) 102
종교개혁 260, 273

종교개혁적 188
종교개혁적 윤리 84, 91
종교적 사회화 260
종교전쟁 15
종말 135, 136, 140, 148, 166, 167, 168
종말론 75, 132, 137, 145, 148, 165, 166,
    167, 170, 200, 201, 202, 247
종말론적 구원 149
종말론적 메시지 150
좋은 것 55
좋음 51
죄 55, 66, 72, 110, 171, 206, 210, 223, 244,
    245, 266, 273
죄렌 키에르케고르(Sören Kierkegaard) 20
죄론 220
죄성 218, 238
죄성(罪性) 218
죄의 지배 211
죠지 에드워드 무어(George Edward Moore) 19
주관성 68
주기도문 148
주어진 삶 160, 161
주지주의 51, 53, 55
준칙 93, 94, 96
중용 88
지 63, 128
지그문트 프로이트(Sigmund Freud) 22
지배 질서 262
지복 68, 69, 70, 71, 72, 73, 74, 79, 89, 92,
    97, 121, 122, 127, 130, 139, 140, 223
지향 76

지향성 79, 80
지혜 81, 87, 88, 90, 245
직관 19
직관주의(直觀主義) 20, 51
직업 229
질서윤리 134
집사 227

ㅊ

찰스 스티븐슨(Charles L. Stevenson) 20
창조 162, 163, 170, 201, 223
창조론 135
창조사상 162
창조신앙 168
창조신학 201
창조주 148, 155, 157, 164, 201
창조질서 249, 265
책임윤리 103
챠베리의 허버트(Herbert von Cherbury) 16
초자연적 덕 81
최고선 67, 70, 71,
    72, 73, 75, 76, 78, 79, 80, 82, 98, 124,
    125, 126, 127, 133, 137, 143, 192, 242
최고의 가치 58
추상성 104
충동 152

ㅋ

칸트 16, 57, 62, 64, 91, 93, 95, 96, 97, 101,
    102, 103, 104, 105, 106, 108, 109, 123,
    126, 128, 132, 151, 153, 154, 158, 187,
    188

칼 바르트   18, 111, 115, 134, 163, 193, 199

쾌락   59, 60, 61, 62, 63, 65, 67, 70, 101, 122,
   158, 242

쾌락주의   58, 59, 101, 102, 152

키케로   85, 86, 87, 88

ㅌ

타율   62, 120, 202

타율성   202

타인   152, 157, 171, 172, 173

타인과의 공동체성   207

타인을 위한 삶   164, 166, 230

타인의 권리   32

타자의 인격   38

탈도덕화   26, 27

탈리온   113

토마스 아퀴나스   79, 82, 83, 84, 85, 120,
   245

토마스 홉스(Thomas Hobbes)   221

통치권   276

트루츠 렌토르프   17, 83, 134, 144, 161,
   168, 170, 230, 231, 248

특수성   115

특수윤리학   115

ㅍ

평등   39, 114, 115, 234

평화   209

폴 레만(Paul Lehmann)   135

프란시스 베이컨(Francis Bacon)   16

프로타고라스(Protagoras)   47

프루이(frui)   71

프리드리히 니체(Friedrich Nietzsche)   21, 157

프리드리히 하인리히 야코비(Friedrich
   Heinrich Jacobi)   104

플라톤   48, 57, 59, 60, 61, 63, 65, 70,
   78, 81, 84, 85, 91, 120, 122, 126, 138,
   139, 159, 169, 201, 231, 242, 244, 245

피조성   157

핀다로스(Pindar)   47

필리아   156

ㅎ

하나님   70, 71, 72, 74, 75, 78, 79, 81, 82, 98,
   121, 126, 127, 129, 139, 143, 144, 157,
   162, 163

하나님과의 공동체   130, 139, 170, 206,
   207, 247, 258

하나님 나라   74,
   121, 127, 128, 129, 131, 132, 133, 134,
   135, 136, 140, 143, 144, 145, 165, 169,
   170, 192, 209, 247, 283, 284

하나님 백성   180

하나님 사랑   149

하나님에 대한 봉사   224

하나님에 대한 사랑   73

하나님의 미래   166

하나님의 사랑   147, 148, 149, 164, 168,
   172, 179, 180, 182, 200

하나님의 통치   144, 145, 146, 170, 180, 247

하나님의 행동   149

하나님의 형상   206, 208, 275

하나님 통치   138

하나님 형상 171, 222
한나 아렌트(Hannah Arendt) 105
함무라비 44
해방신학 135
핵가족 250, 261
행동 67
행동 결과 103
행동 기대 38
행동의 연관성 36
행동의 주체자 67
행동 주체 103
행복 56, 57, 59, 62, 63, 64, 65, 66, 67, 68, 69, 72, 123, 152, 223
행복 감정 64
행복의 추구 221
행복주의 56, 62, 72
행위공리주의 102
행위의 결과 102
헌법 28
헤겔 101, 104
헤라클레이토스(Heraklit) 46
헤르만 242
헤시오도스(Hesiod) 46
헨리 이레톤(Henry Ireton) 220
헬무트 쉘스키(Helmut Schelsky) 254
현자 69
형식 93
형식주의 103, 104, 108
호감 176
호의 33, 151, 152, 154, 155, 156, 157, 168, 170, 171, 172, 173, 174, 175, 177, 178, 179
황금률 78, 79, 96, 107, 113
휴고 그로티우스(Hugo Grotius) 16, 219
흄(Hume) 151
희망 245

윤리학의 기초

– 철학적 · 신학적 관점 –
Grundlagen der Ethik

초판 인쇄 2022년 2월 25일 / 초판 1쇄 출간 2022년 2월 28일 / 저자 볼프하르트 판넨베르크 / 옮긴이 오성현 / 펴낸이 임용호 / 영업이사 이동호 / 펴낸곳 도서출판 종문화사 / 디자인·편집 디자인오감 / 인쇄 천일문화사 / 제본 영글문화사 / 출판등록 1997년 4월 1일 제22-392 / 주소 서울시 은평구 연서로34길2 3층 / 전화 (02)735-6891 팩스 (02)735-6892 / E-mail jongmhs@hanmail.net / 값 18,000원 / ⓒ 2022 Jong Munhwasa printed in Korea / ISBN 979-11-87141-73-0- 93190 / 잘못된 책은 바꾸어 드립니다.